U0119666

IDEAS 34

創業之國以色列

教育思維×兵役制度×移民政策×創投計畫，打造建國七十年成長 50 倍的經濟奇蹟

（原書名／新創企業之國：以色列經濟奇蹟的啟示）

丹恩・席諾＆掃羅・辛格（Dan Senor & Saul Singer） 著
徐立妍 譯

■新版推薦文一

國土小、人口少，也能成為經濟強國

游亞旭（Asher Yarden）　駐台北以色列經濟文化辦事處代表

很高興看到《創業之國以色列》近日由木馬出版公司再版，我很榮幸能為這本書寫篇序言。

本書原文是英文，二〇〇九年在美國首次出版。之後的譯本多達三十餘種，語言類別涵蓋範圍極廣，略舉一隅便有匈牙利文、拉脫維亞文、阿爾巴尼亞文、韓文、越南文、蒙古文等等。台灣在二〇一〇年譯為繁體中文，甫出版即廣受好評。

一本書，僅僅講述一個遠在千里之外的小國，究竟什麼地方吸引了台灣的讀者？是為了迎接挑戰而不斷創新的需求嗎？是因為體認到失敗是人生的一部分，所以不畏艱難、勇往直前的勇氣嗎？又或者，吸引人的是以色列鼓勵檢討與創意的文化風氣，即使意見來自較低社會階層的人民？

以色列和台灣，兩者之間不同之處當然很多；然而，共有的部分卻遠比表面所見還要多。首先，就土地範圍和人口來看，以色列和台灣都很小；以色列又更小，國土只有台灣五分之三大，人口大約只有台灣三分之一。再來，兩者作為多采多姿又源遠流長的古文明代表，都十分重視「學習」與「家庭」這兩項核心價值。此外，以色列和台灣的本地市場相對而言較小，因此都特別重視出口，在這方面做了許多努力。在經濟上，都由高科技產業掛帥。最後，很重要的一點，以色列和台灣都創造了許多經濟奇蹟——台灣用不到七十年的時間，就躍居全球半導體產業領先地位；以色列在高科技及相關領域中舉世揚名，最為人稱道的應該就是資訊安全業與水利產業。

從以上的事實可以得出一個結論：想要在全球競技場上成為優秀的選手，發揮影響力，你不一定要夠「大」。

以色列和台灣能夠互相學習的地方還有很多，可以合力運作一加一大於二的加乘效果，共同創造新的雙贏。

這本書說的是以色列最令人驚豔的成功故事。這些成功經驗對年輕的創業者來說可以是一項激勵，也可以提供一般公司企業參考。

我期盼本書再版後，台灣與以色列在經貿上原本已相當密切的往來能夠更加穩固，促使雙方互利關係更上層樓。

■新版推薦文二

以色列的創投為何如此成功？

黃齊元　藍濤亞洲投資銀行總裁

「在以色列，我們常說：『It is better to ask for forgiveness than permission.』（寧可事後要求原諒，而不要事先請求批准）」一位以色列極成功的創投家這樣告訴我，這是深藏在他們文化裡的DNA。

年輕以色列人的夢想，不是成為醫師或律師，而是建立新創公司或進入高科技業工作，這是最標準的職業道路，也因此他們的創業密度全球最高。

以色列位處於中東唯一不產石油的地區，且整天生活在戰爭和恐怖之中，周圍都是想要消滅他們的敵人；全國人口和香港差不多，然而，以色列卻是全世界頂尖的科技大國。

我以前對以色列有一些粗淺的了解，讀了這本書，能更深入了解為何他們如此熱中於創業，以及為何成功的因素。然而，直到最近有機會和以色列的創投公司有更多的交流後，才真正了解以色列「新創企業」的意涵，以及他們專注「種子期」和「初創期」的創投公司運作方式。

這家創投公司總共投資了近三十個項目，其中約四分之一為種子期項目，其餘為第一輪融資

（也就是距離上市還有三至五的年時間），我問負責人，這樣的投資風險豈不是很大？原來，他們的投資風險是經過詳細的計算的。他這樣回答我說：

「穩賺的案子是賺不了大錢的。假如說有一家公司明年就要上市，你現在投進去可以賺二倍，我若投了一千萬美元，也只有二千萬的回報。

「我們對於所要投資的公司，未來的營業額評估必須要有可能達到一億美元。另外，他們必須至少為我們的基金賺進一億美元，由於我們每家公司的持股比例在百分之二十左右，也就是說我們出場時這家公司的市值應達五億美元。」

同樣投資一千萬美元，他們預期的回報率是十倍！

當然，不可能每個案子都那麼成功，但只要有一兩個，你就發了。

他說：「在這個行業，我們靠『Outlier』（超級卓越的企業）賺錢。」

我以前也做過創投，我必須承認他們的目標真的很難達成，甚至有人會認為有一點像賭博：你必須預測誰會成為五年後的聯發科或阿里巴巴。

不，這其實不是賭博。這些創投公司之所以有這樣的自信，是因為以色列有那樣的環境，讓一群既聰明、企圖心強的創業家在這個生態體系下茁壯成長。在本書中就很詳盡且有說服力地剖析了以色列的環境，這不是錢的問題，而是大至國家方向，小至家庭教育的問題，非常值得台灣參考。

除了以色列的環境外，網路技科也提高了創投公司的投資勝算。以往，至少要投資三、四百萬美元，花二到三年的時間，等待新創企業做出第一個市場產品，你才能決定這家公司是否會成功。然而現在不用再等那麼久了。創投公司只要先投資五十至一百萬美元，就可以在雲端上了解這家公司的研發進度、管理狀況、銷售績效等等，短時間內你就能判斷出誰會是未來的贏家。

也因為可以提早預測哪家企業會勝出，創投公司會及早停損那些表現不佳的企業，並重新分配資金到那些具有潛力的企業上。這樣的投資效率都表現得很好。

以色列和台灣一樣，也是個面積不大的國家，市場也小，股票市場也不活躍，所以他們不會去研發一個只適合以色列的商品，反而是放眼全世界，以全球為腹地。所有的以色列創業家都在研究全球的市場變化，試圖找出可以改變世界的商機，一旦成功，他們的企業規模即會快速成長。

過去，以色列的硬體技術和台灣一樣很強，有不少半導體企業都來自當地。然而，當台灣還陷在「PC時代」之際，以色列很早就已全面轉向雲計算、大數據、網路儲存、網路安全和互聯網金融，例如谷歌、臉書或騰訊、百度這些網路巨頭，大部分的網路底層架構（infrastructure）都是採用以色列人複雜的數學運算所完成的。

雖然以列色四周敵國林立，不時發生攻擊事件，然而就像本書提及的，戰火越烈，以色列人越勇，創投基金不曾被炮彈所阻嚇，連避險王巴菲特也敢在以色列投資。此外，包括臉書、谷歌、蘋果、IBM等科技公司，全世界有三百家大型科技企業在以色列設立創新研發中心，這就是以色列讓人折服的地方。

當台灣還在做「製造夢」時，以色列已打出「研發牌」，吸引全球人才進駐。

中國近年來也掀起前所未有的以色列熱，許多企業和創投前仆後繼前進以色列。我曾協助以色列創投客戶拓展好幾個中國超級投資人，而這些投資人也培養了好幾家市值超過十億美元的獨角獸。可惜的是，台灣卻少有人願意投資以色列。

台灣在一九八五年就引進創投，比以色列早了七年，「創業投資」（venture capital，以前叫「風險投資」）這名詞還是台灣人發明的。然而如今望著以色列輝煌的創投成就，或許讓人相當五味雜陳吧。

台灣和以色列的距離，代表了台灣和世界的距離，我們何時才能走得更近？

■推薦文三

以色列贏的策略

齊夫・霍茲曼 Giza 創投資金創辦人兼董事長

這是一本既珍貴又有趣的書，我很高興有機會參與它在台灣的出版。本書分析了以色列高科技產業成功的因素，講述了許多以色列高科技初創公司的故事。不過這本書還說明了一個我認為相當具有啟發性的故事：一個缺乏天然資源的小國家，國內市場又狹小，為何能夠在全球資訊科技經濟當中，打造出自己的關鍵角色。

以色列之所以能夠在全球科技市場嶄露頭角，原因是我們善用國內極具創意、又有高度創新精神的人力資源。我自從成立 Giza 創投資金以來，有幸參與了以色列科技產業的發展，更有幸親眼目睹以色列在全球科技產業崛起的過程如何善用人力。

在過去將近二十年來，Giza 創投資金居於以色列創投產業的龍頭地位。Giza 創投成立於一九九二年，是以色列創投資金的先驅者，也為以色列幾家最成功的高科技公司提供資金與支持。迄今 Giza 創投先後在卅多個成功的出口投資了一百多家公司，領域涵蓋資訊科技、半導體、生物科技等。

我們是創投資本家，不斷與以色列高科技產業的各層面維持聯繫，經常會認識新興的創業家，同時也與我們投資的公司攜手合作。正因如此，我們清楚知道究竟是哪些元素促成了以色列在今日世界的創新科技上領先群雄。

以色列擁有非常多受過高等教育、又具有高度創意的人才，願意冒險，勇於投入，又有強烈的動機，這些都是成功創業家應有的特質。以色列人天生樂觀，做事的時候永遠是抱著「一定要贏」的風格。不過，以色列的創業家和創投資本家們也發現以色列的公司在某些領域有其弱點，因此開始透過各種方式來克服。

策略之一，就是尋求國際合作，使以色列公司能藉此擁有技術與行銷能力。以色列公司已經在各項跨國科技企業與研究機構合作案、國與國之間的雙邊合作計畫當中獲益良多。至今，Giza 創投仍舊鼓勵我們投資的公司，尋找國際合作夥伴，以強化自己的競爭地位。

我堅決相信以色列的公司與亞洲的企業之間，存在著無窮可能的合作機會，尤其是與台灣企業的合作。我也相信，台灣和以色列的企業之間有許多類似之處，彼此又有互補的作用，雙方的合作可以帶來真正的「雙贏」局面。若結合以色列公司的創意科技與台灣公司的工程、製造、亞洲行銷能力，雙方不但互蒙其利，更可在全球舞台上取得更好的競爭立足點。

十年前，Giza 創投就在亞洲設立辦公室，努力與亞洲的夥伴建立緊密的合作關係。讓我們特別欣慰的是，六年前我們與台灣的行政院國家發展基金建立策略聯盟，從此雙方密切合作，企盼達成

「讓兩國的科技公司之間建立成功且成果豐碩的合作關係」之願景。

近幾年來，Giza創投也開始直接投資台灣的企業。台灣企業的積極投入、努力勤奮、堅持履行等特色，與以色列的公司十分相像。很多時候，台灣企業的團隊精神更激勵了以色列的公司。對Giza創投來說，我們也不斷努力將以色列的科技、以色列的全球聯繫網絡和經驗引進給我們在台灣投資的公司。例如我們已經投資在台灣的達能科技股份有限公司，盼望接下來能引進以色列的技術和知識，來增進其所生產的太陽能晶片的效率。

這本書展現了一個小國如何善用其智慧與人力資源，以便能與大國競爭的策略。我相信，這本書所敘述的不但適用於以色列，也可應用在台灣這樣的國家。我個人覺得這本書很有意思，希望台灣的讀者們也能像我一樣看見本書的趣味。希望這本書能讓台灣的讀者更加認識以色列，也讓台灣與以色列企業之間能有更緊密的關係。

二〇一〇年五月十四日

■推薦文四

與上帝角力的人

江春男　專欄作家

明知兩點之間的直線距離最短，以色列人還是想找出更短的路線……

以色列是中東地區唯一完全不產石油的地方。有人開玩笑說，摩西在沙漠中流亡四十年，就是為了尋找這一塊沒有石油的樂土。但是以色列挖掘大腦勝過沙烏地阿拉伯挖掘他們的油井，他們在紐約那斯達克上市的高科技公司比歐洲國家的總和還多。

特拉維夫市郊高科技公司林立，形成地中海邊的小矽谷。這裡交通繁忙，駕駛人橫衝直撞，如果紅燈變綠而你沒有立即踩油門，就會被猛按喇叭。以色列道路勇士和電腦專家同樣以冒險和發現捷徑著稱。他們沒有耐心等待，明明知道兩點之間的直線距離最短，他們還是會試著找出更短的路線，這是以色列生存的祕訣。

以色列國防軍（簡稱ＩＤＦ）有一個神祕的菁英部隊「8200小組」，網羅優秀的理工人才，發展各種尖端技術，負責收集、監聽、解讀、辨識、分析各種情報，其功能和美國的國家安全署（Ｎ

SA）一樣重要。無數青年嚮往這個組織，希望利用當兵機會，免費接受科技訓練，退伍後自己創業當老闆，以色列國防軍等於是世界上最好的科技育成中心。

這個國家幾乎是靠神話、夢想和血淚，從沙漠中建立起來；建國當天就開始打仗，到今天仍處於危機四伏的戰亂中。它的國土很小，三分之二是沙子，沒有戰略縱深可言。它可以打贏十次戰爭，但不能失去一次，否則就死無葬身之地。人口只有七百萬，和香港差不多，但國防力量卻有如超級大國，它的軍工業出口排名全世界第四名，全部拜高科技之賜。

以色列的情報組織摩薩德（Mossad）充滿傳奇故事。情報組織和國防軍均以高科技聞名，企業創新則和國防體系密切結合，這種情況舉世少見。前幾年美國作家史黛西．珀曼（Stacy Perman）出版了《間諜股份有限公司》（*Spies, Inc.*）一書，以企業創新角度揭開情報作業內幕，和本書一樣獲得如潮佳評。

一九九〇年代，大約百萬俄國猶太人移民以色列，他們不是醫生、工程師、教授，就是音樂家。以色列醫生和音樂家過剩，許多人找不到工作只好開計程車。相反地，一九八〇年代被搶救回來的衣索比亞猶太人則多為文盲，兩者形成強烈對比。至少有七十個國家的人移民到這裡，他們帶來不同語言、文化、思想和人才，形成各種社團和政黨，也使以色列成為世界最大的文化熔爐，這是它最大的無形資產。

以色列的國際孤立比台灣更嚴重十倍，周圍都是要消滅他們的敵人，鄰國也不准以國航空公司飛越領空，聯合國還多次通過決議譴責以色列。以色列人沒有安全感，要是乘坐的公車沒有爆炸，覺得好像今天又中了樂透。

南部沙漠地區貝爾樹巴（Beersheva）的本古里昂大學，以沙漠科學著名。本古里昂這位充滿傳奇色彩的建國元老認為以色列的前途在沙漠。他退休後住在沙漠的盡頭，一個名叫 Sde Boker 的沙地，整年下不了幾滴雨，他在這裡種了幾棵樹，還在這裡釀酒。他以身作則，化沙漠為綠洲，他相信頭腦比石油重要。以色列不向上帝屈服，他們不斷與上帝辯論，因為以色列一詞就是「與上帝角力的人」。

目次

■作者序

環境造就創新

這是一本談論創新與創業精神的書，同時探討以色列這個小國家，為何能夠同時體現創新精神以及創業家特質。

雖然書中特別介紹了很多高科技公司，不過本書的重點並不在科技。本書作者雖然對於科技以及科技對當代社會的影響感到著迷，但這本書的焦點卻是在於：到底是什麼樣的環境，可以引發嶄新的商業創意。

這本書有部分內容是探索的過程，部分是提出論點，還有一部分是在說故事。讀者們或許想看的是一本按照時間順序編排的書，或者依序介紹一家一家的公司，要不然就是期望作者們逐一介紹以色列創新模式中各種不同的關鍵要素。我們也曾經考慮用這些方式來編排本書，不過最後都捨棄了，因為我們喜歡的是像馬賽克拼貼般的方式。

我們回顧了歷史和文化，也選擇了不同公司所發生的故事，以便瞭解這些公司的創新能量是從哪裡來的，或以什麼樣的形式表現出來。我們採訪了幾位經濟學家，研究他們的觀點，但我們主要是以歷史、商業和地緣政治學的角度出發來談論主題。本書兩位作者之一（丹恩．席諾）擁有商業及政治背景，而另一個（掃羅．辛格）則有政治與新聞背景。丹恩目前住在紐約，曾經在以色列求學，並遊歷過許多阿拉伯地區，也在阿拉伯地區居住及工作過；掃羅在美國長大，目前住在耶路撒冷。

丹恩曾經投資過的以色列公司，都沒有出現在本書中。可是這本書倒是介紹了幾位丹恩的投資夥伴，我們會在適當的地方註記這點。

雖然促使我們寫下這本書的動機，有很大部分是因為我們欽佩以色列的經濟成就，不過我們也會談到以色列落後於其他國家的地方，同時也檢視了以色列在延續現有成就的同時，會面對什麼樣的威脅。讀者們讀到這些威脅的時候，可能會感到驚訝，因為這些並非國際媒體通常會關注的焦點。

我們也大略談論了另外兩個問題：首先，美國的軍事訓練與軍事行動造就出一批具有創業精神的人才，但為何美國的創意產業並沒有好好利用這些人才，而以色列的經濟卻得力於具有軍事背景的創業家？其次，為什麼阿拉伯世界無法培養出創業家精神？這兩個主題值得更深入的研究，但已經超出本書能夠涵蓋的範圍。未來這兩個問題都可以各自寫成一部專書來探討。

最後，雖然各國媒體都經常報導以色列的消息，不過還是有個故事未曾有過深入報導，那就是以色列經濟制度的關鍵結構，已經使得以色列成為今日世界上擁有最大量創新精神與創業特質的國家。

我們為瞭解釋這個現象，於是寫成這本書。

以色列地圖

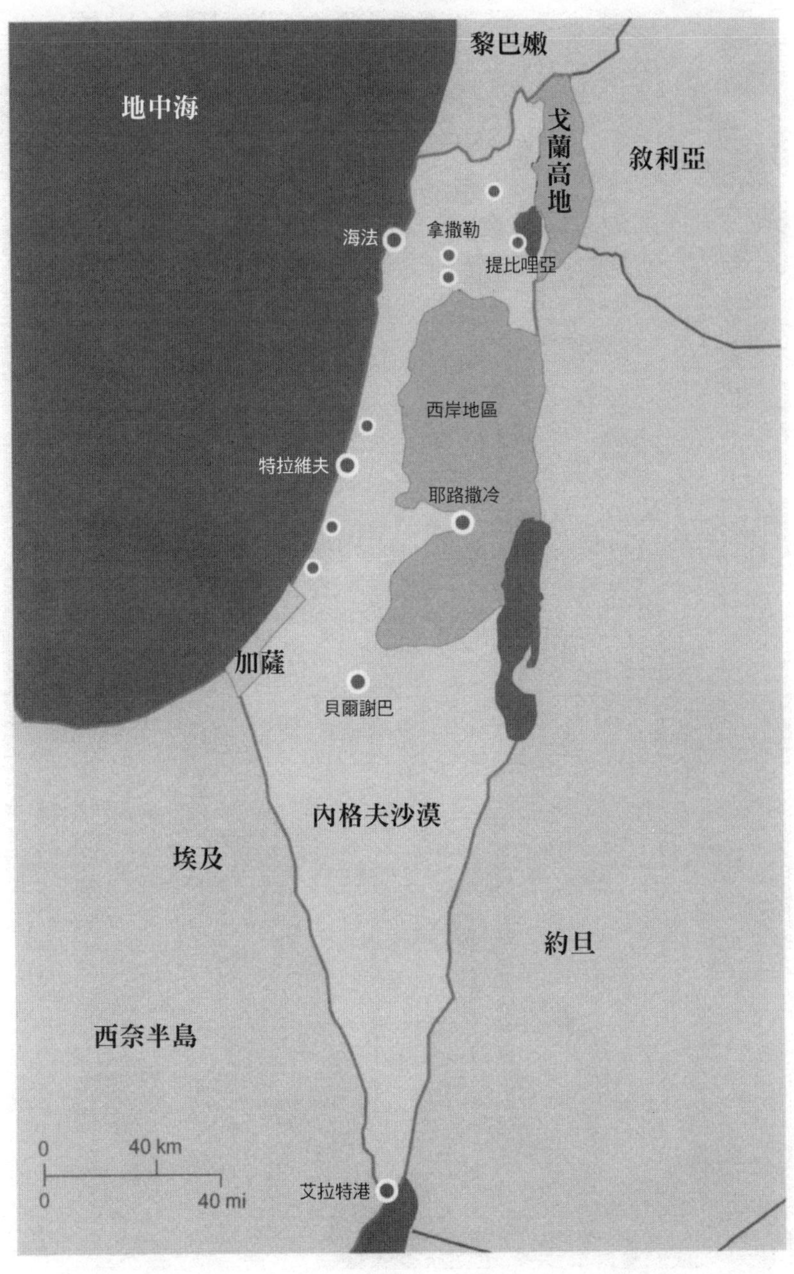
黎巴嫩
地中海
戈蘭高地
敘利亞
拿撒勒
海法
提比哩亞
西岸地區
特拉維夫
耶路撒冷
加薩
貝爾謝巴
內格夫沙漠
埃及
約旦
西奈半島
0
40 km
0
40 mi
艾拉特港

以色列與周邊國家

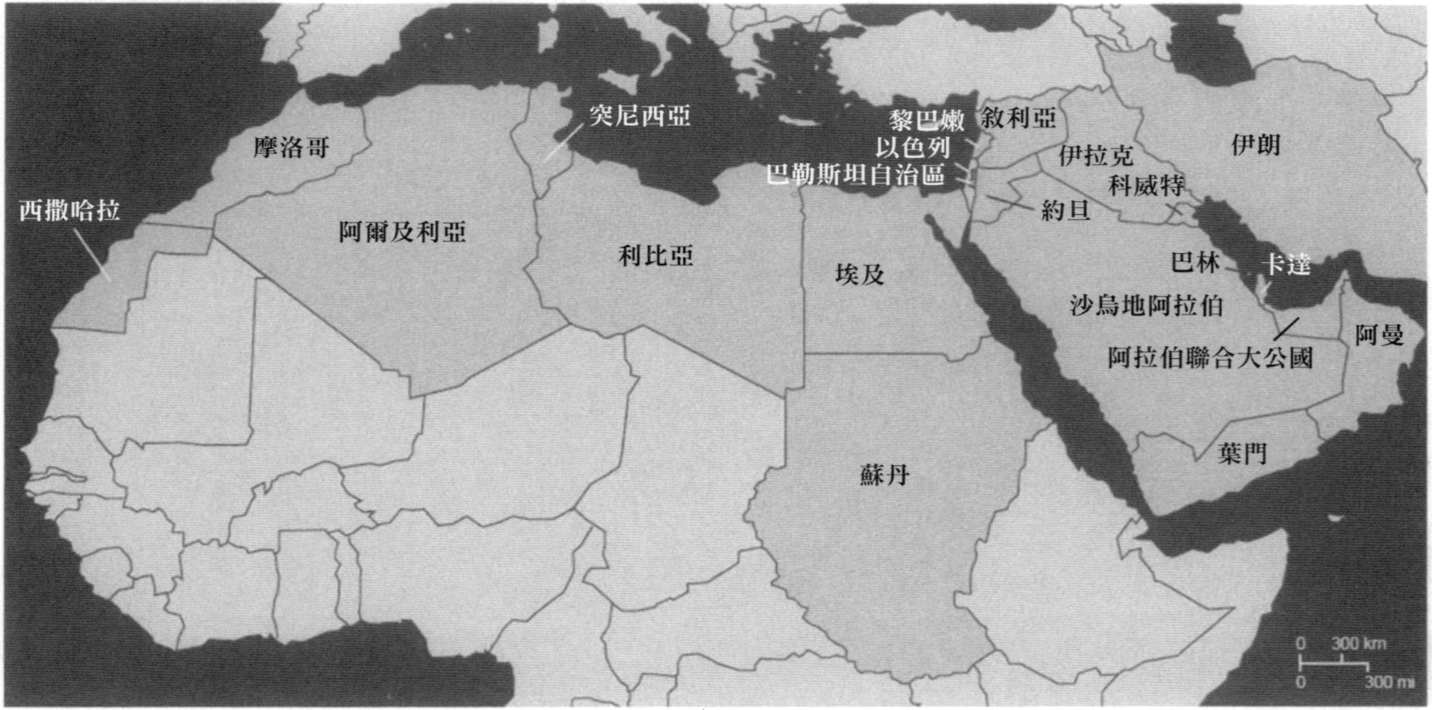

西撒哈拉
摩洛哥
阿爾及利亞
突尼西亞
利比亞
埃及
蘇丹
黎巴嫩
以色列
巴勒斯坦自治區
敘利亞
約旦
伊拉克
科威特
伊朗
巴林
卡達
沙烏地阿拉伯
阿拉伯聯合大公國
阿曼
葉門
0 300 km
0 300 mi

前言

「說得好，不過你接下來要做什麼？」

——以色列前總理西蒙・裴瑞茲對沙伊・阿嘉西所說的話

坐落於瑞士阿爾卑斯山上的西豪夫喜來登飯店，高雅的套房裡坐著兩個不太搭調的男人，似乎正在等待著什麼。兩人此時已經沒時間用閒聊來舒緩緊繃的氣氛了，只是不時緊張地對望著。比較年長的那位，年紀足足比那位年輕的大了兩倍，表現比較冷靜，沒那麼容易灰心喪志。年輕的那個是房間裡最聰明的人，理當散發出自信，但現在卻是垂頭喪氣——他因為多次被拒絕，已經開始懷疑自己：他真的有辦法成功再造三個超大企業嗎？他焦慮到渾身緊繃，等著下一場會面開始。

沒人曉得這位老先生為什麼要讓自己面對這種麻煩和屈辱。他是當今世上最有名的以色列人，博學多聞，曾經兩次擔任以色列總理，也拿過諾貝爾和平獎。今年八十三歲的西蒙・裴瑞茲肯定不需要另一次的冒險了。

光是為了安排這些會面，就幾乎是不可能的任務了。西蒙・裴瑞茲固定會參加一年一度在瑞士達佛斯舉行的「世界經濟論壇」，各大企業的總裁或執行長都想要趁此機會與裴瑞茲這樣的知名世界領袖會面。對媒體來講，這個論壇不過就是一場盛裝出席的商業會議，但如果哪個阿拉伯族長跟裴瑞茲握了手，則這麼簡單的一件事就能製造新聞賣點了。

所以裴瑞茲會前邀請世界五大汽車製造商總裁見面時，他認為他們應該都會出席才對。不過當時是二〇〇七年初，全球金融危機尚未浮上檯面，汽車工業還沒有感受到一年後的那種壓力，所以通用、福特及克萊斯勒這美國汽車業三大龍頭根本懶得回應。另一個汽車大廠的總裁出席了，但整整二十五分鐘的會面時間裡，他都在解釋為什麼裴瑞茲的想法行不通，他沒興趣聽裴瑞茲那種烏托邦計畫，要讓世界全面改用全電力發動的車輛；就算他有興趣，他也不會妄想與以色列那種小國家一起合作。「聽著，我讀過沙伊寫的報告，」汽車大廠執行長跟裴瑞茲說道（裴瑞茲把一份白皮書連同邀請函一起寄去）：「他是痴人說夢，根本沒有那樣的車。我們已經試過了，根本就造不出來。」他繼續解釋說，油電混合車是唯一可行的方法。

在裴瑞茲身旁幫忙推銷這個想法的年輕人，名叫沙伊．阿嘉西，當時他是世界最大企業管理軟體公司思愛普的執行董事。公元二〇〇〇年的時候，思普愛這家德國科技大廠以四億美元，買下了阿嘉西在以色列創立的「頂階軟體公司」。雖然當時網路泡沫經濟危機才剛爆發，但這項交易證明了一些以色列公司仍然能在危機發生前夕獲得利益。

阿嘉西在二十四歲那年就創立頂階軟體。十五年後，他負責管理思愛普的兩個子公司，是思愛普董事會中最年輕、也是唯一非德國籍的成員。思愛普在選擇總裁人選時，他更名列最後一輪的候選名單中。後來雖然在三十九歲那年與總裁寶座擦身而過，他也頗有自信，認為總有一天輪到他。

然而阿嘉西現在人卻在這裡，和即將擔任下一任以色列總統的裴瑞茲在一起，努力想要教育汽車大廠的執行長，告訴他汽車業的未來該如何發展。阿嘉西已經開始懷疑這整個想法是否荒謬可笑，畢竟這整件事只不過是從一個想法開始發展的。

兩年前在青年領袖論壇上，也就是阿嘉西口中的「小達佛斯論壇」當中，大會向與會者提出一個挑戰，而阿嘉西則認真地接受了這個挑戰：在二〇三〇年以前，想辦法讓世界成為一個「更美好的地方」。許多與會者提出的想法，都是如何讓自己的企業轉型，但阿嘉西卻有一個更具野心的點子，只是大多數人都覺得他太天真。「我認為最重要的事情，就是要想出辦法，如何讓一個國家不必使用石油。」他跟我們說道。

阿嘉西相信，只要有一個國家能夠完全不依賴石油，接下來全世界都會跟進。關鍵之處，顯然就在於如何找到方法，讓車子不再仰賴汽油為動力。

這種想法，其實稱不上革新。

他曾經試過一些發動車輛的怪點子，例如氫燃料，但這些科技似乎永遠都還需要十年才會成熟，所以阿嘉西決定著眼於最簡單的系統——電池供電的電動車輛。過去汽車界之所以捨棄電動車的概念，是因為限制太多，造價又昂貴。但阿嘉西認為他的辦法能夠讓電動車對消費者來說，不只是買得到，更是買得好。如果電動車能跟汽油車一樣便宜、方便又有力，誰會不想買一部呢？

以色列人經常懷疑既有的、傳統的觀點，因為他們自幼就在常年備戰的環境中長大，人口又只有全世界的千分之一。如果以色列的國家本質就是「不滿」（如同裴瑞茲後來告訴我們的），那麼阿嘉西正好就是以色列國家性格的代表人物。

可是，若沒有裴瑞茲的協助，即使是阿嘉西也不敢追求他自己的理想。裴瑞茲聽說阿嘉西開始推銷「不依賴石油」的理念之後，便打電話給他說：「說得好，不過你接下來要做什麼？」

在這之前，阿嘉西「只是在解謎」——問題還停留在思想實驗的階段。但裴瑞茲清楚地將挑戰擺到他面前：「你真的可以做到嗎？還有什麼比讓世界捨棄石油更重要的？如果你不做還有誰呢？」最後他又說：「我該怎麼幫你？」

裴瑞茲是誠心的想幫忙。二〇〇六年聖誕節剛過那幾天，以及二〇〇七年的頭幾天，他為阿嘉西安排了一連五十場旋風般的會議，讓他跟以色列頂尖工業負責人、政府領袖（包括總理）等人見面。「每天早上我們都在他辦公室碰面，我先簡單跟他報告前一天的會議情況，然後他就開始打電話安排隔天的會議。沒有裴瑞茲，我根本不可能參加這些會議。」阿嘉西說道。

裴瑞茲同時也寄信給世界五大汽車製造商，附上阿嘉西的概念報告，最後兩人終於在那個瑞士飯店的房間裡，枯等著可能是他們的最後一個機會。「在瑞士的第一場會議以前，裴瑞茲只有聽我說過這個概念。我是個搞軟體的，我懂什麼？但是他為了我，竟然甘冒風險。」阿嘉西回憶。那年的達佛斯世界經濟論壇是裴瑞茲第一次親自把這個概念講給汽車業的人聽，而裴瑞茲和阿嘉西約見的第一位汽車製造商執行長不但否決了這個想法，整場會議中還不斷遊說裴瑞茲，要他放棄。阿嘉西相當羞愧，「我讓這位國際政治家徹底蒙羞，我讓他看起來一副不知所云的樣子。」

不過，他們的第二場會晤即將開始。雷諾及日產汽車總裁卡洛斯．戈恩在業界向來以勇於做第一個扭轉局勢的藝術家聞名。他出生在巴西，父母是黎巴嫩人，在日本最有名的事蹟是接下正在遭逢巨大損失的日產汽車，兩年內就讓日產由虧轉盈。心存感激的日本人為了報答他，甚至以他的人生為藍本製作了一系列的漫畫書。

裴瑞茲開始說話，聲調非常輕柔，戈恩差點聽不清楚，不過阿嘉西卻大為震驚。經歷過前一次會面帶給他們的打擊，阿嘉西以為裴瑞茲可能會說：「沙伊提出一個瘋狂的想法，想要製造輸電網。我讓他來解釋，然後你可以告訴他你的想法。」不過，裴瑞茲沒有退縮，反而比之前更加積極推銷這個概念，並且更有魄力。

石油的時代結束了，裴瑞茲說，雖然石油可能還會繼續從地底冒出來，不過世界已經再也不需要了。更重要的是，裴瑞茲告訴戈恩，石油的生產只是在資助國際恐怖主義和動亂。「只要我們有辦法在恐怖份子還沒發射『卡秋莎』火箭之前，就先截斷他們的資金，那麼我們就不必設法防衛火箭彈的攻擊了。」

接著，裴瑞茲駁斥了「替代科技尚未問世」的論點。他知道所有汽車大廠都曾經考慮過各式各樣的電動車，包含油電混合車、充電式油電車，還有超小型的迷你電動車，可是這些都無法帶領我們進入全新的動力車輛世代。

就在這時候，裴瑞茲開始陳述自己的觀點，才過了五分鐘，來客又打斷了他。「聽著，裴瑞茲先生，」戈恩說，「我讀過沙伊的報告，」──阿嘉西和裴瑞茲努力不要顯出懼怕的模樣，但兩人都擔心這場會議的結果可能已經定調了──「他說的完全正確，我們的想法完全一致，我們都認為未來是電力時代。我們已經有車子的構想，而且我們也覺得可以製造出電池。」

裴瑞茲差點連話都說不出來了。就在幾分鐘前的上一場會議裡，他們才聽了一番慷慨激昂的說教，告訴他們為什麼全電動車輛絕對行不通，為什麼油電混合車才是解決之道，可是裴瑞茲和阿嘉西兩人都清楚知道，油電混合車沒有未來。一輛車幹嘛要有兩套不同的動力設備？現有的油電混合車價格高昂，可是燃料使用效益才提高百分之二十，這樣沒辦法讓國家脫離石油。裴瑞茲和阿嘉西認為，油電混合車就像是用ＯＫ繃去貼住槍傷傷口。

但是他們從來沒有聽過一個真正的汽車製造商說過這種話。裴瑞茲忍不住開口問：「那你覺得油電混合車怎麼樣？」

「我覺得那種車沒有道理。」戈恩滿懷自信地說，「油電車就像美人魚一樣：如果你要的是魚，可她是個女人；如果你要的是女人，可她又是條魚。」

裴瑞茲和阿嘉西發出由衷的笑聲，兩人都大大鬆了一口氣。他們真的找到和他們有共同願景的夥伴了嗎？現在該輪到戈恩擔心了，雖然他生性樂觀，但是電動車輛既有的障礙依然存在：電池價格昂貴，續航力還不到一缸汽油的一半，還得花上幾個小時充電。如果消費者必須花大錢卻又要犧牲便利性的話，環保車輛的市場就無法擴大。

裴瑞茲說，過去他也有相同的擔憂，不過遇到阿嘉西之後就都解決了。現在輪到阿嘉西解釋如何解決這些不利因素：不需要十年後才能問世的超級電池，只要利用現有科技就可以了。

降低售價的創意

戈恩的注意力從裴瑞茲轉移到阿嘉西身上，阿嘉西馬上接下去說。

阿嘉西闡述他的想法，開始說明其實很簡單的問題：電動車輛看似昂貴，是因為電池很昂貴，目前的做法是把車輛和電池一起販賣，但這種方式就好像賣車時一併要搭售足夠跑好幾年的汽油一樣。若是將操作成本也考慮進去，電動車輛的成本其實便宜得多——電動車跑一英里只要花七分錢（包含電池以及充電的電力），而如果以一加侖二．五美元的汽油來計算，汽油車一英里就要花費十分錢，要是汽油價格漲到一加侖四美元的話，那麼價格差距就更大了。假如你買車時不需買電池，而是在往後汽車的使用年限中平均分攤電池價格呢？這樣的話，情況就接近目前以其他燃料為動力的汽車了。如此一來，電動車輛至少能跟汽油車一樣便宜，而且電池以及充電的電力價格，跟大家花在加油站裡的錢比起來，可是便宜太多了，電動車的經濟價值瞬間大翻盤。還有，從長遠看來，電動車輛現在的成本已經非常有利，如果電池價格又更便宜的話，一定會更添優勢。

克服價格高昂的障礙已經是一大突破了，可是這樣還不夠，電動車輛還是無法成為阿嘉西口中的「二‧〇升房車」——這種車輛足以取代亨利福特將近一個世紀以前引介給世人的交通模式。加油五分鐘就能讓汽油車跑三百英里，戈恩狐疑著，電動車輛要怎麼與之匹敵？

阿嘉西的解決之道是基礎建設：在幾千座停車場接上線路，興建電池交換站，然後再利用新的「智慧網格」來連結。在多數情況下，在家裡或在辦公室為車輛充電，已經足以應付一天所需，若要長途開車，你可以開車到交換站換一顆充飽的電池，所費的時間和加滿汽油的時間一樣。阿嘉西將延攬一位以色列陸軍的退役將領來擔任公司在以色列的總裁（這位將軍熟悉如何管理軍隊複雜的後勤、補給、物流等問題），負責領導網格計畫以及全國充電停車場的網絡。

這個模式的關鍵就在於消費者能擁有自己的車，但是阿嘉西創立的公司「福地」擁有電池。「這生意是這麼回事，」他接著解釋道：「想想手機的模式。你去跟手機商買手機，如果你願意的話，可以付原價買下手機而不綁約，可是大多數人都會選擇綁兩到三年約，然後得到優惠甚至是免費手機。到最後他們是隨著付通話時間的費用，也付清手機費用。」

阿嘉西說，電動車輛也可以比照辦理：福地公司就像是手機商，你可以去找車商買車，以里程數（而非手機的通話時數）來和廠商簽訂合約，然後得到電動車輛，可是車輛電池並不屬於買家，而是屬於福地公司。如此一來，公司就能將電池成本和車輛的成本，平均分攤在四年或四年以上的時間內回收。而消費者原本每個月花在汽油上的價格，就可以用在電池及充電的電力上。「你可以做到完全環保，而且這價格還比購買使用汽油車低廉。」阿嘉西說。

阿嘉西又接著談剛剛裴瑞茲沒有回答的另一個問題：世界上這麼多國家，為什麼要在以色列開始？他告訴戈恩，第一個原因是以色列的國土規模，使得以色列成為絕佳的電動車輛「試辦」國家。不只是因為這個國家很小，而且因為鄰近國家的敵意，將這裡造成一個封閉的「交通島」。以色列人無法開車越過國界，他們的行車距離就永遠會侷限在以色列小國的境內，這樣就能精確計算出福地公司在初期階段需要建造多少電池交換站。阿嘉西臉上掛著頑童般的微笑說，以色列的敵國孤立了以色列，實際上卻創造出一座完美的實驗室來測試電動車創意。

第二，以色列人不但瞭解仰賴石油要付出的金錢及環境成本，也知道不斷把錢送進名聲不佳的政權中會有多危險。第三，以色列人天生就能快速適應新事物——最近一份統計顯示，他們是世界上花最多時間上網的人，手機持有率達到百分之一百二十五，也就是說許多人擁有兩支以上的手機。

另外同樣重要的一點是，阿嘉西知道在以色列能找到他需要的資源。要創造出「智慧網格」來引導車輛前往最近一個可用的充電站，又能夠承受數百萬輛車同時充電且不會讓系統超過負載，這樣刁鑽的軟體技術只有在以色列才找得到人才來處理。以色列的電腦工程師人口比例以及研發費用支出都是世界最高，當然要在這裡做這種嘗試。阿嘉西想做的其實還有更多。畢竟，如果英特爾可以在以色列大量生產最精密的晶片，為什麼雷諾日產汽車不能在這裡製造汽車呢？戈恩回答，只要他們的年度產量可達五萬輛車，就沒問題，裴瑞茲眼睛眨都不眨就答應一年能夠生產十萬輛車。如果裴瑞茲能達成承諾，戈恩就可望加入他們的陣營了。

這下阿嘉西手裡有三項承諾得履行：他需要一個國家、一家車廠，還有一大筆錢；可是要完成其中任何一項，就得要先完成另外兩項。例如，裴瑞茲和阿嘉西去見當時的以色列總理埃胡德．歐麥特，希望總理能夠承諾讓以色列成為第一個脫離石油的國家，總理則開出兩個條件：阿嘉西必須和五大車商之一簽訂合約，並籌措兩億美元，用於建設智慧網格、將五十萬座停車場改裝成充電站，以及建造電池交換站。現在阿嘉西已經找到車商，必須設法完成歐麥特的第二項條件了：找到錢。

找到資金

儘管如此，阿嘉西相信自己的理念一定可以實現。他不顧科技界的震驚，辭去了思愛普的工作，創立福地公司。（他跟思愛普管理階層談了四次，才說服他們相信他是認真要辭職的。）

不過全球的投資人可不會輕易擁護這項計畫，畢竟這計畫要重塑幾項世界最大、最有力的工業：汽車、石油，以及電力。再說，既然這種車輛沒有基礎建設就無法使用，充電網格必須在車輛還沒大量售出之前就開始建設部署，也就是說事先就得花費將近兩億美元，將整個國家連結上充電網，投資人一想到這麼龐大的資本支出頭就暈了。自從網路經濟泡沫在二〇〇〇年爆發，創業資本家就變得比較務實，沒有人想要在還沒看見一毛錢收益的情況下，就先付出一大筆錢。

但是有一個投資人除外，那就是以色列的億萬富翁伊丹．奧弗，他才剛剛做了一筆以色列有史以來在中國最大的投資，成了中國汽車製造商奇瑞汽車的大股東。六個月之前，奧弗也買下一座煉油廠，所以他對汽車及石油工業略知一二。福地公司初期的美國投資人麥克．葛倫諾夫建議阿嘉西不妨去找奧弗，阿嘉西說：「他怎麼可能放棄他的兩項新事業來幫我呢？」不過阿嘉西也沒什麼好怕的了。

阿嘉西和奧弗會談了四十五分鐘之後，奧弗告訴阿嘉西，他願意投資一億美元，後來他又買下價值三千萬美元的股票，並告知他的中國汽車團隊，要他們製造電動車輛。

阿嘉西籌到了兩億美元，讓福地公司成為史上第五大初創公司。有了以色列做第一個實驗案例，其他地方很快也會跟進。就在本書寫作的同時，丹麥、澳洲、美國舊金山灣區、夏威夷以及加拿大人口最多的安大略地區，都已經宣布要加入福地公司的計畫。日本也要發展電動車輛系統，而福地公司是唯一一家被邀請加入競標的外國公司。這對向來持貿易保護主義的日本政府來說，相當不尋常。

湯瑪斯・威柏是眾多懷疑者之一。他是賓士汽車研發主管。一九七二年時，賓士公司其實已經製造出可以更換電池的電動公車，叫做LE306，但卻發現更換電池的時候可能引發觸電或火災。

福地公司的解決方法，是有效的電池交換站，使用方法很像是洗車場，駕駛把車開進來的時候，一塊巨大的長方形金屬盤就會從車子後方升起，看起來很像搬家卡車後面的那塊升降板。然後車輛把厚達兩呎，用來固定超大藍色電池的固定鉤縮回，讓電池落在金屬盤上；然後金屬盤往回降下，把用過的電池放進充電站裡，再舉起充飽電的電池，放進車輛底下正確的位置。要完成這一整套自動交換的時間：六十五秒鐘。

阿嘉西非常驕傲，他的團隊竟然能夠解決這項工程問題，準確、快速又安全地取下重達好幾百磅的電池。他們使用的固定鉤，跟空軍轟炸機用來固定五百磅重的炸彈是一樣的。釋放炸彈的機制是不容出錯的，未來車輛裡的電池也會一樣安全又容易取出。

如果成功了，福地公司對於全球經濟、政治及環境的影響，可能超越世界上最重要的科技大廠，而且這個理念也會從以色列傳播到全世界。

以色列：創投資金顯著增加

像福地這樣的公司，以及像沙伊・阿嘉西這樣的企業家，不是每天都看得見的。但只要看看以色列，那麼也就不意外聽到美國波士頓的巴特利風險投資公司投資人史考特·托賓預測說：「下一個重要理念，會來自以色列。」

各大科技公司與全球的投資人爭先恐後來到以色列，舉目所及的都是勇敢、創造力以及驅動力的獨特組合。這或許可以解釋，以色列除了初創公司密度是全球最高（總數有三千八百五十家，平均每一千八百四十四個以色列人當中，就擁有一家初創公司）之外，那斯達克股票交易所的上市公司中，以色列公司數量也超過整個歐洲所有的上市公司。為什麼他們能做到？

以色列不只吸引紐約股市匯兌，也吸引到一項對科技前途來說最關鍵的要素：創業投資。

二〇〇八年間，以色列每人平均創業投資金額比美國還要高出二·五倍，比歐洲高出三十倍，比中國高出八十倍，比印度高出三百五十倍。以絕對數字來看，以色列這個只有七百一十萬人口的國家，吸引了將近二十億美元的創業投資。這個金額，等於同年流入英國的投資數字（該國擁有六千一百萬人民），也等於同年在德國及法國投資金額的總和（這兩國的居民達一億四千五百萬）。而從二〇〇七年至二〇〇八年間，以色列也是唯一創業投資金額有顯著增加的國家，如表1-1所示。

除了美國以外，以色列在那斯達克股市的上市公司數量，比世界上其他國家都多，包括印度、中國、韓國、新加坡，以及愛爾蘭，如表1-2所示。而從表1-3中更能明顯看出，以色列在研發項目的經濟支出比率也是傲視全球。

自一九九五年起，以色列經濟發展的步調，經常超越世界上已開發國家，如表1-4所示。

表1-1 人均創投金額

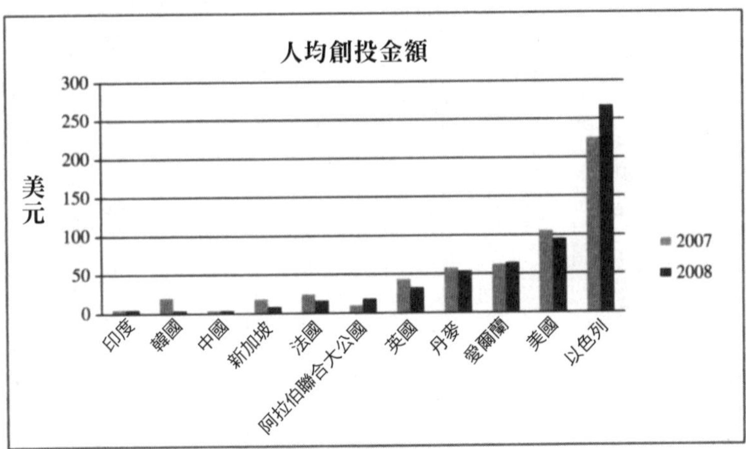

來源：Dow Jones, VentureSource; Thomson Reuters; U.S.Central Intelligence Agency, World Fact Book, 2007, 2008.

表1-2 那斯達克的非美國公司（2009年）

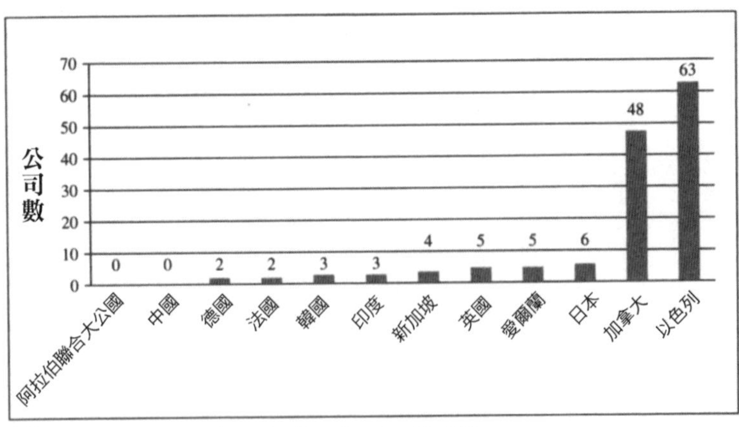

來源：NASDAQ, http://www.nasdaq.com/asp/NonUsOutput.asp, May 2009

表1-3 民間研發支出（2000年至2005年）

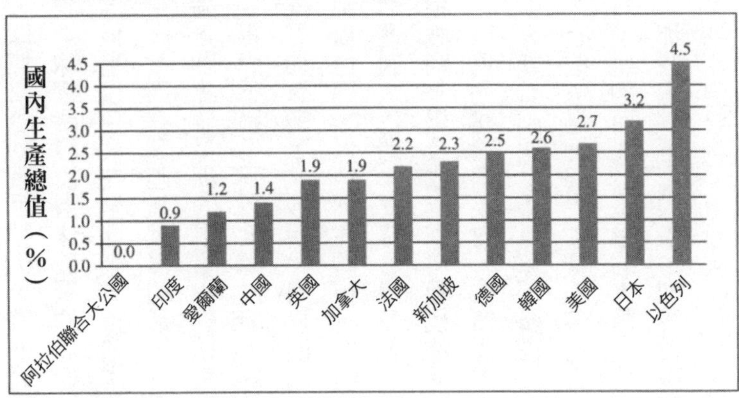

來源：UNDP (United Nations Development Programme) Report, 2007/2008

表1-4 國內生產總值成長率

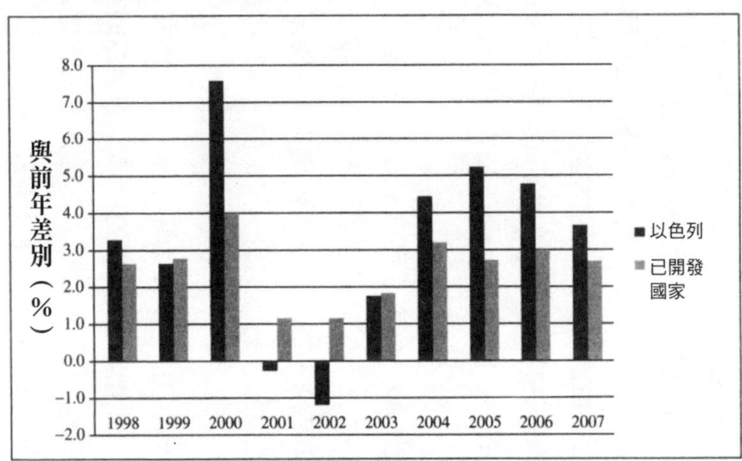

來源："Miracel and Mirages," Economist, April 13. 2008; "GDP Growth Rates by Country and Region, 1970–2007," Swivel, http://www.swivel.com/data_columns/spreadsheet/2085677

即使以色列戰爭頻仍，發展的腳步也沒有緩慢下來。自二〇〇〇年後的六年期間，以色列不只受到全球網路經濟泡沫破滅的危機，還遭受有史以來最慘烈的恐怖攻擊，又經歷了第二次黎巴嫩戰爭，但是以色列在全球創業投資本的占有率並未下降，甚至還翻漲一倍，從百分之十五升至百分之三十一。而在黎巴嫩戰爭的最後一天，特拉維夫股市交易指數比戰爭第一天時還高。二〇〇九年，加薩走廊三個星期的軍事行動結束後，也是相同情形。

想想不過半個多世紀以前，以色列的整體狀況還是十分凋敝，相形之下這個國家此刻的經濟故事就更加有趣了。沙伊．阿嘉西的家族在一九五〇年時，也就是以色列成立兩年之後，從伊拉克移民到以色列。以色列建國後，在阿拉伯世界掀起一股暴力屠殺的風暴，阿嘉西家族跟著上百萬的難民潮逃到以色列。當時這個羽翼未豐的猶太國家，同時面對兩個似乎是不可能的挑戰：為了獨立而繼續戰鬥，以及收容來自戰後歐洲與周邊阿拉伯國家的難民。

以色列建國兩年內，人口遽增兩倍，在接下來七年間又增加三分之一的人口，每三個以色列人當中，就有兩個是新移民。難民一下船手裡就被塞了把槍，他們甚至還不知道怎麼使用就得上戰場。有些逃過納粹集中營迫害的人，名字還沒被記錄下來就在戰場上犧牲了。就比例而言，以色列人為了建國而死於戰爭的人數，比在兩次世界大戰中犧牲的美國人總數還多。

那些生存下來的人，則得在蕭條的經濟中求生存。「每樣東西都是配給的，」一個新移民抱怨道，「我們只有一本糧票簿，一週一顆雞蛋，大排長龍。」當時以色列人的平均生活水準大約和十九世紀的美國人差不多。那麼，這個「初創」國家是如何生存下來，甚至還從一個被重重圍困的落後小國，搖身一變成為高科技企業的大本營，經濟成長率在六十年內就達到五十倍？一個身無分文的難民團體，如何將文豪馬克．吐溫口中的「荒蕪之國……寂靜又哀戚的大地」轉變成世界上最蓬勃的企業經濟體之一？

以色列政治經濟學家吉迪．格林斯坦不敢相信世人還沒充分體會到以色列的經濟奇蹟。「你看，我們的經濟情況可以和美國相提並論，可是我們的人口成長了五倍，同時還要打三場戰爭，這在世界經濟史上可是完全無人能比的。」而且他告訴我們，以色列企業家不斷有讓人意想不到的表現。

幾百年來，聖地持續吸引朝聖者前來，可是最近蜂湧而至的朝聖人潮卻有不一樣的目標。谷歌總裁兼董事長艾瑞克．施密特跟我們說，美國是世界企業家的首選，但「在美國之後，以色列是最佳地點。」任職於微軟的史帝夫．柏瑪則說微軟「這家美國公司也差不多是以色列公司。」華倫．巴菲特是避險投資的先驅，但就在二〇〇六年以色列加入黎巴嫩戰爭之前，他打破十多年來不投資外國公司的紀錄，花了四十五億美元買下一家以色列公司。

科技大廠是不可能忽略以色列的，而大多數科技公司也確實沒有忽略以色列。全球頂尖科技公司當中，幾乎有一半都買入了在以色列創業的公司，或者在以色列設立研發中心。光是思科公司就買下九間以色列公司，而且還準備買更多。

「在以色列待兩天，我看到的機會比在世界其他地方待一年還要更多。」保羅．史密斯說道，他是飛利浦醫療事業群的資深副董事長。英國電信公司科技革新部門副主席蓋瑞．軒柏格也說：「以色列這裡有更多的全新概念，不是重新回收使用的概念，也不是新瓶裝舊酒的老概念，此地的新概念比現在的矽谷還要多，而且在全球經濟遲緩的時候也沒有慢下來。」

雖然以色列的科技發展越來越廣為人知，但許多第一次聽到的人卻都免不了困惑。美國的國家廣播公司全球副董事長被派往以色列，探查當地數位媒體的發展，她卻感到疑惑：「為什麼這些都在以色列發生？我從來沒有在一個這麼小的地方，看到這麼多混亂和創新。」

為什麼是以色列？

這本書的目標就是要解開這個謎團：為什麼是以色列，而不是其他地方？

一種解釋是說逆境就跟需求一樣，能培養創造力。其他受到威脅的小國，像是南韓、新加坡以及台灣，都能創造出像以色列這樣亮麗的經濟成長紀錄；但是跟以色列相比起來，這些國家都沒有產生創業精神文化，更別提擁有一大票初創公司。

還有些人猜測，這其中某些事情是只有猶太人才能辦到的。西方人根深柢固的觀念就是猶太人很「聰明」，我們自己也見證了這點，當我們告訴別人正在寫一本有關以色列為何有如此創新的概念時，很多人的反應都是說：「很簡單啊——因為猶太人聰明哪，以色列擅長創新也沒什麼好驚訝的。」但光是把以色列的成功歸因於這樣的刻板印象，非但沒有解開疑惑，反而更讓人弄不清楚。

首先必須說明，不管是從基因或是文化上來說，以色列並不是單一猶太民族的國家。這個國家雖然小，卻是世界上民族最多元的國家之一。以色列人口不多，卻是由來自七十幾個不同國家的人民所組成。一個來自伊拉克的猶太難民和來自波蘭或衣索比亞的難民，彼此之間並沒有共通的語言、教育、文化或歷史——至少在前兩千年是沒有的。就像愛爾蘭經濟學家大衛·麥威廉解釋的：「以色列並不是個單一面向的猶太國家……而是離鄉背井的人們聚居形成的一神教大熔爐，他們從世界四面八方帶來不同的文化、語言和習俗。」

雖然讀相同的祈禱書和同樣有遭受迫害的經驗，大概可以算是有共通點，但我們還是不清楚，為什麼這群彼此互異的人能夠組成一個可運作的國家？更別說居然還是一個出產絕佳團隊和創新概念的國家。

的確，以色列的祕密似乎並不在於個人的才華。很多地方都有人才，絕對比以色列能夠提供的工程師人數還要多出許多倍。例如新加坡的學生在全球科學及數學競試都名列前茅，印度、愛爾蘭也是許多跨國企業前去設立據點的國家，「但我們不會在這些國家進行關鍵任務工作。」一位任職於電子灣拍賣網站的美國主管告訴我們，「谷歌、思科、微軟、英特爾、電子灣……這名單還長得很，我們嚴守著一個祕密，那就是我們的生死全仰賴公司內以色列團隊的工作成效。這可不只是將電話服務中心外包到印度，或是在愛爾蘭設立資訊科技服務。我們在以色列所做的，跟我們在世界其他各地所做的不一樣。」

以色列的成功還有一個經常被提起的因素，那就是這個國家的軍事防衛工業，以及從以色列軍事防衛產業衍生出蓬勃發展的多家公司。這只是答案的一部分，但不能解釋為什麼其他採用徵兵制、或擁有龐大軍隊的國家，無法對該國的私人企業造成類似影響。把矛頭指向軍隊只是換了個問題：以色列軍隊似乎有什麼特別之處，能培養創業家特質？雖然以色列全國深深受到軍方的影響，但為什麼目前該國的防衛、反恐以及國土安全相關公司，只占以色列的國內生產毛額不到百分之五？

我們認為，答案的層面一定更廣更深，一定就藏在像沙伊・阿嘉西這種企業家個人的故事中；這些企業家也恰好象徵了這個國家的精神。我們接下來要呈現的故事，不只是關於才華，還有堅忍的毅力、對權威不斷的挑戰，以及跳脫世俗框架的決心，再加上面對失敗、團隊工作、任務、冒險和跨領域創造力的獨特態度。以色列到處是這樣的故事，但是以色列人自己正忙著建設他們的初創公司，沒時間回頭將發生的一切串連起來，以便告訴世界上其他政府、大公司以及初創企業家，到底可以從他們的經驗中學習到什麼。

很難想像還有什麼時機比「現在」更適合瞭解以色列的經濟奇蹟。雖然當下的美國仍是全球最有競爭力的經濟體，但是大眾普遍都感覺到，有某些基本的東西不太對勁。

即使在二〇〇八年全球金融危機爆發之前，許多密切觀察全球革新趨勢的人就已經發出警訊。「印度和中國是即將淹沒我們的海嘯。」史丹佛研究機構的柯提斯·卡爾森預測道。他認為美國的資訊科技業、服務業以及醫療器材業即將滅頂，損失包括「上百萬人失業……就像一九八〇年代，日本人大量湧進美國時一樣。」卡爾森說，唯一的解決之道就是「學習如何創新」，並且在能源業、生技業和其他科技工業，創建以知識為本的全新工業。

「跟所有國家相比，我們馬上就要成為自肥自滿的底特律。」前哈佛商學院教授高健說，「我們……是在老母牛身上擠奶，就快搾乾了……（還會）失去我們眾志成城的目標感，連帶失去我們對成功的熱情、野心和決心。」

經濟的挫敗，只是更凸顯出創新的重要。畢竟一開始就是因為銀行不顧後果的貸款，以及不值一文的信用額度，把房地產價格哄抬過高，最後崩盤才會引發金融危機。也就是說，全球經濟繁榮的關鍵就在一顆隨時可能爆破的泡泡上，而非經濟學家所認為穩定經濟成長的基礎，也就是生產力的增加。

根據諾貝爾獎得主羅伯特·索洛的前瞻研究，科技創新是生產力和經濟成長最根本的源頭，事實證明這是唯一讓經濟持續發展的方法，而初創公司的創新力量更為關鍵。美國人口普查局最近一份資料顯示，美國自一九八〇年至二〇〇五年間，大多數的淨就業獲利（net employment gains）都來自成立不到五年的新公司。若是沒有初創公司，年平均淨就業成長率反倒會呈負成長。分析企業經濟的考夫曼基金會主席兼經濟學家卡爾・施拉姆說：「如果美國想要保住並維持自己在世界上的經濟領袖地位，我們就必須把創業家精神當成關鍵的相對優勢，沒有其他東西能帶給我們所需的影響力。」

創業家精神的確有很多模式，包括微創業特質（開創家庭事業），以及建立專攻某塊利基市場的小公司，專注在這個特定利基市場裡不擴張。但是以色列特別擁有高成長率的創業精神，這些初創公司最後會改變整個全球產業。高成長率的企業之所以出類拔萃，是因為懂得運用個人特殊長才，從工程師、科學家、業務經理到行銷專家，讓一個嶄新的概念得以商業化。

這並不表示以色列就能倖免於全球初創公司的高失敗率，但是以色列的文化習俗讓他們對於失敗有獨特的態度，讓失敗的企業家能夠不斷重新回到戰場，利用本身的經驗重新再戰，而不是讓自己陷入永遠的恥辱和邊緣化的境界。

全球管理顧問組織摩立特集團最近在一份報告中說：「當（創業家）成功時，他們會革新市場；就算他們失敗了，他們仍然會讓市場內現有的參與者持續面對競爭壓力，因此才會刺激進步。」摩立特的研究也顯示創業家精神是讓經濟「進化及再生」的主要動力。

現在的關鍵在於，誠如《商業週刊》的封面故事所報導的，「美國的發明能重登寶座嗎？」該雜誌觀察到「在低迷的氣氛之下，無論政治立場為何，經濟學家和商業領袖都慢慢達成共識：創新才是最好的、或許也是唯一的辦法，能夠讓美國擺脫這個經濟坑洞。」

全世界都在尋找創新的關鍵，以色列自然是他們的目標。西方需要創新，而以色列能做到。要瞭解這股創業家動力是從哪裡來的、要往哪個方向走、該如何保持，還有其他國家該如何向這個典型的「初創小國」學習，是我們這個時代的重要任務。

第一部　小國的能耐

第一章　堅持到底

四個人站在街角……

一個美國人、一個俄國人、一個中國人，還有一個以色列人……

一位記者走向這群人跟他們說：

「不好意思……你們對肉類短缺有什麼意見？」

美國人說：「什麼是短缺？」

俄國人說：「什麼是肉類？」

中國人說：「什麼是意見？」

以色列人說：「什麼是『不好意思』？」

——麥克．李，《兩千年》

史考特．湯普森看看他的錶，時間來不及了，他還有一長串的工作得在週末前完成，而今天都已經是星期四了。湯普森是個大忙人，身為全球最大網路付款系統PayPal董事長以及前技術總監，他將網路打造成為支票、信用卡之外的另一種付款選擇。儘管很忙，他還是答應一個小伙子，給他二十分鐘的時間，讓這小伙子證明他有辦法解決網路付款詐騙、信用卡詐欺，以及盜用電子身分的問題。

舒瓦．沙科德並沒有一般創業者那種性急、魯莽的氣質。這樣也好，因為湯普森知道，大部分的初創公司最後都不了了之。沙科德看起來似乎還比不上PayPal典型的初級工程師那麼有膽識。但是湯普森不打算拒絕這次會面，因為這是標竿資本公司的要求。

標竿資本是電子灣的種子投資人。早在電子灣的營運總部還設在創辦者家裡、提供沛茲糖果盒（Pez dispenser）收藏家另類的交換方式的年代，標竿資本就已經投資電子灣了。今日，電子灣已經是價值一百八十億美元的上市公司，全球有一萬六千名員工，同時也是PayPal的母公司。標竿正在考慮投資沙科德在以色列成立的「反詐科學公司」，而在投資前必須先對反詐科學公司進行實地查核，因此標竿資本的合夥人要求對電子詐欺頗有經驗的湯普森來試探沙科德的能耐。

「舒瓦，你是用哪種模式呢？」湯普森問道，他急著想結束這場會面。沙科德東扯西扯了一會兒，就像個還不太擅長一分鐘簡報的人，然後他才靜靜開始說：「我們的想法很簡單，我們相信世界上的人可以分成好人和壞人，要對付詐欺的方法就是在網路上分辨出這兩種人。」

湯普森壓抑住自己的挫敗感。這太超過了，就算是標竿請他幫忙也一樣。在PayPal任職以前，湯普森是信用卡巨擘Visa的高層執行長，這個規模更大的公司同樣非常努力打擊詐欺。信用卡公司和網路賣家公司的員工團隊中，有大部分的人力都投注在「吸引新客戶」以及「對付詐欺和盜用身分」這兩件事情上，因為這會影響到邊際利益的多寡，也是決定客戶信任與否的關鍵。

Visa 以及合作的銀行加起來總共有數萬名員工負責對付詐欺，PayPal 則有兩千人，包括五十幾位擁有博士學位的工程師，努力要搶在竊賊腳步前頭行動。而這個小伙子滿嘴說什麼「好人和壞人」，一副他是第一個發現這個問題的人一樣。

系統如何分辨好人、壞人？

「聽起來不錯。」湯普森努力克制自己，才能說出這句話，「你要怎麼做？」

「好人會在網路上留下自己的足跡，也就是數位足跡，因為他們沒什麼好隱瞞的。」舒瓦繼續用帶著腔調的英文說：「壞人就不會，因為他們想隱藏自己。我們所做的就是尋找足跡，如果找得到，就可以將風險降到可接受的程度，而且有辦法承擔。真的就是這麼簡單。」

湯普森開始覺得這個名字很奇怪的傢伙不但是從別的國家來的，更是從另一個星球來的。難道他不知道對付詐欺是多辛苦的過程嗎？得確認背景、費力翻閱信用紀錄、建立可靠的演算規則來決定對方值得信任與否。總不可能走進美國太空總署然後說：「幹嘛要建造那些漂亮的太空船啊？用彈弓不就好了嗎？」

但是湯普森尊重標竿公司的要求，於是想就再多容忍沙科德幾分鐘好了。「那你是在哪裡學到這技術的？」他問道。

「追捕恐怖份子。」沙科德講得一副沒什麼大不了的樣子。他在軍中服役的單位，就專門負責追蹤恐怖份子的網路活動，好把恐怖份子一網成擒。恐怖份子在網路上利用捏造的身分來轉移金錢，舒瓦的工作就是要在網路上抓到他們。

湯普森已經聽夠這個「恐怖份子獵人」說的話了，甚至已經聽太多了。他想到了一個簡單的脫身方法。「你們有沒有試過？」他問道。

「有。」沙科德的回答中帶著沉穩的自信。「我們試過上千筆交易，而且結果都是正確的，除了四筆以外。」

最好是啦，湯普森暗自想道。但他又忍不住自己的好奇心。「花了多久時間？」他問道。

沙科德說他的公司從創業以來，在五年間分析了四萬筆交易資料。

「好吧，那我們接下來就這麼辦。」湯普森說道，他提議給反詐科學公司十萬筆 PayPal 的交易資料來分析，這些都是 PayPal 已經處理過的客戶交易資料。因為有隱私權的問題，PayPal 會先抹去一些個人資料，這樣會讓舒瓦的工作更加困難。「不過你就盡力而為吧，」湯普森說，「然後把結果交回來，我們會把你的結果跟我們的做比較。」

既然沙科德的初創公司花了五年時間，才處理完四萬筆交易資料，湯普森想他大概近期內不會看到這小子了。但他的要求也是應當的，為了判斷沙科德奇怪的系統在現實環境中是否可行，這樣的衡量是必須的。

反詐科學公司之前處理的四萬筆交易資料，是以人工方式完成的。沙科德知道，要完成PayPal的挑戰，他必須讓系統自動化才能處理這龐大的數量，而且不能犧牲系統可靠性，又要以破紀錄的時間處理完交易資料。這表示要把他過去五年來持續測試的系統改頭換面，而且要快。

湯普森在某個星期四將交易資料交給沙科德，「我以為我已經完成標竿交代的事情了，」他回想著，「我們再也不會聽到沙科德的消息了，至少有好幾個月都不會。」所以當他於緊接著那個星期日就收到以色列來的電子郵件時，他覺得非常驚訝，上頭寫著：「我們完成了。」

湯普森不相信。星期一早上，他的第一件事情就是把反詐科學公司的成果交給他的博士團隊分析，他們花了一個星期比對PayPal的資料，但是到了星期三，湯普森的工程師已經被他們目前看到的結果嚇呆了。沙科德和他的小團隊得到的正確結果比PayPal更多，花費的時間更短，而沙科德手上擁有的資料還是殘缺的呢。從PayPal最感棘手的交易資料中更能看出差別，在這些結果中，反詐科學公司的正確度比他們高了百分之十七。湯普森告訴我們，這些棘手資料是PayPal最初拒絕的客戶資料。但是根據PayPal監測這些遭拒客戶最近的信用報告來看，湯普森說拒絕這些客戶是錯誤的決定：「他們是優良顧客，我們根本就不應該拒絕他們，這是我們系統的漏洞。但是他們為什麼不會被沙科德的系統略過呢？」

湯普森現在明瞭，自己眼前所見到的是真正原創的反詐欺工具。反詐科學公司擁有的資料比PayPal更少，但卻能夠更正確地預測誰可能是好客戶，誰不是好客戶。「我坐在那裡，目瞪口呆，」湯普森回想著，「我不懂，我們在業界是風險管理的最佳團隊，可是這個以色列的五十五人小公司，打著什麼『好人』跟『壞人』的荒謬理論，居然可以打敗我們？」湯普森估計，反詐科學公司系統的效率比PayPal還要進步五年，若是他的前東家Visa，就算給他們十年或十五年來發展，也不可能想出這種概念。

湯普森知道他該怎麼回報標竿公司了：PayPal不能冒險讓競爭對手取得反詐科學公司突破性的科技。這家公司，標竿不應該投資，因為PayPal必須買下這家公司。立刻就要買。

湯普森跑去見電子灣總裁梅格·惠特曼，把她也拉進來。「我當時回答史考特說不可能，」惠特曼講道，「我們已經是市場龍頭了，這個小不啦機的公司到底從哪冒出來的？」湯普森和他的博士團隊帶著惠特曼看過結果，她相當震驚。

現在湯普森和惠特曼手上的問題讓他們措手不及。他們該跟沙科德說什麼？要是湯普森告訴沙科德這位初創公司總裁說，他輕易就打敗了美國業界龍頭，則這個初創公司團隊就會知道他自己手中握著無價之寶。湯普森明白，PayPal必須買下反詐科學公司，但是他該怎麼告訴沙科德測試的結果，才不會抬高反詐科學公司的身價以及協商起點呢？

於是他故意拖延。沙科德不斷寄來電子郵件，焦急地想知道結果，湯普森回應說PayPal還需要多點時間來分析。最後，他告訴反詐科學的團隊說，等你們下次到聖荷西的時候，我就會親自跟你們分享結果。他希望這樣能爭取多點時間。沒想到一、兩天之後，沙科德已經站在湯普森辦公室門口了。

但是湯普森並不知道，創立反詐科學公司的沙科德以及薩爾・威爾夫兩人，並不想把他們的公司賣給PayPal。他們兩人都曾在以色列頂尖的軍事情報單位服役，單位名稱代號是「八二〇〇」。他們只希望湯普森能肯定他們，幫助他們完成標竿資本公司所要求的實質審查程序。

湯普森向梅格回報：「我們必須做出決定，他們來了。」她讓他全權處理：「買下來吧。」經過評估之後，他們開出七千九百萬美元的價碼，沙科德拒絕了。反詐科學公司董事會當中，也包括以色列創投公司「BRM資本」，他們都認為這公司價值至少兩億美元。

艾里・巴卡特是BRM的創始合夥人之一，他向我們解釋該公司未來價值背後的理論：「第一代的科技保全是保護電腦不受病毒侵襲，第二代則是建造防火牆來對抗駭客入侵。」巴卡特很明白這兩種威脅，因為他曾經提供資金，建立好幾家專門對抗這兩種威脅的公司，其中一家公司名為「崗哨」，同樣是由八二〇〇單位退伍的年輕人所成立的以色列公司，今日市價達五十億美元，在那斯達克股市公開交易，客戶中有許多是《財富》雜誌評選前百大企業，也包含全球各地大多數國家政府。第三代保全則應該要對抗駭客竊取電子商務資料，「而這將會是最大的市場，」巴卡特說，「因為截至目前為止，駭客只是在找樂子，是種嗜好。但隨著電子商務逐漸發展，駭客可以真的以此賺錢。」

巴卡特也相信，反詐科學公司擁有最佳團隊及最佳技術，能夠捍衛網路安全，對抗信用卡詐欺。「你必須瞭解以色列的心態，」他說，「如果你發展的科技是為了找出恐怖份子，有這麼多無辜生命命懸一線，相較之下，要抓出小偷就非常簡單了。」

經過幾天的協商，湯普森和沙科德同意以一億六千九百萬美元成交。湯普森告訴我們，PayPal團隊認為應該可以用更低的價錢成交。協商過程開始的時候，沙科德開的價錢一直比較高，湯普森以為他只是想嚇唬他們。「我從來就沒見過這麼有說服力的撲克臉，但事實是，反詐科學的人很清楚自己公司的價值，他們不是推銷員，不是隨便講講的，沙科德只是直接表態，他基本上是在告訴我們：『這是我們的方案，我們知道這是最好的，我們覺得這個方案的價值就是如此。』然後真的就沒得商量了，這種理所當然的態度可不是常常能遇見的。」

質疑的自信

不久後，湯普森搭上飛機，去拜訪他剛剛買下的公司。從舊金山搭了二十個小時的飛機，在最後一段航程，距離降落約莫還有四十五分鐘的時候，他啜飲著咖啡讓自己清醒，正好看著走道上的螢幕顯示出飛機在地圖上的軌跡。他可以看見那個小小的飛機圖示落在航程的終點，即將降落在特拉維夫。目前為止還沒問題，然後他注意到地圖上的其他東西，此時地圖上顯示出鄰近的地點，他可以看到這個地區內國家的名字及首都，環繞著以色列：黎巴嫩的貝魯特、敘利亞的大馬士革、約旦的安曼，以及埃及的開羅。有那麼一會兒，他驚慌了：「我在那裡買了家公司？我要飛到戰區去了！」當然，他一直都知道以色列有哪些鄰國，但是並不太瞭解以色列到底有多小，這些周圍的國家有多近。「彷彿我本來是要飛去紐約，沒想到在紐澤西應該出現的地方，竟然是伊朗。」他回想道。

但他下了飛機不久就感覺相當輕鬆，這地方對他來說並不是太陌生，這也讓他很驚喜。首先讓他欽佩的是反詐科學公司的停車場，每輛車的保險桿上都貼著 PayPal 的貼紙，「你在美國公司裡絕對看不到這種驕傲或是熱忱。」他說。

接著讓湯普森驚訝的是，當他在全員會議中講話時，反詐科學公司員工們所表現出來的態度，每張臉都專注地看著他，沒有人在傳簡訊、上網，或是打瞌睡。等他進入討論階段，專注程度只有更高：「每個問題都非常敏銳，我其實在上面都開始緊張了。我從來沒有聽過這麼多與眾不同的見解，而且是一個接著一個提出。這些人還不是跟我同階級或是更上級的人，他們只是初級員工，他們不怕挑戰我們在 PayPal 行之有年的辦事邏輯，我從來沒有看過這種全然的坦率、毫不畏懼，以及專心致志的態度。我心想著，是誰在為誰工作啊？」

史考特・湯普森這次經驗，是他第一回見識到以色列的「chutzpah」。根據猶太學者李奧・羅斯頓對意第緒語的解釋（意第緒語是一種幾乎完全消失的日耳曼斯洛伐克語言，現代希伯來文則從意第緒語借用此字），chutzpah的意思是「有膽量、厚顏無恥、放肆無禮、無比的『魄力』、自以為是再加上傲慢，似乎沒有其他語言或其他字能與其相比擬。」外地人來到以色列，處處都能見到chutzpah：大學學生跟教授說話的樣子、員工挑戰老闆的樣子、中士質疑將軍的樣子，還有書記懷疑政府官員的樣子。但是對以色列人來說，這不是chutzpah，這是正常的行為模式，在他們成長過程中的某個時刻，不管是在家裡、在學校，或是在軍隊裡，以色列人學到有自信是正常的，他們才不管什麼保持緘默才能活命的道理。

甚至是在以色列流行的綽號都能清楚看到這點。瓊·梅德威是以色列的企業家及創業投資者，喜歡引用自己說過的「綽號指數」：「聽聽一個社會的成員如何稱呼社會精英，就能瞭解這個社會的許多事情。以色列是世界上唯一一個地方，這裡每個有權勢的人，包括總理和軍隊將軍，都有一個綽號。每一個人，包括社會大眾，都會這樣叫。」

以色列現任及前任總理本雅明·內坦亞胡及艾利爾·夏隆的綽號分別是「畢畢」（Bibi）和「阿里」（Arik）；前勞工黨領袖是賓雅明·「阿福」·班·伊利瑟（Füad）；新任以色列國防軍參謀總長則是摩什·「摩什一個半」·列維（Moshe VeHetzi），因為他有兩百公分高。其他的前任國防軍參謀總長分別是雷哈瓦姆·「甘地」·齊維（Gandhi）、大衛·「大豆」·艾拉薩（Dado），以及拉斐爾·「拉福」·艾登（Raful）。以色列改革黨的創始人是約瑟夫·「湯米」·拉彼得（Tommy）；

曾在幾任以色列政府中擔任高層首長的政治人物叫做艾薩克·「布吉」·赫佐（Bugie）。這些綽號不是在官員背後使用，而是大家都會公開這麼稱呼。梅德威認為，這點就代表了以色列不拘禮節的程度。

以色列的態度和不拘禮節的程度，也能從他們習慣容忍失敗這件事上看出來，有些以色列人稱之為「有建設性的失敗」或是「高明的失敗」。大多數本地投資人都相信，若是不能大量容忍這種失敗，就不可能產生真正的創新。在以色列軍隊中，習慣將訓練、模擬，有時甚至是戰爭中的表現（不管是成功或失敗的表現），都視為是中性的。只要能高明處理風險，不要魯莽行事，那麼總是能從中學到東西。

哈佛商學院教授羅倫·蓋瑞曾說，分辨「一項計畫周詳的實驗」與「一場輪盤賭遊戲」這兩種事情的差別，是很重要的。在以色列的軍事訓練中，早早就建立了這種差別概念。「我們不會因為表現優異就過度吹捧你，也不會因為表現差勁就永遠瞧不起你。」一個空軍訓練官這樣告訴我們。

的確，二〇〇六年一份哈佛大學的研究顯示，前一次事業失敗的企業家當中，幾乎有五分之一的機會能成功打造下一家初創公司；成功率比第一次創業的初創家要高，也只比前一份事業成功的企業家低一點。

艾瑞克·韋納在他的著作《至福之地》（*The Geography of Bliss*）當中，描述了另一個高度容忍失敗的國家，形容其為「重生之國，但『重生』並不具有宗教意味」。這絕對適用於以色列國內關於破產及設立新公司的法規上，即使你前一家公司破產了，以色列仍然是中東地區最容易成立新公司的地方，也是全世界最容易的國家之一。不過還有另外一個原因，就是以色列人永遠汲汲營營要找尋下一個商機。

初到以色列的人經常覺得這裡的人很粗魯。以色列人會毫不害羞地問他們根本不太熟識的人，問他們年紀多大，或者他們的公寓或車子多少錢，甚至還會告訴新手父母（通常是在人行道或雜貨店裡遇到的陌生人），這種天氣不應該讓孩子穿成這樣。有句諺語是在說猶太人：「兩個猶太人有三張嘴。」用這句話來描述以色列人絕對正確。不喜歡這麼坦白的人可能不喜歡以色列，但是其他人卻會覺得這樣很新鮮，而且很誠實。

改變電腦技術的以色列團隊

英特爾在加州聖塔克拉拉總部的高層管理階層與該公司的以色列團隊之間，曾發生過一次歷史性的正面衝突。衝突發生時，英特爾以色列分公司的主管舒穆爾．「穆里」．艾登（Mooly，他也有綽號）不假思索，勇敢地用一句話來總結：「我們用以色列的方式做事，我們會力爭至死。」這也是chutzpah的典型案例。

英特爾公司多虧了那次衝突，才能夠繼續存續下去。那場長達幾個月的激烈爭辯並不只影響了英特爾，更是決定現在隨處可見、大家都視作理所當然的筆記型電腦，能否存在的重要關鍵。

英特爾是以色列雇用人數最多的私人企業，每年從以色列輸出的總額達十五億三千萬美元。艾登擔任以色列分公司的負責人，他告訴我們英特爾在以色列建立公司的背景，以及英特爾對抗以色列之戰的故事詳情。

綜觀現代電腦發展史，資料處理的速度（也就是你的電腦得花多少時間處理任何事情），是取決於晶片電晶體的速度。電晶體時開時關，開關的順序會形成一組密碼，就像用來拼字的字母一樣，上百萬組的開關同時運作時，就能夠以無數的方式來記錄以及處理資料。若能把電晶體開關的速度（也就是電晶體的脈動，clock speed）做得越快，則能處理的軟體也就更強大，就能將電腦從強大的計算機轉變成多媒體娛樂及企業機器。

但截至一九七〇年代，電腦仍然主要是由火箭專家和頂尖大學使用，有些電腦的體積大到要占去整個房間甚至是建築物的空間。能夠把電腦擺在辦公桌上或家裡，這種想法只出現在科幻小說裡。不過到了一九八〇年，這一切都變了，因為英特爾在以色列海法的團隊設計出8088晶片，上頭的電晶體每秒可以開關幾乎五百萬次（四．七七百萬赫茲），而且體積很小，能夠用來製造放在家裡和辦公室裡的電腦。

IBM選擇以色列的8088晶片作為第一部「個人電腦」的心臟，開啟了新的電腦時代。這也是英特爾的一大突破。根據新聞記者麥可．馬龍的報導：「與IBM簽下合約，英特爾就贏了微處理器的天下。」

從此以後，電腦科技就開始往更小、更快的方向發展。到了一九八六年，英特爾唯一設在國外的晶片廠已經開始製造386晶片，廠房就設在耶路撒冷，處理速度是三十三百萬赫茲。雖然跟今日的晶片速度無法比，但英特爾當時已經認為這樣很「強大」，幾乎是8088晶片的七倍速。這家公司正平穩往前發展。這條道路也是英特爾創始人之一葛登·摩爾所預見的：他預測電腦產業每隔十八到二十四個月，就能把電晶體的體積縮小一半，晶片處理速度也能增加一倍。這樣連續的對半發展被稱為「摩爾定律」，晶片工業也是因為這項挑戰而興起，推出越來越快的晶片。IBM、華爾街以及商業媒體也都跟上這股潮流，他們衡量晶片價值的指標，就是看新型晶片的脈動及體積。

一切進展順利。但大概到了公元二〇〇〇年的時候，另一項變數出現了：電力。晶片越來越小也越來越快，正如摩爾的預測一般，但是發展的同時也耗掉更多電力，產生更多熱能，晶片過熱的問題很快就會成為關鍵。顯而易見的解決之道是風扇，但是以筆記型電腦來說，用來冷卻晶片的風扇體積會大到裝不下去。業界專家把這條死胡同稱之為「電力阻牆」。

英特爾的以色列團隊率先預見這項問題。英特爾的海法研究中心花了無數個夜晚，喝著熱咖啡，吃冷掉的外賣食物，舉辦多次的腦力激盪特別會議，要想辦法繞過這堵電力阻牆。以色列團隊比業界其他人都更重視所謂的「行動性」問題，也就是想要設計出適合筆記型電腦使用的晶片，然後把這些晶片運用在各種行動裝置上。英特爾也注意到這樣的趨勢，所以讓以色列分公司負責為全公司製造行動晶片。

雖然身負如此重任，以色列團隊仍然不願融入英特爾公司的主流看法。「以色列研發團隊在接下行動晶片的任務之前，就已經一直鼓吹『行動性』的想法，可是這跟英特爾當時多數人的信念相違背。」英特爾以色列主管大衛・「大弟」・波穆特（Dadi）解釋道，他是以色列技術工程學院（相當於以色列的麻省理工學院）的畢業生，從一九八〇年起就加入英特爾以色列團隊設計晶片。以色列團隊提出了許多不錯的「行動性」想法，其中有一個方法就是如何繞過電力阻牆。羅尼・佛萊德曼當時擔任英特爾以色列團隊的高階工程師，他閒暇時的樂趣就是摸索著製造低耗電的晶片，這是公然違背主流的想法。主流見解向來認為，要製造更快的晶片就要輸出更多電力給電晶體。他覺得這有點像是要讓車跑得更快，就要催油門催得更兇，引擎轉速和車輛速度當然有關係，但到了某個時間點，引擎轉速會太高，就會過熱，車子就必須要慢下來。

佛萊德曼和以色列團隊瞭解到，問題的解決之道，有點像是車輛內的排檔裝置：如果換了檔，就可以放慢引擎轉速，但車輛速度仍然能提高。在晶片中則有不同的處理方式，那就是把傳達給晶片的指令分段。但是效果是類似的：英特爾以色列分公司低耗電晶片中的電晶體不必快速開關，但透過一種類似車輛行駛中換高檔的動作，仍然可以快速運作軟體。

當英特爾以色列團隊喜孜孜地將他們的革新發明介紹給加州聖塔克拉拉總部時，工程師以為他們的老闆會非常高興。還有什麼比車輛越跑越快又不會過熱更好呢？藉著降低引擎轉速，以色列團隊覺得他們挖到寶了。沒想到總部卻覺得有個大問題，畢竟整個業界在衡量晶片能力的時候，都是以引擎運轉有多快來決定的，也就是脈動。

就算以色列團隊的晶片能使軟體更快運作，但是電腦的引擎（也就是由晶片電晶體所組成的）開關速度卻不夠快。華爾街分析家在考量英特爾股票吸金力（或散金力）的時候，是依據晶片的表現來決定的：**脈動快：買；脈動慢：賣**。若想說服晶片業及媒體淘汰這樣的公式，簡直就不可能。對英特爾來說更不可能，因為英特爾自己就是根據摩爾定律，創造了晶片業對脈動速度的仰賴；脈動快就是好東西，簡直已經變成反射性的信念了。這就好像要試圖說服福特汽車放棄追求更大的馬力，或者跟蒂芬妮珠寶說克拉數一點也不重要。

「我們的概念不符主流。脈動主宰一切，而我們被摒除在外。」以色列團隊的羅尼．佛萊德曼回想道。

英特爾總公司的晶片部門主管保羅．歐德里尼想要暫且擱置整個計畫。脈動發展的教條被英特爾奉為宗旨，他們並不打算要召開研討會來討論是否改變這項宗旨。

可是對以色列人來說，「研討會」這個概念打從建國之初，就是以色列人耳熟能詳的文化習俗。一九四七年三月底到五月這段時間內，以色列國父大衛．本古里昂（在以色列的地位，等於美國人心目中的喬治．華盛頓）曾經先調查過巴勒斯坦地區猶太人的戰備能力，因為他知道如果以色列宣布獨立，就一定會開戰，為此他日日夜夜與人會面，探查詳情並傾聽各階層軍方人士的聲音。

早在聯合國通過將巴勒斯坦分割為猶太區及阿拉伯區之前六個月，本古里昂就瞭解到阿拉伯和以色列衝突的下一階段，絕對和建國前的猶太民兵所參與過的戰爭不同。雖然戰鬥依然頻傳，但此刻猶太民兵們必須先退一步，為逐漸逼近的潛在威脅做準備。

在一連串的研討後，本古里昂發現那些民兵們在整軍經武的過程中展現出很大的信心，但是他自己卻寫道：「我們必須進行一個艱難的工作，那些核心人物認為他們手中已經握有法寶了，可是我們必須將這股信念徹底拔除。其實他們什麼都沒有，他們只有良好的企圖，只有潛力，但是他們必須知道：要做鞋之前得先學會補鞋。」

英特爾總公司的歐德里尼並不知道這個歷史故事，但以色列團隊給了他類似的預警，他們預見英特爾快要撞上「電力阻牆」了。可是他們並不想一頭撞進這道障礙牆，而是希望歐德里尼能退一步避開這個危機，丟棄陳舊的想法，徹底改變公司的科技發展方向。

英特爾在加州聖塔克拉拉總部許多主管不斷受到以色列團隊的「騷擾」，到最後總部已經準備要掐死以色列團隊了。這些以色列人好像無所不在，經常花二十個小時從特拉維夫飛到加州，隨時都準備要在走廊或是洗手間堵住某位主管，或者做任何事情來為自己的想法爭辯。大衛．波穆特每個月會花一個星期待在聖塔克拉拉的總部，其中大部分時間用來推動以色列團隊的案子。

以色列團隊試圖傳達的一點是，雖然放棄脈動發展的信念會有風險，但是堅守這個教條的風險會更高。英特爾以色列團隊的創建者德夫．弗羅曼後來說，要打造一個真正的創新文化時，「『害怕失去』往往比『希望獲得』更有力量。」

弗羅曼一直想要在英特爾以色列分公司培養異議和辯論的文化，他也希望這股氣氛也能夠感染聖塔克拉拉總部。「領袖的目標，」他說，「應該是將反抗放大，鼓勵異議和爭論的風氣。組織陷入危機的時候，『缺少反抗』這件事本身就會是個大問題，這代表你想做的改變還不夠徹底……或者代表反抗活動已經地下化了。如果你沒有察覺組織裡有人不同意你，那你麻煩就大了。」

最後，以色列團隊終於贏過也說服了美國高層主管。一位英特爾主管回想，每次以色列團隊出現的時候，他們都拿出更好的研究結果及更好的數據。他們很快就提出一個似乎是鐵錚錚的案例，說明晶片業未來的走向。以色列團隊告訴管理階層，英特爾可以引領趨勢，要不然就是被淘汰出局。

此時已經升任英特爾總裁的歐德里尼總算改變了心意。要反駁以色列團隊銳不可當的研究成果，已經不可能了，更別說是他們堅決的態度。二〇〇三年三月，一種名叫巴尼雅的新型晶片（用以色列北方一處自然湧泉命名）公開發表，作為筆記型電腦的核心晶片（Centrino chips）。常見的奔騰晶片脈動速度為二十八億赫茲，而新型晶片只有這速度的一半多一點，價格比舊型高出兩倍多，但是卻能提供筆記型電腦用戶所需要的輕便性和速度。

改採用以色列設計的方法，後來在英特爾及業界內被稱為「轉對了」。這是個策略上的大轉變。以前的做法是不管過熱或耗電問題，只要單純追求越來越高的脈動速度就好。英特爾這個「轉對了」的成果不只是運用在筆記型電腦的晶片上，也用在桌上電腦的晶片上。回頭想想，讓人吃驚的是，英特爾以色列團隊推動這項新型電腦內部結構的時候，這些工程師其實只是在把自己分內的工作做好。他們關心整個公司的未來，不過他們和公司意見的衝突，並非是想要在英特爾內部贏得一場戰役，反而是要在整個業界的競爭中贏得決定性的局面。

以色列設計的新型晶片結構一度是公司內部笑柄，結果卻成了空前的熱銷商品，英特爾也因此在二〇〇三年至二〇〇五年間，銷售業績成長了百分之十三。但英特爾還沒完全消除同業的威脅。雖然取得一開始的成功，但到了二〇〇六年，新的競爭對手出現，讓英特爾市佔率下降到十一年來的最低點，為了重拾市場龍頭的地位，英特爾只能降價，卻也讓獲益馬上縮減百分之四十二。

但二〇〇六年也有好的發展，總裁歐德里尼在七月底公開發表Core2Duo雙核心晶片，也就是英特爾繼奔騰之後的商品。雙核心晶片具有以色列「轉對了」的概念，再加上以色列另一項研發技術，叫做雙核心處理技術，使晶片速度更快。「這些是我們設計過最好的微處理器，也是我們製造過最好的。」歐德里尼在英特爾聖塔克拉拉總部所舉辦的嘉年華會帳篷中，向五百名觀眾說道，「這不只是增加產值的改變，更是革命性的大躍進。」螢幕上顯示出的影像，是新型晶片背後驕傲的工程師團隊，他們透過衛星，在以色列海法共襄盛舉。雖然英特爾的股價在過去這一整年掉了百分之十九，不過在七月的公開發表之後，股價又躍升了百分之十六。之後英特爾陸續在一百天之內，發表了四十種新型處理器，多數都是來自以色列團隊的設計。

「真是難以置信，才只是幾年前，我們設計的東西根本沒人想要。」弗萊德曼說道。他現在仍住在海法，但已經是英特爾全球研發團隊的主管。「現在我們製造的處理器關係到英特爾大部分的獲益，可不能搞砸了。」

原本只是一個孤立在海外的據點，現在成了英特爾的命脈。就如同美國科技研究公司分析師道格．費德曼所描述的，以色列團隊「救了這家公司」。要是海法研究中心的中階研發者沒有挑戰企業高層，英特爾今日的全球地位將會大幅削弱。

英特爾以色列團隊設法繞過「電力阻牆」以尋求解套方法，這樣也創造出額外的好處。一般人不會覺得電腦很耗電，一直讓電腦開著，但總體來說其實電腦相當耗電。英特爾環保科技主管約翰．史金納計算過，如果公司沒有採用「轉對了」策略，也就是以色列團隊的低耗電設計，而是繼續用同樣的方法研發晶片，則英特爾生產的晶片會在未來兩年半期間，耗去總共二十兆瓦時的電力。這樣的電量相當於每天二十四小時，不間斷點亮著兩千兩百萬個一百瓦的燈泡，長達一整年。史金納特別提醒：「我們算過，大約省下二十億美元的電費……相當於好幾座火力發電廠，或是道路上少掉幾百萬輛車……我們很驕傲能夠如此大幅減少自己公司的二氧化碳足跡。」

但是英特爾以色列分公司故事的意義，還不只是海法團隊提出革命性的方法，拯救了整個公司而已。光有好的想法，尚不足以成功對抗一個似乎永不妥協的經營團隊，還必須願意挺身挑戰高層權威，不甘願只聽從上級指示。這樣的厚臉皮是從哪裡來的？

「大弟」．波穆特回想起有個美國同事，第一次目睹以色列企業文化時感到震驚無比。「我們

(從會議室)出現的時候,每個人的臉都因為大吼大叫而漲紅了。他問我怎麼了,我告訴他:『沒事,我們的結論挺不錯的。』」

其他的企業文化並不喜歡激烈辯論,但是對以色列來說,這卻經常被視為解決問題最好的方法。「如果你能克服一開始自尊受到的傷害,」一個投資以色列初創公司的美國投資人告訴我們:「馬上就會感到輕鬆自由。在以色列公司裡,你很少看到有人在誰的背後說他壞話,你永遠都會知道自己和其他人的立場如何,這樣真的省去不少廢話的時間。」

波穆特後來搬到聖塔克拉拉,成為英特爾的執行副董事長,負責行動運算技術,他的部門產值幾乎是公司營收的一半。他說:「當我回到以色列的時候,就好像回到英特爾過去的文化一般,在繁文縟節沒什麼價值的國家裡,感覺比較輕鬆。」

以色列和美國之間的文化差異其實很大,所以英特爾開始舉辦「跨文化研討會」來彌補差異。「在美國待了五年後,我可以說以色列人最有趣的地方就是文化。以色列人的文化就是不太守紀律,我們還不滿一歲就開始被教育要挑戰理所當然的事物、問問題、爭辯每件事情,還有創新。」穆里.艾登說道,他就是舉辦這些研討會的人。

結果,他補充說:「要管理五個以色列人比管理五十個美國人還要複雜,因為以色列人每分每秒都在挑戰你的權威,劈頭就問你:『為什麼是你來管我?為什麼不是我來管你?』」

第二章　戰場上的企業家

參加過敘利亞戰爭的以色列戰車指揮官，是世界上最優秀的工程主管。戰車指揮官最懂得作戰，而且他們非常注重細節。這是二十年來與他們一起工作，觀察他們所得的結論。

——艾瑞克．施密特

一九七三年十月六日，以色列全國上下都因為猶太年中最神聖的一天而停止運作，埃及和敘利亞的軍隊卻以大規模的奇襲展開了贖罪日戰爭（Yom Kippur War）。幾個小時內，埃及軍隊突破了以色列沿著蘇伊士運河所設的防衛線。以色列武裝部隊遇到攻擊時，原本應該要衝往戰車停駐區集合，但那裡已經被埃及步兵攻陷了。在第一波猛攻之後，上百輛敵方戰車正向前推進。

距離以色列最大的一次軍事勝利，也就是所謂的六日戰爭，不過才六年。六日戰爭是在不可能的逆境中打勝的，這場戰役激起了全世界的想像。一九六七年，在六日戰爭爆發前不久，這個建國才十九年的猶太國家似乎即將被來自四面八方入侵的阿拉伯軍隊所摧毀。然後在六天的戰事裡，以色列同時擊敗了埃及、約旦及敘利亞的軍隊，領土也因此擴張，從敘利亞取得戈蘭高地，從約旦拿下約旦河西岸和東耶路撒冷，然後從埃及取走加薩走廊和西奈半島。

這些都讓以色列有一種所向無敵的感覺。在這之後，沒有人能想像阿拉伯國家會冒險再來一次全力進攻。以色列軍中也普遍認為要是阿拉伯敢再進犯，以色列會跟一九六七年那次一樣快速瓦解敵方軍隊。

所以在一九七三年的那個十月天，以色列毫無作戰準備。在蘇伊士運河沿線，以色列面對著埃及人部署了一道薄弱的碉堡防線，卻根本抵擋不了埃及來勢洶洶的大軍。以色列的前線被衝破之後，只剩三個戰車旅負責防守以色列的心臟地帶，阻擋不斷推進的埃及部隊。三個戰車旅當中，只有一個駐紮在接近前線的地方。

最接近前線的那個戰車旅必須用手中僅有的五十六輛戰車，捍衛一百二十英里的前線。旅長指揮官叫安農．瑞薛夫。當他帶領著部眾衝鋒陷陣，和進攻的埃及軍隊交手時，只看見自己部下的戰車一輛接著一輛被擊中，可是眼前卻沒有發現敵方戰車或者反戰車武器。是什麼裝置殲滅了他的部屬？

一開始，他以為攻擊戰車的是火箭彈，這是一種典型的步兵用手持反戰車武器。於是瑞薛夫和他的部屬依照訓練時的情況，先把部隊稍稍撤退，退出火箭彈的短程發射範圍。沒想到戰車還是不斷爆炸，以色列軍隊這下知道，攻擊他們的是另一種武器，一種似乎是隱形的武器。

交戰越來越激烈的時候，他們發現了線索。有些死裡逃生的戰車駕駛報告說，他們什麼也沒看見。可是他們旁邊的人提到曾看見一道紅光，朝著目標戰車移動。地上也發現了金屬線，沿著金屬線前進就能看到被擊毀的以色列戰車。指揮官已經發現埃及的祕密武器了：火泥箱反戰車飛彈（Sagger）。

火泥箱飛彈是由薩格．帕夫洛維奇．奈波貝迪米設計的，他的姓氏「奈波貝迪米」在俄文中其實就是「不敗」的意思。火泥箱飛彈在一九六〇年問世，這項新型武器一開始是提供給華沙公約組織使用，不過首度實戰經驗卻是由埃及與敘利亞軍隊在贖罪日戰爭中創下。以色列國防軍估算了南方及北方前線的損失，總共有四百輛戰車全毀，六百輛戰損，經修復後又重回戰場。駐守在西奈地區的兩百九十輛戰車中，開戰第一天就有一百八十輛全毀。這對以色列國防軍的無敵光環真的是一大打擊。約有一半的損失肇因於火箭彈，另一半則是因為火泥箱飛彈。

火泥箱飛彈是一種金屬線導引的飛彈，只需一個士兵趴在地面即可發射，其有效射程（發射後能擊中並摧毀戰車的距離）為三千公尺，相當於一點八六英里，是火箭彈的十倍，而且火泥箱飛彈的威力也強大得多。

每位射手都可以獨力作業，甚至不需要躲在草叢後面，只要沙漠裡的一個淺凹處就可以了。射手對著戰車方向發射飛彈，然後用操縱桿在飛彈後面引導紅光，只要射手還看得見紅光，就可以透過連結在飛彈上的金屬線操作飛彈，即使在很遠的距離外，也可以正確導引飛彈擊中目標。

以色列情報單位在戰前就知道火泥箱飛彈。一九六七年的戰爭結束後不久，又爆發以埃消耗戰爭，當時埃及軍隊越界攻擊，以色列其實已經遇過火泥箱飛彈。但是以色列高層認為火泥箱飛彈不過是另一種反戰車武器，就品質而言，跟他們在一九六七年戰爭中成功抵禦的飛彈沒什麼不同。因此在他們眼中，對付這種飛彈的準則已經存在，而且也沒有特別為火泥箱飛彈的威脅擬定對策。瑞薛夫和部屬必須靠自己去察覺到底是什麼樣的武器在攻擊他們，又應該怎麼對付。這一切都得在如火如荼的戰爭中完成。

瑞薛夫手下剩餘的軍官們依據倖存士兵的報告，瞭解了火泥箱飛彈也有弱點：速度相對緩慢，而且必須依賴射手的目光持續鎖定以色列戰車。因此以色列軍隊策劃出新的攻擊準則：任何一輛戰車發現紅光，所有戰車立即開始隨意朝各方向變化位置，並且朝著看不見的射手方向開火。

戰車移動時揚起的塵沙能夠遮蔽射手的視線，讓他看不見飛彈的致命紅光，而反擊的砲火也能阻礙射手繼續留在原地以目視鎖定紅光。

這個全新的戰場行為相當成功。而且在戰後，北大西洋公約組織也採用了這項戰術動作。這個動作，不是在戰爭學院裡面的兵棋推演課程中磨出來的，也不是作戰教範手冊裡寫出來的。**這是前線的士兵隨機應變出來的**。

在以色列軍隊中，戰略革新向來都是由下往上傳遞的——來自於每輛戰車的車長和他率領的組員。這些士兵大概從來沒想過，他們應該先請示長官如何解決問題；他們也沒想過，自己應該沒有權力自主行動。他們在匆忙中即時發明、採用並散播新的作戰方式，他們也不會覺得這有什麼奇怪的。

但是這些士兵的行為確實很奇怪。如果他們是在跨國企業裡工作，或者是在其他軍隊裡，他們可能不會這麼做，至少不會憑自己的意思行動。歷史學家麥可・歐倫曾經在以色列國防軍負責與其他國家軍事單位聯繫的工作，他是這麼說的：「以色列的陸軍中尉跟世界上其他軍隊的中尉比起來，可能比較有權力做指揮決定。」

隨機應變的軍事文化

這樣的權力在我們前面一章提過的企業文化也可為證，而在以色列軍隊中更是明顯。通常一般人想到軍隊文化，都會想到嚴格的階級制度，以及對上級不容懷疑的服從；而且要接受事實，那就是每個士兵都只是大齒輪中一個小小的、無知的輪牙。但以色列國防軍不是這樣的，而且在以色列幾乎每個人都要在軍中服役，因此這樣的文化，經過二至三年的義務役之後，也就深深影響了以色列公民。

以色列國防軍把作戰權力下放。這不只是必要，也是刻意的安排。「所有軍隊都說他們注重隨機應變：看看中國、法國和英國的軍隊是怎麼說的，他們都在談隨機應變，但他們這麼說，卻沒什麼實質意義。」愛德華．勒特韋克說道，他是軍事歷史學家及戰略家，著有《五角大廈與戰爭的藝術》，也合著有《以色列軍隊》。「你必須注意的是軍隊結構。」

為了闡述他的論點，勒特韋克順口就能舉出許多資料。他以全球軍隊中軍官對入伍士兵的比例做例證，特別是以色列：以色列的軍隊結構中，在金字塔頂端格外狹窄。「以色列國防軍故意讓高階軍官短缺，這表示沒什麼高階軍官在發號施令。」勒特韋克說，「高階軍官人數少，表示低階兵士有比較多機會依個人主觀行動。」

勒特韋克指出，以色列陸軍裡，上校人數很少，中尉人數卻很多。美國陸軍中，高階軍官和戰鬥部隊的比例是一比五，而在以色列國防軍則是一比九。以色列空軍也有相同情形，雖然以色列空軍規模比法國及英國空軍要大，高階軍官卻比較少。以色列空軍由一位二星將官領軍，比起其他類似的西方軍隊，這個官階算低的。

對美國來說，高階軍官人數比較多，或許也是必須的。畢竟美國軍隊規模要大得多，而且又經常在距離本土八千英里以外的地方打仗，在世界各地部署的時候，必須面對獨特的後勤與指揮挑戰。

但是不管各軍種面對自己的任務時，其規模與結構是否適當，以色列軍隊將官較少的這個事實，確實造成重大影響。三十歲的吉拉德．法希在以色列國防軍官拜少校，他向我們說明以色列軍隊的優勢。他的升職之路相當典型：十八歲進入突擊隊當兵，接著指揮一個步兵排，然後是一整個連，後來被任命為南方司令部的發言人。後來他成為「哈魯夫」（Haruv）步兵營的副指揮官。最近以色列國防軍新增了步兵團的編制，他將擔任新兵的團指揮官。

我們在約旦谷荒蕪的邊緣上一處基地與他會面。當他走向我們的時候，不管是他的年紀或是他身上又皺又凌亂的標準步兵制服，都無法讓我們想像他就是基地的指揮官。我們與他訪談的時候，正是新徵召的士兵即將入伍的前一天。接下來七個月，法希將負責六百五十名士兵的基本訓練，其中大部分才剛從高中畢業。另外還有一百二十名軍官、班長、士官，以及行政員工。

「這裡最有趣的人是連長，」法希說，「他們絕對會讓人驚奇。這些人都還只是孩子，連長都只有二十三歲。每個人要負責一百個士兵，二十個軍官和士官，以及三輛軍車。總共加起來是一百二十支步槍、機關槍、炸彈、手榴彈，還有地雷什麼的，什麼都有。責任超級重大。」

連指揮官也是負責保衛領土的最低階級，就像法希說的：「如果恐怖份子滲透某個地區，就有一個連長負責保護那裡。你告訴我，世界上其他地方有多少二十三歲的小伙子得揹著這種壓力過活？」

法希描述了一段非常典型、這些二十三歲的小伙子都會遇見的任務。一次在約旦河西岸的軍事行動，法希所帶領的連中，有一個受傷的士兵受困在一名恐怖份子占領的房屋裡。連指揮官手上有三樣工具可以運用：一隻軍用攻擊犬、他的士兵、一架推土機。

如果他派士兵攻進去，很可能會有更多傷亡。而要是他派推土機將房屋摧毀，很有可能傷到受傷士兵。

讓事情更加複雜的是，這間房屋和一家巴勒斯坦小學共用一道牆，學童和老師都還在學校裡，記者在學校屋頂記錄這整起事件。恐怖份子同時對以色列軍隊和記者開火。

雙方僵持不下的時候，大部分時間連指揮官都必須自己下決定。法希大可以試圖從遠處掌控局面，但是他知道他必須讓下屬決定：「對那位指揮官來說，現場有無數個困境要解決，而且課本裡又沒教。」士兵最後成功救出受傷弟兄，但是恐怖份子仍然在屋裡。指揮官知道學校員工雖然曉得情況危險，卻害怕撤離學校，因為他們不想被恐怖份子貼上「通敵者」的標籤。他也知道記者不會離開學校屋頂，因為他們不想錯過即時新聞。指揮官做了決定：用煙霧手榴彈淨空學校。

學童、老師和記者都安全撤離之後，指揮官認為現在可以派推土機，將恐怖份子逼出隔鄰那棟房屋了。推土機開始朝著房屋推進，指揮官放出軍用攻擊犬，要逼使恐怖份子投降。但此時有另一個以色列部隊原先不知道的恐怖份子衝出隔壁的學校，外頭的士兵立刻開槍射殺第二名恐怖份子。整個行動持續了四個小時。「四個小時中，這個二十三歲的指揮官都是自己一個人，直到我抵達現場。」法希告訴我們。

「經過這樣的事件，連指揮官回到基地，士兵看他的眼光都不一樣了。」法希繼續說，「而且他自己也不一樣了。他已經進入狀況了，知道自己扛下許多人的生命：他的士兵、巴勒斯坦學童、記者。他雖然沒有征服東歐，但是他得想辦法處理非常複雜的情況，而且他才二十三歲。」

然後我們從一個陸軍准將那裡聽到有關優希．克藍的故事，他在二〇〇六年的黎巴嫩戰爭中，還只是個二十歲的直升機駕駛，受命深入黎巴嫩南部拯救一名受傷的士兵。他駕駛著直升機抵達戰場，受傷士兵躺在擔架上，周圍是濃密茂盛的樹叢，直升機無法降落，也無法低空靠近地面將擔架拉上飛機。

這種情況該如何處理，在任何教範手冊當中都沒有記載。就算真的有記載，那麼教導的內容也一定和克藍所做的事情大不相同。他用直升機尾部的旋轉翼當成飛行割草機，砍倒了樹叢。尾旋翼隨時可能損毀，造成直升機墜落。但是克藍成功地將樹叢修剪變矮，足以讓直升機可以靠近地面懸停，他就可以拉起受傷士兵。士兵被火速送到以色列的醫院，救回了一命。

說到在他底下做事的連長，法希問道：「他們的同儕都只是大學三年級的學生，有多少人接受過這樣的考驗？你要怎麼訓練，才能讓一個二十歲的孩子成熟到能夠擔起這樣的責任？」

在軍隊中，權力經常交付給經歷相當淺的成員，放手的程度有時甚至會嚇到以色列領袖。一九七四年間，伊札克．拉賓擔任總理時，以色列的「八二〇〇單位」（這個單位相當於美國國安局，而且反詐科學公司的創立者日後也將在此單位服役）裡面有位年輕女兵被恐怖份子綁架。亞朗．齊維法卡什少將（他的綽號是法卡什）當時是該單位的主管，他回想起拉賓總理對這件事的懷疑：「那個被綁架的女孩是一個士官，拉賓要求我們詳細告訴他，那個女孩到底知道哪些軍事機密，因為他擔心她可能被嚴刑逼供，不知道她會說出多少機密資料。等他看到簡報的時候，拉賓說我們必須馬上進行調查：一個士官不可能知道這麼多攸關國家利益的軍事機密！事情怎麼會這樣？」

拉賓的反應格外讓人驚訝，因為他也曾經在六日戰爭時期擔任以色列國防軍參謀長。法卡什繼續說：「所以我告訴他：『總理先生，這名士官不是特例，我們沒有出錯。八二〇〇單位的所有士兵都必須知道這些資訊，因為如果我們給士兵的資料有限，就沒有足夠人手來完成工作——我們的軍官不足。』而事實上，這個系統仍然沒有改變，因為有人力上的限制，我們不可能建立一套不同的系統。」

法卡什現在管理一家提供企業和住宅安全系統的公司。他開玩笑地說，比起世界上主要的國家，以色列還缺了四個「將軍」（general）：「可供將軍保衛的廣大領土、可供將軍差遣的眾多人力、可供將軍充裕運用的時間，以及可供將軍使用的龐大預算。」但是最大的問題還是人力的短缺。法卡什說：「我們不像其他國家有那麼多軍官可以分配使用，所以只好讓中士做中校的工作，真的。」

後備軍力是創新的典範和催化劑

人力缺乏也造成以色列國防軍最與眾不同的特色：後備軍力的角色。跟其他國家不同，後備軍力是以色列軍隊的支柱。

多數國家的軍隊中，後備軍力的角色是正規軍力的附屬品，正規軍才是國家防衛的主軸。但是以色列因為國家太小，敵手又太多，因此顯然正規軍隊的規模無法抵擋全面進攻。獨立戰爭之後不久，以色列領袖就決定建立一套以後備軍為主的獨特軍事結構，後備軍不只能編制成完整的單位，也會由後備軍官指揮。其他國家軍隊的後備軍單位不一定是由現役軍官來指揮，但是後備單位上戰場前會先接受幾個星期、甚至幾個月的複習訓練。「如果部隊裡大部分士兵是上戰場前一、兩天才被召回，這種部隊當然就無法依賴。」勒特韋克說。

沒有人知道以色列獨特的後備制度是不是真的有用，因為還沒有試驗過。即使是今日，以色列還是世界上唯一有這樣制度的國家。美國軍事歷史學家佛瑞德・卡根解釋說：「這樣來管理軍隊其實很糟糕，但是以色列做得非常好，因為他們沒得選擇。」

以色列的後備制度不只是這個國家創新的典範，也是催化劑。因為當計程車司機可以指揮百萬富翁，二十三歲的小伙子可以訓練他們的叔伯，階級觀念自然就消失了。後備制度更進一步加強這種混亂、反階級的理念，出現在以色列社會中的每個面向，從戰情室、教室，到會議室裡都有。

納提・朗恩平時是律師，在後備系統中，他是指揮一個陸軍單位的中校。「在後備系統中，階級幾乎是毫無意義的。」他這樣告訴我們，彷彿這是世界上最自然不過的事，「一名士兵可以在操練時告訴將軍：『你這樣做就錯了，應該這樣做。』」

阿莫斯・葛倫是阿帕克斯創投控股公司在特拉維夫的創投投資人，他也同意這種說法。他曾經在以色列突擊隊服役五年，接下來的二十五年都編列在後備軍內，「在這整段時間內，我從來沒有向誰敬過禮，完全沒有。我甚至還不是軍官呢，我只是一名普通士兵。」

勒特韋克說：「在後備軍隊中，雖然軍旅生活該有的他們都有，但其中的氣氛還是非常平民的。」

這並不表示這些士兵不必服從命令，但就像葛倫向我們解釋的：「以色列的士兵不是以階級來分別的，是以他們擅長的事情來分的。」或者像勒特韋克說的：「一道命令之所以被傳達及被服從，是因為有人有責任而且應該完成，但是軍階的高低並不是很重要，尤其因為軍階常常和年紀與社會地位差別很大。」

當我們問法卡什少將，為什麼以色列的軍隊這麼反階級，而且不怕被質疑，他告訴我們這不只在軍隊裡，而是整個以色列的社會文化都是如此。「我們的宗教是一本人人都能讀的書，」他說話的時候有輕微的歐洲口音，因為他童年是在羅馬尼亞的外凡尼西亞長大。他所說的「書」，是指猶太教的《塔木德經》（*Talmud*），裡頭密密麻麻記載了歷世歷代以來，猶太教拉比（教師）對於該如何解釋聖經並服從其律法的爭論。因此猶太教中，向來有這種質疑的態度，這個態度也深植於以色列的國家理念之中。

以色列作家阿默斯．奧茲說，猶太教和以色列長年以來都陶冶出一種「懷疑和辯論的文化、永無止盡的闡論比賽、反駁別人的闡論、再闡論，還有相對的闡論。打從猶太文明存在的一開始，就以愛好爭辯而著名。」

的確，以色列國防軍這種缺乏階級的觀念，在民間也很普遍，甚至還能打破社會階級。「教授必須尊敬他的學生，老闆要尊敬他的高階員工……每個以色列人在『後備軍』都有朋友，如果不是後備軍，這些人可能永遠都不會認識。」勒特韋克說，「睡在什麼都沒有的小屋或帳篷裡，吃著乏味的軍隊食物，經常一行動就是好幾天不能洗澡。來自各種不同社會背景的後備軍人，是在相同的生活條件下認識的。以色列的階級差別比大部分國家都輕微，多虧了有後備制度才能保持這樣的狀態。」

而且在其他國家的軍隊中可不常看到這樣模糊的階級和軍銜界線。歷史學家兼以色列後備軍官麥可·歐倫現在已經是以色列駐美大使，他描述自己過去在軍隊聯絡處服役的時候，經常可以在以色列軍事基地看到這樣的景象：「你跟一群以色列將軍坐在一起，我們都想喝咖啡，最靠近咖啡壺的人就要負責煮，不管這人是誰。以色列將軍經常端咖啡給他的士兵，反之亦然，這些事情不是規定好的。但如果你跟一群美國上尉坐在一起，有一名少校走進來，每個人都會挺直腰桿。然後一名上校走進來，少校的腰也挺直了。美國軍隊非常嚴格而且階級分明，軍階非常非常重要，就像美國軍隊裡說的：『你向軍階敬禮，不是對人。』」

在以色列國防軍中，甚至還有非常獨特的方法來挑戰高階軍官。「我在以色列軍隊服役的時候，會把軍官趕出去。」歐倫跟我們說，「大家就這樣聚在一起，投票決定趕誰出去。我親眼看過兩次。有個人其實我挺喜歡他，可是我的意見屬於少數，只好服從多數，任由他們投票將那個上校趕走。」我們很懷疑地問歐倫這怎麼可能，他解釋說：「你就去跟他說：『我們不要你了，你表現不好。』我的意思是，反正大家都是互相指名道姓稱呼彼此……不然你就去跟那個人的上級說：『那個傢伙得走。』……這跟表現比較有關係，而不是軍階的問題。」

從以色列國防軍退休的摩舒・「鬼怪」・亞阿隆（Bogey）在第二次巴勒斯坦暴動期間擔任陸軍參謀長，他告訴我們，在第二次黎巴嫩戰爭時期，也曾發生過類似的故事：「在黎巴嫩的達布村（Dabu）有場由後備軍執行的行動中，我們有九位士兵和軍官戰死，其他的都受傷了，其中包括我的外甥。倖存的士兵責怪營指揮官沒有能力帶領這項行動，於是幾個編列在連級單位的士兵去找旅長，跟他抱怨營指揮官。好了，當然這個旅長自己也有調查實情，但是最後營指揮官還是被迫下台，就因為他的下屬進行這一連串的行動。」

亞阿隆相信，以色列軍隊這項獨特的特色，正是其效率的關鍵：「帶兵的關鍵就在於士兵能信服他們的指揮官。如果你不相信他，如果對他沒有信心，就不能服從他。在這個案例中，那個營長就失敗了，原因是他帶兵打仗的本職學能不足。在其他的案例中，可能是因為人格上的缺失而導致下台。不管怎樣，每個士兵都必須知道他可以、也應該站出來講清楚。」

前西點軍校教授佛瑞德・卡根承認，美國的確可以向以色列學習一些事情。「如果指揮官一直擔心他的下屬會爬到他頭上來，像以色列國防軍這樣，那我覺得這樣對指揮官未必是好事，」他說，「但另一方面，如果軍官的晉升評選委員會過程中能加入一些全方位的評估，對美國軍隊就會有好處。在我們現在的制度中，決定晉升的權力都只是單方面的，軍官若想晉升，只需要取悅更多高階軍官，軍階低的根本沒得發表意見。」

在大多數國家的軍隊（以及佛瑞德・卡根）的眼中，以色列國防軍有些舉動簡直就是不服從。但歐倫卻下了個結論，其實以色列軍人「比美國軍隊更重視『共識』」。這可能聽起來有點怪，因為美國陸軍是「自願」軍（不是不拿薪水，而是自己自由選擇是否服役），但以色列國防軍是採徵兵制的。

不過歐倫解釋道：「美國這個國家有個不成文的規定：如果國家和軍隊保護我們，我們就願意進入這個軍隊服役。我覺得以色列軍隊比較像一七七六年的北美大陸軍團，而不是二〇〇八年的美國軍隊……當年領導北美大陸軍團的喬治・華盛頓知道，他自己的『將軍』頭銜沒什麼意義——他必須成為最優秀的將領才行，而且他底下的人都是出於自願才會站在他身旁。」

用大陸軍團來比擬歐倫所說的情況，固然是很極端的例子，因為大陸軍團的士兵幾乎每天都可以決定一次自己是不是願意繼續參戰，不過這支軍隊卻是貨真價實的「人民的軍隊」。以色列國防軍也是一樣。歐倫形容說，以色列國防軍就跟大陸軍團一樣，看起來散亂、不太正式，也比較仰賴「共識」作為基礎，可是這些士兵都是為了國家的存在而戰，為了來自各式各樣階層的人民而戰，這些人民也組成軍隊裡的各個階級。

這樣就不難想，士兵在軍中不理會階級差別，進入企業後也就比較不擔心要怎麼告訴老闆：「你錯了。」在以色列國防軍中幾年的服役，造就出這種 chutzpah 的態度。也因此我們就很容易瞭解，為什麼舒瓦．沙科德有膽量教導大公司 PayPal 的董事長如何在網路上辨別「好人和壞人」，以及英特爾的以色列工程師為什麼決定要掀起革命，不只要扭轉公司主要產品的基本結構，更想改變業界衡量價值的方法。自信對上傲慢，批判性獨立思考對上不服從，野心與願景對上狂妄……不管用什麼樣的文字來描述，但這些文字都可以用來形容典型的以色列企業家。

第二部　創新文化的種子

第三章　指南書的子民

走遠一點，留久一點，看深一點。

——《戶外》雜誌

玻利維亞首都拉巴斯海拔一萬一千兩百二十英尺，「小狼餐廳」（El Lobo）就是坐落其上的一層樓建築。小狼除了是餐廳、旅館、社交俱樂部之外，還是全市唯一的以色列食物專賣店，老闆名叫朵莉特．莫拉里，還有她的丈夫艾里。兩人都是以色列人。

來玻利維亞旅遊的以色列人大概都光顧過小狼餐廳，但不僅是來這裡嚐嚐家鄉食物、說說家鄉的希伯來話，或者來見見其他以色列人而已。他們知道，在這裡可以找到別的東西，比家鄉菜、家鄉話、家鄉人更珍貴的東西：一本指南書。雖然聽起來只有一本，但指南書在形式上並不是單獨的一本書，而是一堆難以分類且逐日增加的筆記，裡頭甚至包含世界上一些最偏遠地區的資訊。每本筆記都是手寫的「聖經」，裡面是歷年來一個又一個旅人所寫下的建議。雖然指南書的內容並不是專屬以色列的人事物，但是撰寫者和閱讀者幾乎都是以色列人。

朵莉特回憶，小狼餐廳指南書最早是在一九八六年創造出來的，當時她的餐廳才開幕一個月。四個以色列背包客走進來問說：「書在哪裡？」看到她一臉疑惑的樣子，他們才解釋說，就是讓人為後來的旅人留下建議及警告的書。他們出去買了一本空白筆記捐給餐廳，然後用希伯來文寫下第一筆紀錄，描述一個偏遠的叢林小鎮，他們覺得其他以色列人可能會喜歡。

指南書比網際網路出現得早——雖然網路的發明可追溯至一九七〇年代以色列的構想。現在的世界到處都是部落格、聊天室和即時通訊，但這個以紙筆書寫的簡樸習慣仍然蓬勃發展。小狼餐廳已經成為地區指南書中心了，累積總共有六冊：從一九八九年起承接原始指南書內容的新筆記，以及分別為巴西、智利、阿根廷、祕魯及南美洲北方所做的筆記，還有其他指南書遍布在亞洲各地。雖然原始的指南書只用希伯來文書寫，現在的指南書則用了相當多不同的語言。

「這些由好幾種語言寫成的紀錄很隨興、很惱人，也很美麗，像是由創意、請託、炫耀和已經變成空號的電話號碼，所交織成的一場嘉年華。」《戶外》雜誌如此報導那本珍貴的一九八九筆記：「有一頁上推薦某家迪斯可有『姜女』，顯然是寫錯字了；下一頁又告訴大家有個冰窟是『一定要去的』，後來有另一個人，在那筆紀錄上潦草地寫了一個大大的『不！』。然後接下來有半頁寫著日文，還有一段密密麻麻的德文，旁邊畫著海拔高度的長條圖以及不同植被的圖解……在那之後又是一整頁的塗鴉，主題是某人在祕魯馬奴國家公園的雨林買了一艘獨木舟，頁緣還滿滿寫著七條附帶說明和一筆註記。有人警告別碰某某家的北非蒸丸子；還有人用四種顏色畫了一隻誇張且華麗的巨嘴鳥，名字叫菲力普。」

雖然指南書已經國際化了，但本質上仍然是屬於以色列的現象。以色列人旅遊的目的地時常變換，希伯來大學社會學家達雅．毛茲稱之為「浪潮」，而浪潮所經之地，就會出現當地版的指南書開始發展。許多年輕的以色列旅人只是跟著一本又一本的指南書走遍天下，沿路聽從指南書裡面前往各國的冒險人士所給的建議，而其中，希伯來文似乎是最常用的語言。

熱愛旅遊的以色列人

有個笑話的主題就是以色列的旅人。不管是在尼泊爾、泰國、印度、越南、祕魯、玻利維亞或是厄瓜多，這個笑話都廣為人知。有個飯店經理看到一位客人拿出以色列護照，於是問他：「順便請問一下，你們有多少人？」年輕的以色列人回答：「七百萬。」飯店經理又追問：「那有多少人還留在以色列？」

許多國家的人都誤以為以色列一定像中國一樣地廣人稠，這個想法並不太讓人意外，因為他們真的遇過太多以色列人了。「跟其他任何國家比起來，」《戶外》雜誌寫道，「（以色列人）學習全球行腳倫理的態度更加積極：走遠一點，留久一點，看深一點。」

以色列人浪跡天涯的癖好並不只是為了看看這個世界而已，還有更深層的原因。其中之一，是因為當了好多年的兵之後，想要出去透氣走走。《戶外》的記者遇見一位名叫亞尼夫的以色列人，就是許多以色列旅人的典型：「他為了彌補自己在軍中剪了好幾年的小平頭，就讓自己身上的毛髮恣意亂長：下巴的鬍子長成一道牆，被太陽曬到變色的頭髮被捻弄成捲曲的黑人頭，再加上東正教的長髮捲，全都綁成像狼人那樣。『頭髮是因為軍隊的關係，』亞尼夫承認：『先是頭髮，然後是旅行。』」

不過長時期服役並不是單一的原因。畢竟這些以色列年輕人在海外的時候，應該不會遇見太多其他國家的退伍軍人。世上有很多國家的年輕人退伍後，也沒有跑出國旅行。出外旅行，事實上還有另一個心理因素——是因為物質及外交上被孤立而產生的反應。「住在這裡會有一種心靈上被禁錮的感覺，因為四周都是敵人，」以色列旅遊雜誌《非凡旅遊》的編輯亞爾．凱達說，「當天空解禁了，就想要離開。」

直到最近，以色列人才能夠前往鄰近國家旅遊——雖然貝魯特、大馬士革、安曼以及開羅等城市距離以色列的車程都不到一天。以色列與埃及、約旦等國簽訂和平協定之後，並沒有讓情況改善太多，不過現在已經有很多好奇的以色列人前往這些國家觀光。無論如何，以色列周圍才剛剛開始略微開放，但以色列人並未因此削弱他們想要掙脫束縛的渴望，因為以色列這個國家自從發展的起點就已經穿著這身約束衣——甚至在國家還沒開始發展之前就已經穿著了。

早在以色列建國之前，猶太人的孤立就已經出現。早期的經濟抵制可以追溯到一八九一年，當時的阿拉伯人要求巴勒斯坦地區的鄂圖曼土耳其統治者，禁止猶太人遷移或者做土地買賣。一九二二年，第五次巴勒斯坦阿拉伯國民大會要求抵制所有猶太人的商業活動。

由二十二個國家組成的阿拉伯聯盟，在一九四三年起也開始長期的官方抵制，禁止買賣任何「由巴勒斯坦猶太工業生產的商品」，此時以色列還沒建國呢（五年後才建國）。這項禁令的範圍，後來還延伸到與以色列有買賣交易的外國公司（稱為「第二級」抵制），甚至還涵蓋了與這些「第二級」抵制公司有往來的公司（「第三級」抵制）。幾乎所有日本及韓國的主要汽車製造商，包括本田、豐田、馬自達，以及三菱汽車，都遵守了第二級抵制，所以在以色列的馬路上看不到他們的產品。值得注意的例外是速霸陸汽車，有很長一段時間幾乎是獨占以色列市場，但是卻被禁止銷往阿拉伯世界。

阿拉伯聯盟的每個政府都成立一個官方的經濟抵制處，負責執行第一級抵制，監控第二和第三級抵制對象的活動，並找出其他可能對象。根據華盛頓大學教授克里斯多福．喬伊納所說：「在當代所有抵制行為中，阿拉伯聯盟對以色列的抵制，在意識型態上是最有敵意的，在組織上是最具規模的，在政治上是波及最多的，而在法律上是最值得爭辯的。」

有時候抵制行為也會波及特殊的目標。一九七四年，阿拉伯聯盟將整個巴拉伊教列入黑名單，因為在海法的巴拉伊「靈曦堂」吸引了太多遊客，為以色列帶來收入。黎巴嫩禁止迪士尼的動畫電影《睡美人》上映，因為影片中有一匹馬的名字叫「參孫」，是希伯來文。

在這樣的氛圍之下，以色列的年輕人自然會想要離開這個排斥他們的阿拉伯世界，也想反抗那些拒絕承認以色列的阿拉伯國家——就像是在說：「你越想把我關起來，我就越要讓你見識我逃得出來。」基於相同的原因，以色列人自然樂於接受網際網路、軟體、電腦和電信這些領域的知識。在這些產業中，國界、距離和運費基本上是無關緊要的，就像以色列的創業投資家歐娜·貝瑞告訴我們的：「因為我們生活在一個強敵環伺的小國裡，所以高科技電信就成了幫助我們抵抗幽閉恐懼症的國民運動。」

這是需求的問題，而不只是為了喜好或便利性。

出口小巧的高科技產品

由於以色列被迫要出口到很遠的市場，以色列企業家就慢慢討厭體積龐大、需要高運費的產品，而偏好小巧無奇的零組件和軟體。因此，在全球朝向知識與創新為本的經濟發展時，以色列也恰好卡到了完美的位置，而這股潮流現在仍持續發展。

阿拉伯的抵制和其他國際上的禁制（例如法國的軍事禁運），導致以色列失去不少市場，國家經濟發展也變得困難，很難估計過去六十年來以色列因此損失了多少。預估的範圍可以高達一千億美元。但是另一方面，也同樣難以猜測：為了應付國家發展的威脅，以色列人所培養出的這些特質有何價值？

今日，以色列公司穩定融入中國、印度，以及拉丁美洲市場。因為正如歐娜．貝瑞所說的，以色列早就取得電信業發展的優勢，中國每個主要電話公司都要仰賴以色列的電信設備和軟體。中國第三大社交網站庫拉諾，其實就是以色列的一家創業公司，服務中國國內兩千五百萬年輕網友。「庫拉諾」在希伯來文的意思是「我們大家」，該公司是由一位原居伊拉克的以色列人所創立。

原本庫拉諾只是個猶太社交網站，當時以色列創業投資家就已經對這個社交網站加以投資，然後展現了無比的智慧，將整個庫拉諾改頭換面，把所有營運搬到中國，讓年輕的以色列和中國主管並肩工作。

從以色列國防軍八二〇〇單位退伍的吉爾．克博，也曾在中國度過很長一段時間。他離開以色列國防軍後就收拾行李搬到北京，認真學習中文，與一位當地教師做一對一學習，每天五個小時，持續了一年，同時也在一家中國公司任職，好在當地建立生意網絡。如今他在以色列是一名創業投資者，特別擅長中國市場，他所投資的一家以色列公司提供聲音生物辨識科技，給中國最大的零售銀行。他告訴我們，以色列在中國做生意，比在歐洲輕鬆多了。「首先，我們在『觀光客』之前就已經抵達中國，」他說，意思是指最近幾年才認為中國是個新興市場的投資者，「第二，中國對猶太人沒有世代以來的仇恨，所以對我們來說這裡其實是個友善的市場。」

以色列比其他來自全球的競爭者更早進入這些市場，部分原因是他們得跨過中東地區，向外尋找新契機。年輕的以色列背包客足跡遍布全球，以色列科技企業家也滲透進國外市場，這兩者間的關係相當明顯。等到以色列人脫離二十幾歲小伙子的階段時，多數人早已經有過在國外找尋機會的經驗，也不怕面對陌生的環境或是接觸非常不同的文化。事實上，根據軍事歷史學家愛德華・勒特韋克的估計，許多退伍後的以色列人，在三十五歲之前就會造訪十二個國家以上。以色列人能夠成功打進新經濟體及未知的領土中，部分原因是他們經常為了追尋指南書，已經向全世界走出去。

這樣野心勃勃的國際化發展，最佳的例證之一就是耐滴芬公司。這家以色列公司是全世界最大的滴灌系統供應商。創立於一九六五年，耐滴芬罕見地將以色列落後的農業科技與目前興盛的「輕淨科技」（Cleantech）連結起來。

耐滴芬的創立者名叫辛查・布萊斯。以色列建國初期時，他是當時全國最大基礎建設工程的主事者。在波蘭出生的他，一次大戰期間於華沙的猶太自衛隊相當活躍。從一九三〇年代到今日的以色列不久之後，就成為全國水利公司「麥考羅特」的總工程師，負責計畫鋪設自來水管線及興建運河，將約旦河與加利利湖的水運到乾旱的內格夫沙漠。

滴灌的概念是因為布萊斯看到鄰居家後院種的樹，似乎沒水也能生長，原來是有支埋在地下的水管緩緩漏出水來，因此能灌溉這棵大樹。等到一九五〇年代出現了現代塑膠科技，布萊斯就知道滴灌的技術是可行的，因此他為他的發明申請專利，並與內格夫沙漠的哈札林集體農場（Kibbutz Hatzerim）簽約合作，共同製造這項新科技。

耐滴芬之所以能引領群雄，一方面是因為發展出創新的科技，能夠增加最多百分之五十的作物面積，而只需用掉百分之六十的灌溉水；另外還因為他們是首批以集體農場為基礎的產業之一。在這之前，集體農場只以農業為主。但是將集體農場的工廠產品出口到全世界，是嶄新的概念。

耐滴芬真正的優勢在於，他們不管市場有多遠，只要對方急需他們的產品，他們就樂於前往開拓。在一九六〇和七〇年代，西方企業家根本不會造訪的偏遠地方，都有耐滴芬的蹤跡。結果耐滴芬目前在世界五大洲一百一十個國家都有營運處，在亞洲的越南、台灣、紐西蘭、中國（有兩處）、印度、泰國、日本、菲律賓、韓國，以及印尼都設有辦事處。南美洲的阿根廷、巴西、墨西哥、智利、哥倫比亞、厄瓜多，和祕魯也有據點。耐滴芬甚至在歐洲和前蘇聯也設了十一個辦事處，在澳洲有一個，還有一個在北美。

耐滴芬的科技已經成為農業必需品，所以有些一直對以色列存有敵意的外國政府也開始和以色列建立了外交管道。在前蘇聯共產集團的穆斯林國家中，像是亞塞拜然、哈薩克以及烏茲別克，常可見到耐滴芬的科技。蘇聯解體後，與以色列政府之間的關係也逐漸解凍。二〇〇四年，當時擔任以色列貿易部長的埃胡德·歐麥特隨著耐滴芬團隊，一起抵達了南非，希望能在那裡結成新的策略性聯盟。這趟旅程最後為耐滴芬帶來一紙三千萬美元的合約，兩國政府也針對農業及旱地發展簽訂外交合作備忘錄。

企業家兼外交任務

不過很多人都知道，以色列的企業家及主管都很熱衷於自行請纓，代表國家執行外交任務。許多全球走透透的以色列生意人不只積極推銷科技，也努力「推銷」整個國家。瓊・梅德威（就是他發明用「綽號指數」來衡量不拘禮節的程度）就是這樣一個例子。

梅威德在美國加州長大，在政治上懷抱激進思想，學的並非工程學。他的第一份工作是擁護猶太復國主義組織的幹部。他在一九八一年搬到以色列，靠著到處演講賺些小錢過日子，灌輸以色列人有關這個國家的未來。但是一九八二年時，他和拉斐爾公司的某位主管有過一次談話（拉斐爾是以色列最大的武器承包商之一），這次談話戳破了梅德威的理想。對方非常直接的告訴他，他所做的一切只是浪費時間和力氣，以色列不需要更多的擁護猶太復國主義者或是政治家。那位主管斷然地說，以色列需要的是生意人。梅德威的父親在加州開了一家小公司，製造光學傳送器及接收器，因此梅德威開始在以色列大力推銷父親的產品。他不再走訪一處又一處集體農場，推銷猶太復國主義的未來，而是跑遍一家又一家公司，推銷光學科技。

後來他進入投資事業，在他耶路撒冷住家的車庫裡，創立了初創投資公司「以色列種子夥伴」，資金逐漸成長至超過兩億六千萬美元，投資了六十家以色列公司，包括被電子灣買下的購物比較網（Shopping.com），以及在那斯達克股票交易所都公開上市的康普金藥廠（Compugen）及解答網（Answers.com）。二〇〇六年，梅德威離開「種子夥伴」，自己管理一家名為影鈴公司的初創公司，這家公司率先推出手機的影像鈴聲服務，很快就打進歐洲及土耳其市場。

但是他自己的公司好像不是很重要。不管梅德威為公司做什麼，他永遠花了更多時間，到處鼓吹以色列的經濟成就（他的投資者抱怨說他花了太多時間在宣揚國威）。每次到海外出差，梅德威都會扛著攜帶式投影機和筆記型電腦，裡頭記錄著讓人印象深刻的投影片簡報檔案，敘述以色列科技領域的成就。不管是在演講或者和任何願意傾聽的人交談時，梅德威都極力讚揚以色列個人公司偉大的「退場機制」——公司被人收購，或是公開上市。另外他也積極示範十多樣「以色列製造」的科技。

在他的簡報中，他常半開玩笑地說，如果以色列學英特爾那樣，為了強調其無所不在的晶片而推出「內有英特爾」的標語，那麼世界上每一個人所接觸的每樣東西，幾乎都可以貼上「內有以色列」的貼紙。而且他還能舉出一連串的例子：從電腦到手機、醫學儀器和特效藥、網路社交網絡、最尖端的乾淨能源、我們吃的食物，一直到我們逛超市裡看到的收銀機。

梅德威接著暗示會議廳裡的跨國企業主管，如果他們還沒在以色列設立據點，可能會錯過大好機會。他在每場簡報之前，都會事先瞭解觀眾席中有哪些公司主管，然後一定會提到這些公司有哪些競爭對手已經進入以色列。「以色列的科技之所以能夠存在於我們接觸的每樣東西裡，是因為幾乎每家我們接觸的公司都在以色列設立了據點，你呢？」他朝著觀眾席問道。

在任何其他國家當中，梅德威所做的工作，都應該屬於商會、貿易部長，或是外交部長的職權範圍。

但是梅德威在簡報中大力讚賞的以色列初創公司，幾乎都不是他投資的公司。他在準備這些演講的時候，總是陷入兩難：「在那些從以色列發跡，前途光明的新公司當中，我是否應該特別宣傳一下我自己的影鈴公司？這很容易吧，是不是？這對公司是很好的曝光機會。」不過他壓抑下了這股欲望。「我的重點是以色列，我公司裡的美國投資人老是攻擊我這點——『你老是幫對手宣傳，卻都不談自己的公司。』他們說對了，可是他們沒看清楚重點。」

梅德威停不下來。過去十五年來，他每年要演講五十次，已經在全世界超過四十個國家的科技會議及科技大學舉行過總數將近八百次的演講。他的觀眾也包括許多參訪以色列的國際要人。

《紅鯡魚》雜誌總裁艾列克斯．維奧克斯告訴我們，他參加過「全球各地的一百場高科技會議。我經常看到像梅德威這樣的以色列人演講，也看過其他國家的同業演講。其他人總是會特別宣傳自己的公司，但以色列人總是在宣傳以色列。」

第四章 哈佛、普林斯頓，和耶魯

這裡的社會網路很簡單。每個人都認識每個人。

——優希·瓦爾帝

大衛·阿米爾在他耶路撒冷的家裡，穿著飛行員制服跟我們見面，不過他全身上下並無電影《捍衛戰士》的感覺。他說話的聲音很輕，心思縝密，很謙虛，就算他穿著制服，看起來也像美國文科學生，而不像典型飛行員那樣有俐落的軍人氣息。但是他驕傲地解釋以色列空軍如何訓練出世界上最優秀的飛行員，還提出無數國際飛行戰技競賽結果及實際作戰紀錄來當佐證，此時很容易就看出來他的確是個軍人。

當其他國家的學生忙著決定該上哪所大學的時候，以色列學生則是衡量著不同軍事單位的長處。其他地方的學生思考著他們應該做什麼，才能進入最好的學校；許多以色列學生則是努力準備，希望能被以色列國防軍的精英單位招募。

阿米爾十二歲就決定要學阿拉伯文，部分原因是他在那麼小的年紀裡就已經知道，會阿拉伯文就可以幫助他進入最好的情報單位。

等以色列的青少年進入十七歲的時候，要進入以色列國防軍精英單位的壓力就越來越大了。每一年升上高二及高三的以色列學生，都會體會到這股慌亂的氣氛。誰獲邀參加飛行員選拔？誰又去了不同的偵察單位（Sayarot）、海軍突擊隊、傘兵部隊、步兵團？要求最高、隸屬於參謀長的精英部隊「參謀本部偵搜隊」（Sayeret Matkal）又是誰去應試了？

至於哪個學生會獲邀參加精英情報單位「八二〇〇單位」的選拔呢（前面說過，舒瓦・沙科德以及和他一起創立反詐科學公司的夥伴們，曾經在這個單位服役）？誰又會去以色列國防軍的電腦系統部門「Mamram」？誰會被結合了科技訓練及所有頂尖突擊隊行動的「塔爾皮約單位」（Talpiot）列入考慮？

在以色列，到達入伍年齡的前一年，所有十七歲的少男少女都會收到通知，到以色列國防軍招募中心報到，進行為期一天的初階篩選，包括性向及心理測驗、面試以及健康評估。這一天結束的時候，會決定生理及心理健康分級，然後這些年輕人便會在個人面試當中被告知自己可能的服務單位。如果健康、性向及人格特質都達到某個標準，就有機會進行額外的資格考試，決定是否能進入以色列國防軍的精英單位或部門服務。

例如傘兵部隊的測試，一年舉辦三次，通常都在候選人入伍前幾個月舉行。年輕的公民接受兩天嚴格的生理與心理測驗之後，就會在原本大約四千個候選人當中，篩選出四百個人，未來將進一步參加不同的傘兵單位測試。這四百個未來傘兵也可以自願參加特種部隊的實戰測試以及篩選，這是長達五天的一連串密集訓練，包括十一種反覆操練，每一項都持續好幾個小時，而且總是在嚴格的時間壓力下進行，生理和心理上的壓力也是節節升高。在這整段過程中，休息時間很少，而且幾乎沒有睡眠時間，食物以及用餐時間也是一樣少。參加者形容這五天是一整段長時間的混沌狀態，因為根本分不清白天或夜晚，不准使用手錶或手機，負責篩選的人故意把過程設計得讓參與者難以適應。到了第五天，每個士兵都被分成不同的等級。

每個單位排名前二十名的士兵，馬上就會接受為期二十個月的專門訓練。完成專門訓練的士兵們，日後無論在正規部隊或後備軍中，永遠都是一同搭檔服役。他們的單位就是第二個家，大家也一起待在同樣的後備軍單位中，直到邁入中年除役為止。

軍隊經歷比學術經歷更重要

雖然要進入以色列的頂尖大學也很困難，但這個國家的哈佛、普林斯頓和耶魯大學，基本上就是以色列國防軍的精英單位。年輕人進入社會找工作的時候，他們在軍中哪些單位服役過，就可以讓未來的雇主知道他或她曾經通過什麼樣的篩選、訓練過程，以及他或她可能已經擁有的技能或相關經歷。

「在以色列，某個程度上，一個人的學術經歷並沒有軍隊經歷來得重要。每個工作面試都會問到的一個問題是，你在軍隊服役過嗎？」吉爾．克博說道。他曾經服役於情報單位，後來出國遊歷，跟著前一章說過的「指南書」到處跑，現在在以色列的創投產業工作，專長是中國科技市場。「網路上有些工作機會和徵人啟事會特別指定『只限八二〇〇單位退伍者報名應徵』。八二〇〇單位的退伍同袍甚至會舉辦全國性的聯誼活動，不過他們聯誼的時候，並不是花時間緬懷過去戰役和軍旅生活，而是向前看。退伍的士兵將焦點放在建立生意網絡上。成功的八二〇〇企業家會在聯誼活動上演講，介紹自己的公司和產業。」

我們都已經知道，以色列空軍及精英突擊單位最出名的，就是對成員的精挑細選，還有既複雜且困難的訓練，使得凡是從這些單位退伍的士兵，都具有極高的素質。但是以色列國防軍當中還有一個單位，挑選過程更是去蕪存菁，訓練更為扎實，特別專精於科技創新的領域。這個單位就是「塔爾皮約」。

塔爾皮約這個名字來自聖經雅歌中的一節經文，指的是城堡上的塔樓，也隱含有「最高成就」的意思。塔爾皮約最有名的，就是這個單位淘汰率非常高，而且是以色列國防軍中訓練課程最長的單位，總共有四十一個月，比大多數士兵的整段服役期還長。參加這項計畫的士兵，要在軍隊多待六年，所以他們的服役期會長達九年。

這個計畫是菲力克斯・多森及沙爾・亞齊夫兩人共同提出的概念，他們都是希伯來大學的科學家。一九七三年的贖罪日戰爭中以色列軍隊被打得很慘，戰後他們便提出這個想法。那時全國還處於動盪的狀態中，因為敵人才剛發動突襲，以色列人差點招架不住，蒙受重大損失。這場戰爭對以色列來說，是一次慘痛的提醒：因為以色列地窄人稀，如果要彌補這個缺點，就必須維持品質和科技上的優勢。多森和亞齊夫兩位教授去找當時的以色列國防參謀長拉斐爾・「拉福」・艾登（Raful），告訴他一個簡單的想法：集合一群以色列最有才華的年輕人，給他們大學以及軍隊中所能提供的最密集科技訓練。

剛開始只是一年的實驗，但這個計畫後來持續運作了三十年。每年全以色列高中學業成績前百分之二的優秀學生會獲邀參加選拔，總共是兩千名學生。在這些人當中，只有十分之一能通過一系列的測試，主要是物理和數學測驗。這兩百名學生接著要接受兩天密集的人格及性向測驗。

一旦獲選加入塔爾皮約單位之後，接受訓練的學生們就要在短時間內努力消化大學數學或物理課程，同時也會認識以色列國防軍所有單位的科技需求。他們接受的學術訓練比以色列或其他地方的一般大學生還要深遠，他們學得更多，用的時間卻更短。他們也要跟傘兵一起接受基本訓練，用意是要讓他們大概瞭解以色列國防軍所有分支單位的情況，這樣他們才能搞清楚科技與軍事需求，特別是這兩者的關聯。

解決問題的領袖

不過，塔爾皮約單位訓練課程的終極目標，並不是提供學生廣泛的知識，而是要將他們轉變成因應任務而生的領袖，讓他們成為解決問題的人。

為了達到這個目標，就要交給他們一項又一項的任務，並且只提供最低限度的說明。有些任務很普通，例如為其他受訓學生組織一場會議，需要協調講者、器材、交通以及食物。也有複雜的任務，例如滲透一個活躍恐怖份子基地的電信網路。

不過更典型的要求，是強迫這些受訓學生尋求跨領域的方式，以解決特殊的軍事問題。例如有一組受訓學生必須解決以色列空軍直升機駕駛因為機身震動而造成的嚴重背痛。塔爾皮約受訓學生首先必須決定，如何測量直升機震動對人體脊椎骨的影響。他們設計出一張特別的座椅，裝在直升機駕駛模擬器裡，然後在靠背上切一個洞。接著他們在駕駛背上放一支筆，讓他在模擬器裡「飛行」，然後把高速照相機裝在靠背上的洞裡，拍下不同震動的軌跡。最後，將照片拍到的震動資料轉成電腦數據，加以分析並研究震動的相關問題，他們重新設計了直升機的座椅。

如果他們撐過了前兩、三年的課程，這些受訓學生就成為「塔爾皮約人」。這個頭銜在軍隊及平民社會中都備受尊敬。

整個塔爾皮約計畫隸屬於「瑪法特單位」（Mafat），這是以色列國防軍內部的研發部門，相當於美國的國防先進研究計畫署（DARPA）。瑪法特負有一個重責大任，那就是指派每個塔爾皮約人到以色列國防軍的特定單位，服完他們接下來六年的正規役。

從一開始，塔爾皮約計畫的高度精英主義就引來許多批評，而因為軍方領袖認為不值得在這麼小的團體投資這麼多金錢，讓這個計畫甚至差點無法進行。最近，一些不看好的人聲稱這項計畫失敗了，因為大部分畢業生留在軍隊的時間都沒有超過要求的九年，最後也沒有成為以色列國防軍的高階軍官。

不過，雖然塔爾皮約的訓練目的主要是為了維持以色列國防軍的科技優勢，但其中結合領袖經驗及科技知識的課程，卻很適合用來創立新公司。雖然三十年來，這個計畫只產生了大約六百五十名畢業生，他們有些已經成為以色列的頂尖學者，或者創立了國內最成功的公司，像是「NICE系統」這家全球企業就是由一群塔爾皮約人所創設的，富比士百大企業中有八十五家都使用「NICE系統」的通話狀態顯示系統。還有像是康普金藥廠，他們在人類基因組解碼以及藥物發展等領域上傲視全球。許多在那斯達克股市公開交易的以色列科技公司，如果不是由塔爾皮約人創立的，就是有塔爾皮約人擔任重要職務。

所以，一手建立塔爾皮約的多森及亞齊夫兩人強烈駁斥了對於塔爾皮約計畫的批評。他們說，首先，以色列國防軍內的各個軍種，都搶著要把塔爾皮約人拉過去服役，有時軍種之間的爭執甚至必須由總理出面調解，這就已經說明了一切。第二，他們認為塔爾皮約人在六年服役期間所做出的貢獻，遠大於在他們身上的投資。第三，或許也是最重要的一點，約有三分之二的塔爾皮約畢業生最後進入了學術界或是科技公司發展，這些人繼續對經濟和社會帶來巨大貢獻，也因此使得國家更為強大。

塔爾皮約人可能代表了以色列軍隊精英中的精英，但是這個計畫發展背後的策略，在軍隊中很多地方都看得見：也就是提供廣泛而深入的訓練，以求培養出創新且適應力強的解決問題能力；而這似乎也是以色列部分的國家特質：要教導人民懂得很多事，不只是精通一件事。

先服役再唸大學

這種學習樣樣通的服兵役經驗，對以色列的經濟還有社會都有好處；但是向我們清楚說明這個道理的人，既不是以色列人也不是美國人。蓋瑞．軒柏格（參見本書緒論）看起來不像科技怪咖，倒像個水手，而且是健壯結實的那種水手，大概是因為他在英國海軍服役了十八年，現在是英國電信公司科技革新部門的副主席。有天晚上，他和我們在特拉維夫一家酒吧見面，他這次是來以色列出差，準備前往波斯灣地區，更準確地說是去杜拜。

「以色列的創新基因裡有種讓人無法解釋的東西。」軒柏格說道。不過他倒是對自己的理論有點頭緒：「我想追根究柢，是因為成熟的關係。因為世界上沒有其他地方的人，在科技創新中心工作的同時，也要服兵役。」

以色列人在十八歲的時候，就必須進入軍隊至少服役兩至三年，如果沒有繼續從軍的話，通常會進入大學就讀。「跟世界上其他地方比起來，以色列有很大一部分的人退伍之後就去上大學。」軒柏格說。

事實上，根據經濟合作暨發展組織的調查，有百分之四十五的以色列人受過大學教育，是全世界比率最高的國家之一。另外根據最近一份「國際管理學院世界競爭力報告」，以色列在「大學教育水準是否符合一個有競爭力經濟體的需要」這項，在六十個已開發國家中排名第二。

等到學生完成大學教育的時候，他們已是二十五、六歲的青年了，有些人已經拿到研究所學位，還有很多人已經結婚。「這些全都會改變一個人的心理能力，」軒柏格推論道，「他們變得更加成熟，擁有更多生活經驗，而創新就是要找到新點子。」

創新經常需要找到一個不同的觀點，而觀點又來自經驗，真正的經驗也經常隨著年紀或成熟度而增加。但是以色列人在很年輕的時候就能獲得經驗和觀點，變得成熟，因為以色列社會在他們才剛從高中畢業時，就塞給他們太多可以使人改變的經驗，等到他們進大學的時候，他們的腦袋和美國大學新鮮人的腦袋裡，是完全不同層次的東西。

「你會對生活有完全不同的觀點，我想就是因為比較晚上大學、比較早結婚，再加上軍隊的經驗——我在英國海軍待了十八年，所以我有點能夠體會那種感覺。」軒柏格繼續說：「軍隊裡的環境會逼你邊做邊想，你得做出攸關生死的決定，你學會紀律，學會要訓練你的心智來完成目標，特別是在前線或是實際作戰的時候。而那些在商界裡都只有好處和用處。」

當這樣的成熟和近乎幼稚的不耐煩加在一起，力量就更強了。

從以色列建國之初，以色列人就很深刻地瞭解到，未來看似近在眼前，卻也遠在天邊，而且未來總是懸而未決的，每個時刻都有策略上的重要性。就像投資了好幾家以色列初創公司的美國企業家馬克．葛森說的：「以色列男人想約女人出去的時候，他當天晚上就約她出去了。以色列企業家想出生意點子的時候，那個禮拜就會開始動作。一般人以為應該要先累積經驗和信譽，然後再進行創業投資，以色列人完全沒有這概念。這對生意其實有好處，時間拖越久只會讓你學會怎麼把事情搞砸，而不是讓你知道能改變什麼事情。」

軍隊理的社交和社會網絡

對大衛．阿米爾以及其他許多被徵召的士兵來說，以色列國防軍提供了一個令人興奮的機會，能夠測試且證明自己的能力。但是以色列國防軍還提供士兵另一項寶貴的經驗：軍隊是在以色列社會中一個獨特的空間，少男少女能夠密切合作，認識文化、社經及宗教背景不同的同儕。一個是從俄國來的猶太人；另一個是來自衣索比亞的猶太人；一個是住在時髦的特拉維夫郊區不信教的以色列本地人；一個是來自耶路撒冷、讀過正統猶太小學的人；一個是農家出身的集體農場成員……這些人可能都會在同一個單位裡碰面。他們要一起服完兩至三年的正規役，然後接下來的二十幾年內，還有一年一次的後備軍役教育召集。

先前已經說過，以色列國防軍的結構非常倚賴後備軍力，否則這麼小的國家，實在不可能有效維持大規模的常備軍隊。所以對戰鬥士兵來說，軍隊中建立的人際關係，在十幾年的後備役生涯中會不斷更新。以色列人每年有一個星期，或者幾個星期，必須拋下職場工作或個人生活，回到軍隊單位中受訓。因此很多生意上的關係，自然也就在長時間的軍事行動、站崗及訓練中建立起來。

「哈佛商學院每五年舉辦一次同學會，」以色列籍的哈佛商學院畢業生塔爾・凱南說道，「很好玩，這樣能讓你的交友網絡保持完整。我們花兩天時間跟同學參訪各地或聽演講。但是想像一下，如果是每年都舉行的同學會，長達二至四個星期，還是跟你在軍中共處三年單位裡的人繼續相處；而且你不是去聽演講，是在國界做安全巡守，這會培養出完全不同的終生友誼。」

的確，在軍隊服役期間所建立起來的關係，在這個已經非常小且相互緊密聯繫的國家裡，會形成另一種網絡。「這整個國家的人民之間只有一步的距離。」優希・瓦爾帝說道，他是十幾家網路初創公司的教父級人物，也是有線世界裡頂尖的網路工作者。就像瓊・梅德威一樣，瓦爾帝也是以色列傳奇性的商業代表人物之一。

瓦爾帝說，有些以色列公司已經不再發出徵人啟事了：「現在一切都靠口碑……這裡的社會網路很簡單，每個人都認識每個人。每個人的媽媽都是他們學校裡的老師；叔叔是某個人單位的指揮官；沒人躲得了。如果你不乖，絕沒辦法逃到懷俄明州或是加州躲起來，每個人幾乎都無所遁形。」這樣緊密的相互聯繫並非只有以色列才有，不過在以色列卻超乎尋常地熱烈且廣泛。

以色列國防軍當然和全世界其他軍隊有很多相同的地方，包括精英單位都會進行同樣累人的選拔。但是其他大部分國家軍隊在篩選時，只能從自願從軍者當中挑選人才，無法看見每所高中的學生成績單，然後邀請全國表現最傑出的學生，前來競逐少數幾個人人夢寐以求的服役機會。

例如在美國，軍隊只能從有興趣的可能從軍者當中挑選人才，或者像是某個美軍負責招募的人員說的：「在以色列，軍隊可以從最優秀的人當中挑選；在美國則相反，我們只能巴望著會有最優秀的人選擇了我們。」

美國軍方經常費盡心思找出最好的人才，然後心中期望這些優秀人才願意前來為美軍服務。以美國西點軍校每年的新生為例，成績中點平均都在三．五分左右；招生部的人可以飛快說出各種數據，來量化這些軍校新生的領導性向能力，包括在高中擔任過校隊隊長的人數（百分之六十），誰擔任過高中學生會主席（百分之十四）等等。而且招生部門還做了一個相當廣泛的資料庫，記錄所有來查詢過的可能申請者，資料經常可以回溯到小學時期。作家大衛．利普斯基在他描寫西點軍校的著作《絕對美國》當中就提到：「只要在小學六年級的時候，打通電話去西點軍校，接下來每隔六個月你都會收到招生部門的來信，等到你上高中以後，來信頻率就會加倍。」西點軍校每年大約會為五萬名高二學生設立一個「有興趣申請者」的檔案，但到最後該校每年的新生人數只有一千兩百人。接受完五年的課程之後，國家已經在每個畢業生的身上投下了二十五萬美元的教育費用。

即使像西點軍校這樣，努力將招生工作的接觸範圍向外拓展到難以想像的地步，許多美國軍方的高階領袖仍然很苦惱，因為他們無法廣泛收集美國每個階段學生的學業紀錄。而無法得到這些學業成績紀錄的話，他們也就無法精準針對一個特定族群來進行招募。

一般人只要與美國軍方人士談過話之後，就會更加明白以色列兵役制度會帶來的經濟價值。美國海軍陸戰隊軍官約翰．羅瑞上校從高中畢業後就加入海軍陸戰隊，還讀完普林斯頓大學，過去二十五年來都一直在常備軍或後備軍中服務。他在哈佛商學院拿到企業管理碩士，然後進入市值數十億美元的高級機車製造商哈雷公司，開始攀爬管理階梯，同時也履行後備軍的義務，在非洲之角（Horn of Africa）、波斯灣都執行過任務。而在他進入商界工作之前，也參與過沙漠風暴行動。羅瑞負責指揮一千名海軍陸戰隊弟兄，每個月有兩個週末造訪全國各地不同的後備基地，再加上每年為期一個月的教育召集。羅瑞也協助管理許多哈雷摩托車的工廠廠房，他手底下帶領大約一千名員工。

白天他是資深的商業主管，到了晚上他就去訓練準備開赴伊拉克前線的海軍陸戰隊，在這兩個世界之間順利轉換角色。他只希望有更多美國商界人士擁有他這種軍隊經歷，就像以色列企業家那樣。

「你年輕的時候到軍隊服役，軍隊教導你『當你出面掌管某件事的時候，你得為所有發生的事負責……包括沒發生的在內』這個道理。」羅瑞說，「軍隊文化裡沒有『這不是我的錯』這句話。」這番話聽起來很像在第二章當中，以色列的法希少校提到的，連指揮官要負責所有轄區內發生的事。「大學裡學到的經驗不會教你這樣思考……風險高壓力又大。」羅瑞說，「當你在那樣的年紀承受那樣的壓力，就會逼迫你要提早想出棋盤上接下來的三步或四步……不管你做任何事情……在戰場上……還有在商場上。」

對羅瑞來說，海軍陸戰隊裡的人際聯繫網絡非常重要，他的軍中同袍簡直就是他內建的諮詢委員，專為他而設。「袍澤之情，是在工作之外、不同的友情，不過他們有很多人都跟我的這一行有關。」他說，「前幾天我才剛跟一個以前的陸戰隊軍官談話，他在雷神公司上班，派駐在阿布達比。這些人當中，有很多我都已經認識很久了，從五年到二十五年不等。」

他還認為，軍隊比大學更加適合教導年輕領袖學習他所謂的社會範圍感：「你在服役時會跟來自各行各業的人來往，在我們這個社會中，軍隊這個團體乃是直接看你的表現來判斷你。在軍中你必須學習跟任何人相處，不管他們從哪裡來，這一點我現在在商界跟供應商及顧客往來時，就很有用處。」

羅瑞的這番話，聽起來很像本書先前描述的以色列國防軍在培養以色列企業文化中扮演的重要角色，那也確實是如此。不過，雖然大部分以色列企業家深深受到以色列國防軍中的服役經驗的影響，但是在矽谷裡卻很少出現具有軍事背景的人，美國企業的資深管理階層中也很少有人具有軍方背景。

以色列企業家瓊．梅德威已經將幾家初創公司賣給美國大公司。他告訴我們：「如果講到美國軍方的履歷，矽谷沒人懂。這太可惜了。從伊拉克和阿富汗回來的軍官，一定擁有絕佳的領導才能，沒有善加利用就太浪費了，但是美國商界不太知道如何運用。」

美國的商界與軍方之間存在這麼大的鴻溝，由此可見美國軍方和平民社會之間的分歧有多大。這一點，早在十年前西點軍校的領導班子就已經體會過了。一九九八年的夏天，西點軍校校長丹尼爾．克利斯曼中將與該校的學生部隊指揮官約翰．阿比札伊德將軍兩人開車行經紐澤西的高速公路，停在路邊一個購物中心，想在丹尼速食店快速解決一頓飯。儘管兩人身上穿著美軍綠色的「B式軍常服」，上面掛滿了將官星星，明顯的不得了，女店主還是帶著微笑，熱烈地向這兩位將軍表達感謝，謝謝他們把附近的公園維持得這麼整潔。原來她以為他們兩人穿著的是公園管理處的員工制服。

雖然軍方領袖積極擴大招生，不過現在美國年輕人大多覺得，自己和軍中服役的同年齡同儕之間，並沒有什麼關連，更別說真的認識從軍的人了。當代美國剛打完兩場戰爭，可是在每兩百二十一位美國人中，只有一個正在服兵役；與第二次世界大戰之後相比，當時每十位美國人當中就有一位從軍。電視主播湯姆．布羅考以第二次世界大戰的軍人為主題，寫了一本《最偉大的一代》。他告訴我們，二次大戰之後，沒有服過兵役的年輕人很難在商場上找到好工作。他說當時如果有一個沒當過兵的人，想要在私人企業找工作的話，雇主的典型反應會是「他一定有什麼問題」。

不過，根據大衛．利普斯基的看法，一九七五年越戰以後，美國停止了徵兵制度，社會上就開始產生一種完全相反的氛圍：「平民文化和軍隊文化握握手，交換電話號碼，然後分道揚鑣，慢慢不再接觸彼此的消息。」

商場如戰場

艾爾．卻斯向我們解釋「軍民分家」這種潮流所代表的經濟意涵。他經營一家人力仲介公司，主要業務是安排美國軍官進入私人企業任職，從小小的初創公司到《財富》雜誌評選前百大公司，例如百事可樂和通用汽車等等都有。他安排過幾百名退伍軍人就業，他知道戰場上的經驗能夠培養出什麼樣的企業敏銳度。根據卻斯的說法，冷戰時期的軍隊不一樣，年輕的軍官可能整個軍旅生涯都不必實際上場作戰，但是伊拉克和阿富汗戰爭改變了這一切，幾乎每個年輕軍官都要不斷出外打仗。

根據我們在伊拉克看到的第一手經驗，九一一事件後的戰爭，重點放在反暴動之上，都是由初級指揮官做出重要決定。例如在伊拉克的多國部隊最高指揮官大衛．裴崔烏斯將軍在伊拉克提出的反暴動策略，要求美軍部隊不只是要在伊拉克人的住宅區域內巡邏，以保護伊拉克公民的安全，同時更要實際居住在這些地區裡面。這種做法，和美軍部隊以前的其他戰爭經驗（包括伊拉克戰爭前期）完全不同。當時美國士兵和海軍陸戰隊是居住在前進作戰基地裡，這是一個自給自足的巨大綜合設施，基本上就是複製美國本土的軍事基地。一般的前進作戰基地能夠容量數萬名部隊，必要時還能更多。但從二〇〇七年起，住在伊拉克基地周圍的士兵或海軍陸戰隊只剩幾十個，或頂多一、兩百個。這種情況可以使得較小的單位在每日作戰行動中，比較不必倚賴師團的決定，初級指揮官也有更多權力做決定或者隨機應變。

海軍陸戰隊上校奈森尼爾．菲克曾參加過阿富汗及伊拉克戰爭，後來他轉而在哈佛商學院及甘迺迪政府學院攻讀雙學位課程，又寫出一本名叫《命懸一彈》的書來談自己的經驗。他告訴我們，他被訓練要思考如何打「三個街區的戰爭」。他說，在伊拉克和阿富汗，「海軍陸戰隊的弟兄可能在一個街區分送米糧，在另一個街區巡邏維護和平，然後在第三個街區與敵人全面火併，這些都在同一個地區發生。」

美國最近幾場戰爭的初級指揮官，往往發現自己可能得同時扮演多重角色：一個小鎮的鎮長、經濟重建的獨裁者、外交官、部落間的協調者、百萬資產的管理者，以及駐警隊長。每天情況都不同。

而且現在美國的初級指揮官也比較勇於以過去不可能出現的方式，來挑戰高階指揮官，這點很像以色列國防軍裡的情況。部分原因是經過多次出外作戰，親眼看著同袍戰死，初階指揮官常常認為「這都是因為上級錯誤的決定」，或者是上級缺少戰略，要不然就是提供無用的資源。美國軍事歷史學家、分析家佛瑞德・卡根解釋，美國士兵和海軍陸戰隊成員「已經受到以色列軍隊的影響：曾經多次派赴海外作戰的低階士兵，往往會省略對上級的禮節」。事實上，「實戰經驗」和「下屬習慣挑戰上級」這兩件事情之間，是互相關連的。

有了戰場上的冒險經驗，從伊拉克及阿富汗戰爭退伍的軍人，擁有空前的能力，可以應付商界的挑戰——不管他們是要自己成立初創公司，或是協助領導較大的公司度過目前這段經濟動盪期。

艾爾・卻斯建議退伍軍人，不要被就業市場裡其他已經在商界打滾過、滿口商業術語的人嚇倒。他說，退伍軍人能拿出其他商界人士只能夢寐以求的東西：衡量輕重緩急的判斷力（什麼事情真的是攸關生死的狀況，什麼事情沒那麼嚴重）、如何鼓勵員工士氣、如何在遭受脅迫的狀況下跟對方達成共識，還有經過戰爭嚴酷考驗的堅強倫理觀念。

布萊恩・泰斯曾任步兵軍官，在美國海軍陸戰隊當到上尉之後，決定轉換跑道改往商界發展。當時他三十歲，已經完成五次的海外部署行動，包括在海地及阿富汗的任務，而且正在進行第六次的海外役期，這次被派到伊拉克。在砲火猛烈的伊拉克西部安巴爾省（Al Anbar）阿薩德空軍基地旁一棟被燒毀的伊拉克建築裡，他用筆記型電腦完成了申請史丹佛大學企業管理碩士課程的論文。

他必須利用零碎時間完成申請，因為他的任務總是在半夜進行。身為海軍陸戰隊指揮官，負責帶領一百二十個人，泰斯必須建立一整套行動方針，來因應每次的鎮暴行動及針對蓋達組織展開的反恐行動；他必須決定該用多少兵力設備、多少海軍陸戰隊員，以及需要多少空中支援。所以他只能利用白天的時間來休息以及計畫未來的軍事行動。

他的基地距離史丹佛校園超過八千英里，他無法應學校要求親自去面試，招生部因此安排電話面試，於是他在狙擊手及突擊行動之間的空檔，找了一處沙漠空地，站在那裡進行電話面談。泰斯先請史丹佛大學的招生委員見諒，因為直升機從空中飛過時會帶來巨大的噪音，後來敵人開始朝著附近發射迫擊砲，他只得縮短面試時間。

越來越多美國軍官申請企業管理碩士課程，而且就像泰斯上尉這樣，必須格外的努力才行。二〇〇八年，為了申請企管碩士課程而參加研究生管理科入學考試（ＧＭＡＴ）的人數，總共有一萬五千兩百五十九人，其中約有百分之六的應試生有從軍經驗。維吉尼亞大學達頓商學院中，軍人申請者的數字從二〇〇七至二〇〇八年增加了百分之六十二，二〇〇八年的碩一新生總數為三百三十三人，其中有四十人曾經從軍，這四十個人中的三十八人參加過阿富汗或伊拉克戰爭。

負責舉辦研究生管理科入學考試的「研究生管理科入學委員會」（Graduate Management Admission Council）已經決定鋪設一條從戰場通往課堂的道路，要盡量協助有戰地經驗的申請者進入商學院就讀。該委員會也發起「企管碩士課程作戰計畫」，幫助軍中人士尋找不需申請費的商學院，或是提供豐厚的金錢援助，甚至可以讓缺乏現金的退伍士兵能夠晚一點交學費。委員會還在各大軍事基地設立研究生管理科入學考試的應試中心，德州胡德堡基地在二〇〇八年就有了一處，另一處準備設在日本橫田空軍基地。

不過，美國商界的人事主管及高階主管還是不太瞭解戰場經驗的用處和價值，正如瓊・梅德威說的，大部分美國的生意人就是讀不懂軍隊履歷。艾爾・卻斯告訴我們，他所合作過的許多退伍軍人，在工作面試時鉅細靡遺地跟面試官敘述他們在戰場上的領導經驗，包括高風險決策的個案，還有在戰區管理一大群人員和設備等等豐富的經驗。然後到最後，面試官說的話都像這樣：「很有趣，不過你有實際的工作經驗嗎？」

在以色列則是相反的情況。雖然以色列企業也會注意私人公司的工作經驗，不過軍隊經驗對雇主來說已經是很重要的標準優點，因為他們都知道，當過軍官或是曾在精英單位服役過的人有何價值。

第五章 當秩序遇上混沌

懷疑與爭辯——這是猶太文明的症狀，
這也是現代以色列的症狀。

——阿默斯・奧茲

世界上大約有三十個國家，義務兵役長達十八個月。這些國家大部分都是開發中國家或非民主國家，或者兩者皆是。但是在所有第一世界國家中，只有三個國家要求國民如此長時間的軍役：以色列、南韓以及新加坡。理所當然，這三個國家都面對存在許久的已知威脅，或者直到最近都還為了生存而戰爭頻仍。

對以色列來說，這個國家為了生存而受到的威脅，早在成為主權獨立國家之前就已經開始了。從一九二〇年代開始，阿拉伯世界就反對在巴勒斯坦境內建立猶太國家，然後又多次發起戰爭，企圖打倒或削弱以色列的勢力。南韓一直都有來自北韓的威脅，就在南韓首都首爾幾英里外的地方，長期駐守著北韓大規模的軍隊。而新加坡曾在第二次世界大戰時被日本占領，至今仍揮別不了陰影，加上近代為了獨立而奮鬥，直到一九六五年才結束，之後又要面對動盪不安的局面。

新加坡在一九六七年開始實施兵役，「我們必須保衛自己，這是生存問題。身為一個人口稀少的小國家，我們想要建立規模夠大的軍隊，唯一的方法……就是徵兵制。」新加坡國防部長張志賢解釋：「這不是隨便下的決定，因為徵兵制對每個新加坡人都有顯著的影響，但是我們別無選擇。」

獨立之初，新加坡只有兩支步兵軍團，而且是由英國組織指揮的，其中三分之二的士兵甚至不是新加坡的居民。為了想辦法，這座城邦的第一任國防部長吳慶瑞聯絡了以色列前任駐泰國大使莫德查・基特隆，兩人是在亞洲工作的時候認識的。「吳部長告訴我們，他們認為只有以色列這樣被穆斯林國家重重包圍的小國……才能幫助他們建立小而強大的軍隊。」基特隆回憶。

新加坡在短短兩年期間獨立了兩次，第一次是在一九六三年從英國殖民中獨立，成為馬來西亞的一部分，第二次則是一九六五年從馬來西亞和平獨立，避免了內戰。新加坡現任總理吳作棟形容他的國家與馬來西亞之間，是「一場不愉快的婚姻和爭吵激烈的離婚」，關係仍舊緊張。新加坡人也害怕來自印尼的威脅，同時新加坡北邊的中南半島上，一場共產黨的武裝暴動正悄悄逼近。

為了回應吳慶瑞的請求，以色列國防軍交給葉胡達・高倫中將一項任務，要他寫出兩份指導手冊交給剛成立的新加坡軍隊：一份是關於作戰守則以及國防部的組織架構，另一份則是關於情報機關。然後，六名以色列國防軍軍官帶著家人搬到新加坡，負責訓練士兵，並建立一支以徵召的士兵為主的軍隊。

除了義務兵役及職業軍隊之外，新加坡還採用了以色列後備軍制度的元素。每個服完正規兵役的士兵，每年必須接受短暫的後備訓練，直到三十五歲為止。

對新加坡建國時期這一代的人來說，兵役不只是為了防衛而已。「各個社會階層的新加坡人，都會在大雨和豔陽下肩並肩一起訓練，一起跑上山坡，學習如何在叢林及都市中打團體戰。他們服兵役的共同經驗會將他們綁在一起，形塑成新加坡的國民認同及個性。」總理吳作棟在新加坡建軍三十五週年上如是說。

「我們這個國家仍然在進化，」吳作棟繼續說，「我們的祖先都是移民……他們說，在軍中，每個人——不管你是中國人、馬來人、印度人，或是歐亞人——都是同一種膚色，那就是被太陽曬傷的深棕色！當他們學習齊心作戰的同時，也開始信任、尊敬，並相信彼此。若有一日我們必須為了保衛新加坡而戰，那麼軍中所有人都會為了軍中同袍而戰，正如他們為國家而戰一樣。」

如果把演講中的「新加坡」換成「以色列」，這段話就會由大衛·本古里昂來說。

為何新加坡、韓國模仿以色列的徵兵制卻沒培養出創投文化？

雖然新加坡的軍隊是仿造以色列國防軍的模式所創設（以色列國防軍也是許多以色列企業家的試煉場），但這頭「亞洲小龍」卻無法培育出初創公司。為什麼？

新加坡也有驚人的成長，他們的每人實質國內生產毛額大約有三萬五千美元，是全世界最高的國家之一；而自建國以來，實質國內生產毛額成長率平均每年成長百分之八。不過雖然有這樣的成長率，新加坡的領袖卻沒有跟上一股「強調三個特質」的全球潮流。在新加坡的文化中，向來缺少這三項特質：進取心、冒險精神，以及敏捷的思想。

新加坡財政部長尚達曼察覺到國人逐漸消失的冒險精神，於是前去拜訪以色列創投資本家娜瓦・史瓦斯基・索佛，她目前負責管理希伯來大學的技術移轉公司。這家大學企業叫做「伊薩姆」。若以學術研究的商業化結果來衡量，則「伊薩姆」是世界前十大的學術計畫。尚達曼問她一個問題：「以色列怎麼做到的？」他為了參加G20會議飛到附近國家，不過他略過最後一天的議程，來到以色列。

現在甚至連新加坡的建國之父李光耀都敲響了警鐘，他曾經擔任新加坡總理長達三十年，「該是為商界激發新一波創意的時候了，」他說，「我們需要很多嘗試、很多初創公司。」

在韓國也有類似的感覺，這也是一個採徵兵制的國家，同樣面對外在威脅，但是就跟新加坡一樣，上述這些條件並未培養出創業投資文化。而以色列在這些條件下，卻培養出了創投的文化。韓國顯然不缺大型科技公司，擁有數家媒體初創公司的以色列企業家艾瑞爾・瑪家利認為，他創設的尖端科技公司，可以在韓國這個地方找到無限生機。「美國媒體能製作內容相當豐富的節目，」瑪家利說，「但還是停留在播放年代，而中國和韓國是處於互動時代。」

所以為什麼韓國沒有產生和以色列數量相近的人均創投公司呢？我們請羅倫特．豪格說說他的見解。豪格是「提升會議」（Lift Conference）的創辦人及幕後推手，這個會議著重在科技與文化之間的關聯。自二〇〇六年起，會議輪流在瑞士日內瓦及韓國濟州島舉行。我們問豪格，為什麼韓國人那麼熱愛科技，卻沒有那麼多創投公司？

「是因為害怕丟臉，還有二〇〇〇年的網路經濟泡沫破裂的關係。」他告訴我們。「在韓國，一個人的失敗絕對不能曝光。但在二〇〇〇年前半年，有許多企業家搭上新經濟的潮流，等到經濟泡沫破裂，他們的失敗在企業精神上留下一道疤。」豪格有次聽到韓國一位科技培育機構的人說，他們徵求計畫的時候，只收到五十份申請書，不禁感到驚訝。「如果你知道韓國其實有多麼創新和前衛的話，這個數字實在太低了。」豪格也曾經研究過以色列科技產業，對他來說，「以色列好像是在光譜的另一端，他們不在乎失敗要付出什麼社會代價，他們發展計畫的時候，也不管經濟或政治的情況。」

所以當娜瓦．史瓦斯基．索佛接待來自新加坡、韓國，以及其他許多國家的訪客時，困難之處就在於要如何解釋讓以色列創投公司不斷發展的文化觀點。徵兵制、後備軍役、生活在威脅之中，甚至是擅長科技，這些都還不夠，那麼，其他要素是什麼？

阿波羅十三號和哥倫比亞號的危機啟示

「我從另一個完全不同的角度，比喻給你聽，」創投家泰爾．瑞森菲爾很平靜地說，「如果你想知道我們怎麼教隨機應變的方法，就看看阿波羅太空計畫的例子。美國歷史學家認為，阿波羅太空計畫當中，任務控制中心飛航總監金．克蘭茲在美國太空總署所做的工作，就是一種模範領導，也是許多以色列指揮官在戰場上必須做到的事。」我們向他提出的問題是以色列的創新，但他的回答好像有點文不對題。不過，他真的是依經驗說話的。瑞森菲爾在哈佛商學院的第二年，和幾位同樣待過以色列突擊隊的同袍創立一家創投公司。他們將提案送交哈佛商業企劃比賽，打敗其他七十個團隊拿到第一名。

以第一名的成績從哈佛商學院畢業後，瑞森菲爾拒絕谷歌等公司提供的誘人工作，轉而在特拉維夫創立「慧眼公司」。更早之前，瑞森菲爾在以色列軍隊通過了淘汰率最高的招募與訓練課程。

當瑞森菲爾還在哈佛商學院就讀的時候，他研究過一個案例，比較阿波羅十三號及哥倫比亞號太空梭危機所帶來的教訓。二〇〇三年的哥倫比亞任務引起以色列人特殊的共鳴，因為其中一位任務成員是空軍上校伊蘭．拉蒙，以色列第一位太空人，在哥倫比亞號爆炸解體時喪生。但拉蒙早就是以色列的英雄人物了，他曾經在一九八一年空軍的一次敢死任務中擔任駕駛，轟炸摧毀伊拉克的核子反應爐。

哈佛商學院的教授艾咪·愛德蒙森、麥可·羅伯特以及理查·波莫三人花了兩年時間，研究並比較阿波羅號及哥倫比亞號危機，他們做出的研究成果後來成為瑞森菲爾一堂課的基礎，從商業經營的角度來分析所學到的教訓。當瑞森菲爾在二〇〇八年首次讀到哈佛商學院的案例，曾經是突擊隊員的他馬上瞭解當中所呈現的議題。但是為什麼瑞森菲爾要跟我們提這個案例？這跟以色列或是該國的創新經濟有何關聯？

阿波羅十三號的危機發生在一九七〇年四月十五日，當時這艘太空船已經航行了四分之三的航程，準備到月球出任務。距離尼爾·阿姆斯壯和伯茲·艾德林踏出阿波羅十一號首度登上月球，還未滿一年的時間，太空總署還是志得意滿。但是阿波羅十三號任務開始的第二天，每小時正以兩千英里的速度航行，主要氧氣槽之一爆炸了，這讓指揮艙飛行員約翰·史威格說出聞名至今的那句話：「休士頓，我們有麻煩了。」

飛航總監金·克蘭茲負責從休士頓的詹森太空中心管理這項任務，以及進行處理危機。立刻有人將急速惡化讀出的數據呈交給他，他一開始知道太空人還有足夠十八分鐘使用的氧氣，下一刻修正到七分鐘，然後變成四分鐘，事態正急遽失去控制。

諮詢過幾個太空總署團隊之後，克蘭茲告訴太空人，立刻前往較小的登月艙。登月艙原本是用在太空的短程旅途，可以從阿波羅號脫離，且擁有少量的氧氣和電力。克蘭茲事後回想說，他得想出辦法「延長原有資源的供應時限。登月艙原本就只能勉強供應兩人使用兩天，現在得支撐三個人度過四天。」

然後克蘭茲指示休士頓一群團隊，叫他們把自己關進房裡開始研究，如果沒找到氧氣出了什麼問題，沒想出辦法讓太空人回到阿波羅號並返回地球，那就別離開房間。這些團隊的成員不是第一次碰面，克蘭茲幾個月前就將他們集合起來，以各種不同的人力配置，讓他們每天反覆練習，讓他們習慣回應隨機發生的各種緊急情況。他十分重視加強互動，不只是團隊內的互動，還有團隊間以及與太空總署外的承包商互動。他要確保他們在訓練期間關係良好，即使這表示他得規避官方規定，偷偷讓承包商在太空總署內全職工作。克蘭茲不希望團隊成員間有一絲不熟悉的感覺，因為有朝一日他們可能必須共同處理危機。

危機發生後三天，克蘭茲和他的團隊終於想出一個極具創意的新方法，可以讓阿波羅回到地球，而且使用的能量還比正常情況下所需的還少。《紐約時報》社論版指出，這次原本是致命的危機，多虧了「太空總署內的專家團隊，製造出緊急應變的奇蹟」，才能轉危為安。

這真是立下了不起的大功，也是一段引人入勝的故事。「但是，」我們問瑞森菲爾，「這跟以色列有什麼關係？」快轉到二〇〇三年二月，他告訴我們，哥倫比亞號執行任務的第十六天，在返回地球大氣層時爆炸解體。一片重一．六七磅的隔熱泡棉在升空時從外燃料槽脫落，這片泡棉撞擊到了太空梭左機翼前方，造成一個坑洞，之後才會讓高熱氣體衝破機翼內部。

起飛之後，也就是泡棉一開始撞到機翼的時候，距離爆炸有兩個星期的時間。在這段空窗期，可以做什麼來修理哥倫比亞號？

讀過哈佛商學院的研究之後，瑞森菲爾認為哥倫比亞太空梭本來可以修復的。他指出有一群太空總署的中階工程師，他們的意見沒有被採納。這些工程師在升空後的審視過程中，看著影像螢幕的時候，看到那片泡棉脫離，他們馬上通知太空總署主管，可是對方卻告訴他們，這個泡棉的「問題」已是司空見慣——泡棉脫離也曾經在先前太空梭升空過程中破壞機體，可是都沒有造成意外，這只是維修的問題而已。**繼續播放螢幕影像！**

工程師試圖繼續說服主管，他們說這片脫離的泡棉是「有史以來最大的」。他們要求派遣已在運行軌道上的美國衛星，多照幾張受損機翼的相片。很不幸地，這些工程師的意見又被駁回。主管單位甚至不肯接受他們退而求其次的請求，讓太空人進行太空漫步到受損的地方，試試看在他們返回地球之前修復。

太空總署之前也曾經面對泡棉脫離的狀況，既然先前都沒有發生問題，這樣的情況應該是慣例，由主管機關決定，不必再討論下去了。工程師只是被要求離開。

瑞森菲爾的焦點放在哈佛商學院研究的這一個部分。研究報告的作者解釋說，在歷史上，太空總署曾經使用下列兩種模式運作：標準模式，就是一切交由慣例和制度來處理，包括要嚴格遵守時間表和預算；另一種是實驗模式，就是類似研發實驗室的文化，每天每項行動以及每段新資訊都會受到評估和討論。

在哥倫比亞號的時代，太空總署的文化就是堅守慣例和標準，管理階層試圖把每段新的資訊硬塞進毫無彈性的制度。軍事情報分析家蘿貝塔．沃斯泰德形容，這是我們「對固有信念的頑強依賴」。她在情報分析的世界中也遇到這種問題，通常都是因為對觀察到的敵人行為有錯誤的想像。

太空總署在一九七〇年代時，開始從阿波羅時期的探索及實驗文化，轉換成哥倫比亞時期的僵直標準化的文化。這段時期，也恰好是太空總署向國會要求資金，以便進行新的太空梭計畫。太空梭被升級成可重複使用的太空船，能大量減少太空旅行的成本。尼克森總統當時說過，這項計畫將會「革新太空的交通運輸，讓太空運輸變得稀鬆平常」。當時預測，這樣的太空梭每年可以進行五十次任務，這可是史無前例的。前空軍部長席拉．魏德諾（她也是哥倫比亞號失事調查委員會的一員）後來說，太空總署將哥倫比亞號定位成「波音七四七客機，你可以落地、掉頭，然後重新再運作」。

實驗和創新的阿波羅文化

不過就像哈佛商學院教授指出的，「太空旅行比較像是科技革新，基本上是實驗性的努力成果，也應該以這種方式管理。每次新的飛行任務都應該是一次重要的測試以及資料來源，而不是以過去經驗做常態性應用。」這就是為什麼瑞森菲爾要我們去讀那篇研究。以色列的戰爭也是一場

「實驗性的努力成果」，就像我們前面的故事提到以色列處理一九七三年的火泥箱飛彈一樣。他說，以色列軍隊和創投公司在很多方面來說，都是靠著阿波羅文化在過活的。

娜瓦．史瓦斯基．索佛認為，和這種阿波羅文化相似的，是一種肯打拚、負責任的態度，以色列人稱之為「rosh gadol」。在以色列軍隊中，士兵被分成兩種，一種人具有肯打拚肯負責的「rosh gadol」思考方式，也就是「大頭」；還有另一種人，則是依據「rosh katan」的原則在行動的人（也就是不敢負責），這種人稱為「小頭」。「小頭」的行為模式通常應該加以避免，因為這個詞的意思是「盡量只瞭解命令的表面意義，避免負起責任或額外的工作」。而「大頭」的思考是指雖然竭盡所能服從命令，但是會自我判斷，如果有需要的話就付出一切努力。這種思考模式強調隨機應變勝過紀律，要挑戰上級勝過尊重階級。事實上，「挑戰上級」是對以色列初階士兵的指令，由一個戰後成立的軍事委員會直接下達，我們稍後會談到。可是在新加坡，一切的做法都違背了「大頭」的思考模式。

在新加坡待一段時間，馬上就能發現這裡很整齊。綠色草坪修剪得很完美，茂盛的樹木周圍環繞著雄偉的新穎高樓大廈，幾乎每個角落都能看見全球金融機構的據點。街上沒有垃圾，甚至連任何一絲輕微的雜亂也很少看見。新加坡人的教育中特別強調保持禮貌，要避免爭論和吵鬧，還有在公共場所不要吃口香糖。

整齊的情況也延伸到政府部門裡。李光耀的人民行動黨基本上從新加坡獨立以來就一直執政，這就是李光耀所希望的。他一直相信在野黨的騷亂不安會破壞他對新加坡有秩序、有效率的願景。在新加坡，公開表示異議的行為會被勸導停止（要不然就是會立即遭到壓制）。新加坡將這樣的態度視為理所當然，但對以色列來說，這種氣氛卻很陌生。

以色列空軍飛行員優瓦·杜坦也是哈佛商學院畢業生。面對「阿波羅與哥倫比亞」的問題，他認為要是太空總署能堅持本身追根究柢的基礎原則，早就會發現泡棉撞擊的問題，並且能夠在每天的「任務報告」中認真討論。以色列的精英軍隊單位中，每天都是一場實驗，每天最後都會有一場疲勞轟炸似的會議，單位中每個人，無論軍階高低，都要一起坐下來解構當天任務，不管戰場上或是世界上發生了什麼其他事情。「任務歸詢就跟操練或實戰一樣重要。」他如此告訴我們。每次飛行訓練、模擬，以及實際操演都被當成實驗室裡的工作一樣，「要檢查再檢查，回頭再檢查，歡迎加入新資訊，並且要經過大量而且激烈的辯論。我們就是這樣被訓練出來的。」

在這些團體任務報告中，重點不只是要毫不保留地坦率發言，還要自我批判，好讓每個人，不管是同儕、下屬或上屬，都能從每個失誤中學習。「通常都是九十分鐘，每個人都在，經常涉及人身攻擊，是非常難熬的經驗。」杜坦說，他回想起自己軍旅生涯中最讓他冷汗直流的經驗，「對那些（在模擬中）被『擊落』的人來說非常難熬，但是對挺過戰役沒被打死的人來說，回來後還得面對另一件困難事，就是任務歸詢報告。」

杜坦是以色列空軍的編隊指揮官，開的是F16戰鬥機。「針對一個事件或決定所產生的不同觀點，你得想辦法去溝通和化解歧異，這是我們軍隊文化的很大一部分。任務歸詢非常重要，甚至被當成一門要評分的課程。從飛行學校一直到中隊裡……有無數個問題都在問：到底這個人有沒有能力做自己的任務歸詢，有沒有能力評論別人的歸詢報告。」

若想要企圖解釋自己的錯誤，那是完全無法被別人接受的。「為自己的行為辯護這種行為，不太受歡迎。要是你搞砸了，你的工作是要呈現你學到的教訓。從自我辯護的人身上學不到東西。」

不過任務歸詢的目的也不只是在於承認錯誤，任務歸詢的制度更能影響飛行員，讓他們知道是可以犯錯的，前提是要把錯誤當做學習的機會，改善個人和團體的表現。在以色列國防軍內部經常有這種慣例，就是要傳承有用處、且未來可繼續運用的經驗，不必太重視正式的規定。整個以色列軍隊的傳統就是要打破傳統，指揮官和士兵都不可以因為某個概念或方法在過去曾經管用，就一輩子不改變。

爭辯和創新的文化

這種好辯的文化可追溯至這個國家剛建國的時期。一九四八年，以色列軍隊沒有任何自己的傳統、協議，或是紀律，雖然英國在以色列獨立之前就在巴勒斯坦地區駐軍，但以色列也沒有從英國引進任何制度。根據軍事歷史學家愛德華．勒特韋克的說法，正因為如此，以色列和其他所有後殖民軍隊都不同，「這支軍隊是從地下民兵轉型而來，在戰爭中誕生，許多人都是在地窖裡拿著木頭手槍訓練。以色列部隊面對長時間痛苦的衝突帶來永無止盡的壓力，可是進化得非常快速。以色列軍隊不像其他大部分軍隊那樣乖乖接受紀律和傳統，以色列軍隊的成長特色就是由創新、爭議和辯論所形成的一片混亂。」

而且在每場戰爭過後，以色列國防軍就會進行大範圍的結構改組，過程就像他們嚴苛的辯論一樣。

一九四八年的獨立戰爭之後，軍隊還在進行復員動作，國父本古里昂指派一名在英國接受訓練的軍官，名叫哈伊姆．拉斯考夫，去檢視以色列國防軍的結構。拉斯考夫等於是拿到一張授權書，從基礎重新組織軍隊。「雖然這樣的完全重組在戰敗之後並不少見，」勒特韋克跟我們解釋道，「不過以色列甚至在戰勝之後都有辦法創新。新的不一定都比舊的好，不過新穎想法的交流至少避免軍隊的腦袋僵化。許多軍隊戰勝後所得到的懲罰，就是腦袋僵化。一旦僵化就會導致未來的失敗。」

一九六七年六日戰爭的勝利，是以色列有史以來最具決定性的一戰。戰爭之前的日子，阿拉伯國家向全球宣示他們會贏得勝利，因為以色列缺乏國際支持。許多人也相信這個猶太國家完蛋了。以色列先發制人發動攻擊，整個埃及的空軍還在地面上就被摧毀了。雖然這場戰爭被稱為六日戰爭，其實是第一天的幾個小時內就勝利了。最後，阿拉伯國家在每道前線的部隊都被逼退。

雖然取得勝利，同樣的事情還是發生了：自我檢視之後就是以色列國防軍的大翻修，甚至有高階軍官在打勝仗之後被開除。

所以不出我們所料，經過更多具有高度爭議性的戰爭之後，例如一九七三年的贖罪日戰爭、一九八二年的黎巴嫩戰爭，以及二〇〇六年的黎巴嫩戰爭，很多以色列人都認為這些戰役是嚴重地搞砸了。戰後舉行了不少徹底的公開調查，各種委員會不斷評估國家的軍隊及公務員領袖。

「美國軍隊會在軍方內部做行動後的報告，」軍事歷史學家及前美國國務院高階官員艾略特・柯恩告訴我們：「不過這些都是機密，完全是內部的，只讓自己人知道的報告。我早就跟美國軍方的高階軍官說過了，他們如果每次戰後都有像以色列那樣的全國委員會，高階軍官必須解釋自己的戰略，那麼會帶來很大幫助，而且辯論結果要讓整個國家都看得到。」

不過短時間內這是不可能的，主要是因為美國陸軍中校保羅・英林的挫敗。「過去七年來，我們損失了上千條人命，花費幾千億美元，就為了要維持兩個中等規模國家的穩定。我們禁不起將來慢慢適應這種方式。」他在維吉尼亞州寬提科的海軍陸戰隊基地這麼說道。二〇〇七年他寫了一篇廣受爭議的論文，他在其中指出，美國的問題在於「一個掉了步槍的下士，比一個戰敗的將軍，下場更加嚴重」。

而另外一方面，以色列人非常堅持要設立委員會，有一次甚至還在打仗的時候就成立了。一九四八年七月，政府在戰爭期間成立了一個委員會，由各種政治立場的領袖組成，艾略特・柯恩形容說這是以色列獨立戰爭「真正令人吃驚的事件」。委員會進行了三天的證詞問訊，聽取憤怒的軍官們所提出的看法，軍官們對於政府以及軍方在戰爭期間的管理表示了意見，也對他們認為是本古里昂搞出的小動作提出批判。在戰爭期間成立委員會，是一種頗令人質疑的決定，因為這可能會讓領袖無法專心在戰事上。但是就像先前優瓦・杜坦告訴我們的，在以色列，任務歸詢報告就跟戰爭本身一樣重要。

這樣嚴苛的檢視和全國性的任務歸詢報告，直到二〇〇六年黎巴嫩戰爭才完全展現在大眾面前。真主黨在二〇〇六年七月十二日，對以色列北方邊界進行攻擊後，全國都一面倒地公開支持政府猛力反擊的決定。這場戰爭中，敵方以飛彈濫炸以色列北方的居民，戰爭期間每七個以色列人當中就有一個流離失所。雖然如此，全國民眾仍然公開支持政府。

生活在飛彈攻擊之下，北方居民反而比以色列其他地方的人更加支持政府繼續進攻真主黨的決定。這樣的支持，大概是因為以色列人寧願自己受苦，也要看到真主黨被摧毀殆盡。

不過以色列在二〇〇六年並未摧毀真主黨，無法削弱真主黨在黎巴嫩的勢力，也不能逼他們送還被綁架的以色列士兵。事後以色列國民對政治及軍隊領袖提出了強烈的批評，他們點名國防部長、以色列國防軍參謀長以及總理下台。在戰場上，雖然以色列有六個連的兵力（大約六百名士兵）在近身搏鬥中殺死了四百多個真主黨鬥士，而且本身的死傷只有三十人，但這場戰爭依舊被視為是以色列戰略及軍事訓練的失敗；並且對大眾來說，這場失敗代表了以色列國防軍已經偏離了原先的核心價值。

的確，二〇〇六年的黎巴嫩戰爭是個標準案例，說明以色列偏離了在前幾次戰爭都成功的創業家模式。已退休的將軍吉歐拉．艾蘭德曾經領導過以色列國防軍大名鼎鼎的策劃部及國家安全委員會，根據他的說法，這場戰爭凸顯了以色列國防軍四個主要失誤：「戰鬥單位的表現不佳，特別是陸地戰；最高指揮部的懦弱；指揮及控制過程不佳；還有問題叢生的行為規範，包括傳統價值。」艾蘭德說，以色列特別缺乏「開放的心胸。有了開放的心胸，才不至於死命守著預設的想法，才不至於完全依賴假設而不加以質疑。但這樣的心胸太少見。」

換句話說，以色列缺乏組織，又缺少隨機應變的能力，終於為自己帶來損失。艾蘭德也提到說，士兵還沒有充分瞭解，沒有「感知到『戰爭的命運就扛在士兵肩上』這句話」。而指揮官又「太依賴科技，讓人以為可以不必親下戰場，就能進行戰略性的地面作戰」。

最後，艾蘭德提出一項批評，可能就是典型的以色列作風，在任何其他軍方機構都是很難想像的。「第二次黎巴嫩戰爭的問題之一，就是過分依賴高階軍官以及參謀長的決定，參謀長毫無疑問能發出最後命令，而且一旦下了決定，所有人都必須完全承諾會完成工作。但是，高階軍官必須負責在感覺不對的時候，**與參謀長爭辯**，而且基於職業忠誠，當他們看到有問題時就應該要直接說出來。」（特別強調部分為作者所加）

大型組織，不管是軍隊或是企業，必須經常避免馬屁文化及一致性的團體思考，否則整個機構可能直接一頭栽進嚴重的失誤裡。但是有許多軍隊和企業似乎願意犧牲彈性換取紀律，犧牲主動換取組織的嚴整，犧牲創意換取可預測性。這些，至少在紀律那方面，都不是以色列的做事方法。

艾蘭德建議以色列國防軍應該考慮較激烈的手段，強化他們傳統上就擁有的反階級、創新及勇敢冒險的創業價值觀。他問：「讓低階軍官來計畫並且帶領目前的維安行動，**上級不要干涉太多**，才能讓他們準備好面對未來的傳統型態戰爭。這樣做是否正確？這樣做是否可能？」（特別強調部分為作者所加）

二〇〇六年的戰爭，對以色列國防軍來說是代價高昂的警鈴，這支軍隊和許多長時期沒有經過戰爭試煉的普通軍隊一樣，變得十分僵化，內部空洞。在以色列的例子來說，以色列國防軍把焦點轉移到突擊型態的戰爭，固然很適合追捕恐怖份子團體，但卻忽略了傳統戰爭需要的技巧和能力。

針對這種情況，以色列人的回應並不是急著去強化階級關係，反而是要讓階級關係更鬆散：他們更加努力將權力和責任移轉到低階，多多鼓勵初級軍官挑戰他們的上級。而且這種激進的做法被視為是回歸「核心價值」，而非放棄核心價值。

上述這些，對新加坡這樣的國家來說有什麼意義？新加坡不僅想要模仿以色列的軍隊架構，而且是要在他們的經濟中，注入一點以色列的發明創意。就像前面提到的，新加坡和以色列在秩序和堅持服從這兩點上，都有非常大的不同。新加坡的有禮、仔細修剪的草坪，以及一黨政策已經抹去他們經濟上的「流動性」（fluidity）了。

新一代的經濟學派研究了創業精神的關鍵要素之後指出，「流動性」產生的條件是人們可以跨越界線、顛覆社會規範，以及加入自由市場經濟；而上述這些條件都可以催化出完全不同的新想法。哈佛心理學家霍華・賈德納說，各種型態的「不同時性（asynchrony）……（例如）無法融入現狀、不尋常的形態，或是不規則性」都有力量刺激經濟創造力。

所以流動性最大的障礙就是秩序；一點點小破壞不只有好處，還非常重要。這個領域的頂尖思想家，像是經濟學家威廉・鮑莫爾、羅伯特・利坦以及卡爾・施拉姆等人，認為最能夠描述理想環境的概念，是「複雜科學」中稱為「混沌邊緣」的概念。他們將邊緣定義為「僵硬的秩序和隨機的混沌交會的出海口，引發高度適應、複雜性，以及創造力。」

這正是以色列創業家發展茁壯的環境。他們受益於可靠的制度以及進步民主國家的法律統治，不過他們也受益於以色列的「非階級文化」，每個做生意的人都屬於互相重疊的網絡，包括小型社區、共同的兵役、地理上的接近，以及不拘小節的個性。

軍隊中，特別是空軍、步兵、情報以及資訊科技領域的精英單位，能夠成為以色列上千家高科技創投公司的溫床，也絕非巧合。其他國家也許能產生少數創投公司，但以色列經濟卻因為「大頭思考」、嚴格的再評估、採用實驗法則而非標準化的行為準則等等因素，而蒙受極大利益。範圍之廣，足以影響全國，甚至是全世界。

第三部　揭幕

第六章　成功的產業政策

要說服別人可以在沙漠裡養魚，並不容易。

——山謬爾·阿普勒鮑姆

以色列為何能走到今日的地位，在六十年內經濟成長了五十倍？背後的故事可不只是因為以色列有獨特的個性風格，以及受過戰場試煉的企業家特質，或是地緣政治學的偶然巧合而已。這個故事還包含了政府政策的影響，政策必須和以色列的軍隊與國民一樣具有高度適應力，而且飽經波折變化的考驗。

以色列經濟史上發生過兩次大躍進，兩次大躍進之間則是一段不景氣和極度通膨的日子。政府的總體經濟政策扮演了重要的角色，加速國家的成長，扭轉經濟情勢，接著又以各種方式解除經濟束縛，甚至連政府都沒想到結果會是這個樣子。

第一次的大躍進是在一九四八年至一九七〇年間，這段期間的ＧＤＰ幾乎呈四倍成長，人口也多了三倍；這段期間內以色列甚至還打了三場大戰。第二次的經濟大躍進從一九九〇年到現在，使這個國家從一個昏昏欲睡的落後地區，轉變成為全球創新產業的領導中心。此時以色列採取了極度不同、幾乎是相反的策略：第一階段的擴張是以企業化的政府來主導小規模、性質單純的私人企業；第二階段主導的則是在政府刺激之下蓬勃發展的私人企業。

以色列建國前的建設

第一階段經濟成長的根源，可以一直回溯到這個國家還沒建立的時候，那是早在十九世紀末期的事了。舉例來說，在一八八〇年代，一群猶太拓荒者想要在他們創建的新城鎮建立農場，城鎮叫做佩塔克提瓦，距離現今的特拉維夫只有幾英里。在帳篷裡住了一陣子之後，這些開墾者雇用當地阿拉伯村民幫他們建造泥屋，不過一下雨，泥屋漏水漏得比帳篷還厲害，而且每當河水漲過河岸，泥屋就會被溶解，讓這些拓荒者飽受瘧疾和痢疾所苦。經過幾年冬天，農夫的積蓄都用光了，與外界的聯通道路也被雨水沖走，他們的家人幾乎都快餓死了。

不過到了一八八三年，情況開始好轉。愛德蒙·得洛希爾是一名法籍猶太銀行家兼慈善家，為拓荒者提供了迫切需求的資金。一名農業專家建議開墾者在河水氾濫過後遺留下的沼澤裡種植尤加利樹，這些樹木的根很快就將沼澤吸乾，瘧疾的病例急遽下降，越來越多家族遷移到這個逐漸茁壯的社區居住。

從一九二〇年代開始直到接下去的十年，這一群名叫「伊休夫」（Yishuv）的人（也就是以色列建國之前，在巴勒斯坦地區的猶太人社群）勞動生產力增加了百分之八十，全國產品製造量也隨著猶太人口倍增而增加了四倍。一九三一年至一九三五年間，雖然全球面臨經濟蕭條，可是巴勒斯坦地區的猶太人和阿拉伯人平均經濟年成長率，卻分別能達到驚人的百分之二十八和百分之十四。

由開墾者建立的小社區，就像小鎮佩塔克提瓦，絕對不可能單靠自己就能創造出如此驚人的成長。這些小社區不斷有新移民的加入，新移民不只增加這裡的人口，也注入一股開創性的理念，徹底改造這個由慈善援助起家的經濟情況。

那些移民者當中，有一位是個二十歲的律師，名叫大衛・古魯恩。他於一九〇六年時從波蘭來到巴勒斯坦地區。一到這個地方，他就將自己的姓氏改為猶太的本古里昂，並以一位公元七〇年羅馬時代的猶太將軍為自己命名，然後在毫無競爭對手的情況下，他很快崛起成為這一群「伊休夫」人的領袖。以色列作家阿默斯・奧茲這麼寫道：「早年在建國之初，許多以色列人視他為摩西、喬治・華盛頓、義大利建國英雄朱塞佩・加里波底，以及全能上帝的綜合體。」

本古里昂也是以色列第一位全國創業家。雖然當代猶太復國主義與猶太主權的願景，是由十九世紀出生在奧匈帝國的希奧多・赫佐所提出，全球各地的猶太人也因此開始擁有對主權國家的浪漫憧憬，不過卻是本古里昂把這個願景，從概念的層次統整成為一個真正的國家。二次世界大戰以後，英國首相邱吉爾曾說美國陸軍上將喬治．馬歇爾是同盟國「勝利的領導者」，如果借用邱吉爾的話，本古里昂就是「猶太復國的領導者」；或者用商界的話來說，本古里昂是「操盤手」，是他實實在在地建立了這個國家。

本古里昂眼前的挑戰，是如何做好經營管理及後勤方面的規劃，這是極度複雜的問題。只要想想一件事就知道問題有多大：如何容納潮湧而來的移民？從一九三〇年代起直到大屠殺結束，上百萬歐洲猶太人被送到集中營，有些人成功脫逃到巴勒斯坦，也有些人逃出來後卻沒有國家願意庇護他們，被迫要繼續躲藏，經常得忍受可怕的生活環境。一九三九年之後，英國政府身為統治巴勒斯坦地區的殖民勢力，針對移民制定了殘酷的限制，這項政策被稱為「白皮書」，英國政府拒絕了大多數有意到巴勒斯坦尋求避難的人。

因應這項政策，本古里昂推動兩項看似互相矛盾的活動。首先他鼓勵並且組織起一支大約一萬八千名住在巴勒斯坦的猶太人武力，讓他們回到歐洲加入英國軍隊的「猶太部隊」對抗納粹。同時，他建立一個地下組織，祕密將猶太難民從歐洲送到巴勒斯坦，以反抗英國的移民政策。本古里昂一方面在歐洲與英國並肩作戰，另一方面又在巴勒斯坦對抗英國。

這個時期的歷史記載大多著重在政治及軍事上的抗爭，最後成就了一九四八年以色列的建國。這一路走來，在這段故事的經濟面向一直有個迷思：本古里昂是個社會主義者，以色列建立時完全是個社會主義國家。

會有這樣的迷思也是可以理解的。本古里昂身處的時代，周遭盡是社會主義的氛圍，因此他深深受到馬克思主義以及一九一七年俄國革命的影響。許多從蘇聯及東歐來到巴勒斯坦地區的猶太人都是社會主義者，他們有很大的影響力。

但是本古里昂唯一的焦點是，不管用什麼方法，一定要建國。他沒有耐心慢慢做政策實驗，他認為那些政策的設計只是為了實現馬克思主義的理想。在他看來，每一項政策，不管是經濟、政治、軍事，或是社會層面，目標都應該是為了建立國家。本古里昂是典型的「bitzu'ist」，希伯來文的意思大概可以翻譯成「實用主義者」，不過這個字更有行動力的意味，是指一個有能力把事情完成的人。

這種實用主義的精神，深深根植於以色列開國先驅者的人格特質內，也深入以色列企業動力的核心。「稱呼某人是『bitzu'ist』是高度的讚賞。」作家兼《新共和》雜誌資深編輯里昂．魏索提爾如此寫道：「這個字代表了創建者、灌溉者、領航者、軍火走私者、開墾者。以色列人通曉這樣的社會形態：脾氣暴躁、反應機智、不耐煩、冷嘲熱諷、有效率，不太需要思考，不過也不太需要睡覺。」雖然魏索提爾是在形容那群開創年代的人，不過他的話也很適合形容那些不惜一切建立公司的人。Bitzu'ism這樣的實用精神，從先人勇敢對抗掠奪者、清除眼前的障礙開始，就一脈相承下來，然後傳到這些創業家身上，他們相信自己能夠成就不可能的任務，勇往直前去實現他們的夢想。

對本古里昂來說，核心任務是在這塊將來會成為以色列的土地上，讓猶太人口廣為分布，他相信唯一的方法只有透過高度集中的人口屯墾計畫，才能確保以色列未來的主權；否則的話，未開發或是開發程度太低的地區，將來就可能被敵國搶走。如果猶太人在雙方爭奪的地區人數不足的話，敵國很容易就能得到國際社會的諒解。再說，如果部分地區人口過於稠密，例如像耶路撒冷、提比哩亞，以及薩法德這些市鎮，很容易成為敵方空軍的目標，所以人口必須廣為分布。本古里昂也很清楚，人們不會搬到開發程度低的地區，遠離城市中心和基礎建設，除非政府帶頭做開發，提供移居的動機。他知道，私人資本家不可能冒險做這樣的工作。

不過這股對於開發的高度執著也產生了一種傳統，就是政府會私下干預經濟。以色列政治人物平卡斯．薩皮爾所做的開發就是典型的例子。在一九六〇及七〇年代，薩皮爾曾經在不同時期擔任財務部長與貿易暨勞動部長，他的管理方式相當細節，他甚至為不同工廠設定不同的外匯匯率，稱之為「百變匯率法」，而且將每項匯率都記在一本黑色小筆記本上做追蹤。根據以色列銀行第一任總裁莫實．山巴爾的說法，薩皮爾有兩本著名的筆記本，「其中一本就是他自己個人的中央統計局：每家大工廠都有他的人，向他回報工廠賣了多少東西、賣給誰，還有用了多少電等等。所以他就是這樣掌握狀況的，甚至在官方統計數字出來之前，他就能知道現在經濟狀況如何。」

山巴爾也認為，這樣的制度只能用在興盛且理想的小國家：沒有政府透明化的問題。不過「當時所有政治人物都是一窮二白的……雖然他們干預市場，隨心所欲做決定，但從來沒有人中飽私囊，就連一分錢都沒有。」

集體農場與農業革命

第一次經濟大躍進的核心，是一股極具象徵性的社會創新制度；這個創新制度的實際規模雖然不算大，但是它卻對以色列本土及全世界產生了巨大的影響：那就是集體農場。在今日，集體農場內的人數只占以色列百分之二的人口，卻能生產全國百分之十二的出口量。

歷史學家稱集體農場是「全世界最成功的公社運動」。但是在一九四四年，就在以色列建國前四年，只有一萬六千人住在集體農場（集體農場的原文是kibbutz，意思是「聚集」或「集合」，複數型為kibbutzim，當中的成員則稱為kibbutzniks）。當初建立農場的目的是為了摒除私人財產，達到平等的境地。這項行動在接下來的二十年間持續成長，最後有八萬人住在兩百五十個社區內，但是這樣仍只占以色列人口的百分之四。不過到目前為止，以色列國會當中有百分之十五的成員都出身於集體農場，進入以色列國防部擔任官員和飛行員的人數比例更高。一九六七年的六日戰爭中，以色列國防部失去八百名士兵，其中有四分之一都來自集體農場，這個比例是他們在全國總人口數的六倍。

雖然說起社會主義的公社，可能會讓人聯想到波希米亞文化，但早期的集體農場可完全不是這麼一回事。集體農場真正代表的是吃苦耐勞和不拘小節，而他們對平等的追求，也產生了一種苦行生活。亞伯拉罕・赫茲菲爾德就是一個顯著的例子，他是建國初期一位集體農場的領袖，他認為沖水馬桶是墮落到讓人無法接受的產物。在一九五〇年代，以色列還是個貧窮且強敵環伺的國家，許多基本民生物資都要靠配給，不過當時以色列大部分的屯墾區及城市中，大家都已經普遍認為沖水馬桶是一般的必備品。據說集體農場裝設第一個沖水馬桶的時候，赫茲菲爾德親自拿了一把斧頭把它搗毀。到了一九六〇年代，就連赫茲菲爾德也擋不住進步的腳步，大部分集體農場都裝設了沖水馬桶。

集體農場是極度平等也是極度民主的地方，所有有關自我管理的問題，不管是要種植什麼作物，或者居民可不可以買電視，一直爭論不休。西蒙・裴瑞茲告訴我們：「集體農場裡沒有警察，沒有法院。我還住在集體農場裡的時候，那裡也沒有私人財產。在我搬進去之前，那裡甚至沒有私人信件，信件一來每個人都可以讀。」

或許更有爭議性的問題是，農場裡是共同撫育孩童的。雖然每個農場的教養方式不同，但幾乎所有集體農場裡都有「兒童住所」，小孩子就住在那裡，由所有集體成員照顧。在大部分集體農場裡，孩童每天會有幾小時的時候跟父母相處，不過他們會跟同伴一起睡覺，而不是住在父母的房子裡。

集體農場的崛起，部分是因為以色列集體農場以及大學內的農業及科技突破。在一個名叫「赫茲瑟林」的集體農場上，能看見集體農場發展史的轉變：創立時期先民不屈不撓的理想，面對極端困苦的環境，然後逐漸從耕作農業轉變為尖端時代的農業科技產業。這座集體農場，和其他十座與世隔絕的小據點，都是在一九四六年十月的某個晚上創立的。當時以色列還沒建國，而猶太民兵團體「哈加納」（Haganah）決定要在內格夫沙漠南方的戰略地點建立據點。天色初亮之時，來到這裡準備建立社區的五名女性和二十五名男性，眼前看見的是四周一片荒野的不毛山丘，地平線那端只有一棵洋槐樹。

這群人花了一年的時間，才成功鋪設一根六吋寬的水管，以便從四十哩外的地方運水過來。一九四八年獨立戰爭期間，集體農場遭受攻擊，供水也被截斷。即使是戰後，土地鹽份仍然太高，很難耕種。到了一九五九年，成員開始討論是否應該關閉赫茲瑟林農場，遷移到比較適合居住的地點。

不過社區仍然決定要堅持下去，因為顯然不是赫茲瑟林農場才有土地鹽份的問題，內格夫沙漠大多數地區都有相同問題。兩年後，赫茲瑟林集體農場成員成功地將土地鹽份沖淡，他們終於能夠開始種植作物，但是他們為自己和國家所做的突破才剛剛起步。

一九六五年，一名叫做辛查．布萊斯的水利工程師來到赫茲瑟林，他想來推銷一個發明的點子：滴灌法。這就是耐滴芬公司的前身，後來成為一家全球滴灌公司。

里卡多．郝斯曼教授是哈佛大學的國際發展研究中心主任，也是委內瑞拉前任發展部部長，更是國際經濟發展模式的知名專家。他告訴我們，所有國家都有自己的問題和限制，但是以色列讓世人驚訝的是，他們處理缺水這種問題時，傾向把問題變成資產。以沙漠的例子來說，以色列因此成為沙漠農業、滴灌法以及去鹽化領域的佼佼者。集體農場老早就處於這項發展的最前端，大家一起與惡劣的環境搏鬥，最後創造出無比的生產力。以色列國家安全的威脅也有同樣的效果，官方投注大量研發經費，希望能解決軍事問題，並且求助於高科技，包括聲音辨認、溝通、光學、硬體、軟體等等。這些都能協助國家啟動、訓練以及維持私人高科技企業的發展。

以色列有沙漠盤據，原本是這個國家的缺點，現在卻成為資產。看看現在的以色列，大部分訪客都會很驚訝地發現，根據年降雨量的標準來分類，這個國家有百分之九十五的土地屬於半旱地、旱地，或是極旱地。的確，以色列建國的時候，內格夫沙漠幾乎是一路朝北擴張，直到耶路撒冷和特拉維夫之間的道路。內格夫現在仍然是以色列最大的地區，不過侵蝕現象已經逆轉，北邊區域現在覆滿農業用地以及人工植林。這些都是從早期集體農場的時代以來，所實施的創新水利政策帶來的成果。以色列現在擁有全球最頂尖的廢水回收技術，超過百分之七十的廢水都能回收利用；第二名是西班牙，不過回收量只有以色列的三分之一。

位於內格夫沙漠裡的集體農場利用廢水更是徹底。這些農民發明的方法，能夠利用廢水不只一次，而是兩次。他們掘了一座水井，深度有十座足球場的長度，幾乎有半英里了，沒想到發現井裡的水溫度和鹹度都過高。這項發現，似乎不太有用，於是他們到附近的本古里昂大學，詢問山謬爾・阿普勒鮑姆教授，他知道井裡的水很適合用來養溫水魚。

「要說服人可以在沙漠裡養魚，並不容易。」身為魚類生物學家的阿普勒鮑姆說道。「一般人都認為旱地不具生產力，是沒有用處的土地，可是這種觀念必須拋棄。」集體農場成員開始汲取井裡攝氏達三十六・六度的水，注入池塘中，池裡養了吳郭魚、一種澳洲食用魚、海鱸以及條紋鱸魚，都是為了商業生產。魚池使用過的水當中包含魚的排泄物，是非常好的肥料，所以就用來灌溉橄欖樹和椰棗樹。集體農場的農人們也發明了可以直接利用地底蓄水池的水來灌溉種植蔬果的方法。

一百年前，馬克・吐溫和其他旅人對今日以色列地區的形容，大都是不毛荒地。現在此地估計約有兩億四千萬株樹，都是一棵一棵辛苦栽種出來的。全國各地廣植森林，不過其中最大，或許也是最神奇的一片森林就是亞提爾森林。一九三二年，優瑟夫・魏茲在「猶太國家基金」擔任林務部主管。這個基金是建國前的組織，專門購買土地，並且在未來的猶太國土上種植樹木。魏茲費了三十多年的時間才說服自己的組織和政府，開始在內格夫沙漠邊緣的山丘上種植森林。大多數人認為這樣不可能成功，但時至今日那裡大約有四百萬棵樹。衛星照片上，那片森林顯得特別突出，彷彿看錯了似的，因為周圍都是沙漠和旱地，這片森林應該不可能存在於這種地方。「國際通量觀測網」（FluxNet）是一項與美國太空總署協同合作的全球環境研究計畫，他們從世界各地一百多個觀察塔收集資料，其中只有一座塔位於半旱地中的森林，就是亞提爾。

亞提爾森林只能仰賴雨水存活。那裡的年降雨量只有兩百八十毫米，大概是德州達拉斯降雨量的三分之一，不過研究者發現森林裡的樹木成長速度，其實比預期的快，而且從大氣中吸收二氧化碳的能力，和在溫帶氣候下生長的茂盛森林差不多。

丹．亞可是魏茨曼學院的科學家，負責管理在亞提爾研究站的通量觀測網。他說這片森林證明了樹木可以在大多數人稱為沙漠的地方生存。只要在全世界百分之十二的半旱地上種植森林，一年就可以減少十億噸大氣碳含量，約等於一千座五百兆瓦的燃煤發電廠一年的二氧化碳排放量。十億噸碳也是七項「穩定因子」的其中之一：科學家認為要將大氣碳含量保持在目前的狀況，這七項因子是必備條件。

二〇〇八年十二月，本古里昂大學主辦一場由聯合國贊助的研討會，討論對抗沙漠化的議題，是該領域史上最大的一場會議。來自四十個國家的專家都興致勃勃，前來親眼目睹為什麼以色列是唯一能讓沙漠面積縮減的國家。

以色列大躍進

集體農場的故事還只是以色列經濟革命整體計畫的一部分。不管以色列經濟是社會主義、發展主義或者兩者兼具，這個國家前二十年的經濟發展紀錄相當令人佩服。從一九五〇年到一九五五年，以色列經濟每年成長約百分之十三，然後直到一九六〇年代，每年成長率仍然接近百分之十。以色列經濟不只是擴張，甚至是如同郝斯曼所說的「大躍進」，意思是一個發展中的國家，正在大幅拉近和第一世界富裕國家的人均財富之差距。

雖然大多數國家都經歷過經濟成長階段，大躍進可不是人人都有機會。過去五十年間，全世界有三分之一的經濟體都經歷過成長期，但達到大躍進程度的經濟體，還不到百分之十。不過以色列的經濟成長幅度驚人，一九五〇年每人平均收入是美國的百分之二十五，到了一九七〇年就增加到百分之六十，這表示以色列在二十年內，就把與美國之間的生活水準差距拉近了兩倍。

在這段期間，政府完全沒有鼓勵私人企業發展的政策，而且還相當反對私人利益的概念。曾經也有些反對政府的政治人物抨擊政府過度干預經濟，且抱持著反對自由市場的態度，但這些批評只是少數人的意見。假如當年的政府重視這些意見，而且努力放寬私人投資的話，經濟成長可能會更加快速。

不過回想起來，政府的操控顯然也有助於以色列的經濟表現，並不完全是阻力。所有的原始經濟體處於初步發展階段的時候，會有許多大規模投資的機會：道路、自來水系統、工廠、港口、電力網絡以及房屋建造。以色列在這些計畫的鉅額投資，刺激了經濟的高速發展。例如「國家供水系統計畫」，將水從北邊的加利利湖輸送到南邊乾旱的內格夫沙漠。又例如集體農場上房屋建設的迅速發展，也讓建築業及公用事業有所成長。不過這種情況在世界各國並不能一概而論，很多發展中國家也致力於大型基礎建設計畫，卻因為貪汙和政府缺乏效率，而浪費了大量政府資金。以色列多少也有這種情況。

雖然基礎建設計畫或許是最明顯的要素，不過更讓人驚訝的是政府經過刻意規劃之後所創造出的創投產業。西蒙・裴瑞茲以及獨立戰爭時幫忙偷渡飛機和武器到以色列的美國人艾爾・史威莫兩人有個共同的夢想，就是要在以色列創造航空工業。他們在一九五〇年代時從以色列政府內部推廣這個理念，大家的反應有懷疑也有嘲諷。當時就連牛奶和雞蛋這樣的必需品都很珍貴，上千名剛抵達的難民還住在帳篷裡，所以大多數政府長官當然會認為以色列要不就是無法負擔，要不就是無法完成這樣的任務。

但是裴瑞茲直接向大衛・本古里昂報告，說服他說以色列可以從修復二戰時期剩餘的戰機開始。他們開設了一家企業，後來一度是以色列雇用最多員工的公司。「班迪克公司」最後成為以色列航太公司，今日是全球業界的佼佼者。

在以色列發展的這個階段，也許並不需要私人企業家，因為經濟上最大最迫切的需求顯而易見。等到經濟狀況越來越複雜時，系統也隨之崩解。根據以色列經濟學家亞可・普雷斯諾的說法，一旦政府透過大量基礎建設支出讓經濟達到飽和，就只能靠企業家來推動成長，不過他們得先找到「相對利益的利基市場」。

一九六〇年代中期發生了轉變，從中央計畫的發展轉為私人企業經濟。一九四六年至一九六六年這二十年之間，大部分的大規模基礎建設投資已經接近完成；一九六六年時因為已經沒有投資標的，以色列經濟首度出現了近乎零成長。這樣的結果應該能說服以色列政府開放經濟，給私人企業機會，但是六日戰爭卻消除了原本迫切需要的改革。一九六七年六月六日那個星期之內，以色列拿下約旦河西岸、加薩走廊、西奈半島以及戈蘭高地，讓以色列領土擴張三倍以上。

突然之間，以色列政府又開始忙著新的大規模基礎建設計畫了。光是以色列國防軍必須在新領土上建立據點這件事，就必須花費大筆支出，用在建設防禦設施、邊防安全以及其他昂貴的基礎建設，這是另一項巨大的經濟刺激方案。結果，一九六七年至六八年間，建設設備的投資增加了百分之七百二十五。六日戰爭發生的時機，增強了以色列中央規劃者最糟糕的天性。

以色列「失落的十年」

不過，在此時以色列的經濟仍然岌岌可危。六年後的另一場戰爭，也就是一九七三年的贖罪日戰爭，並沒有引發相同的經濟成長。以色列遭受嚴重傷亡（三千人死亡，更多輕重傷），基礎建設也受到莫大損害。以色列國防軍被迫動員大量後備軍，長達六個月之久，結果等於把經濟體系中大多數的勞力抽走。如此大規模且長時間的徵召，癱瘓了各公司行號，甚至是所有產業，商業活動也陷入停擺。

任何正常的經濟環境下，本國勞工的私人收入應該都會因此下滑，但在以色列卻不然。政府不讓薪水縮減，而是刻意利用手段維持薪水數字，最後帶來極高的公募債。為了從與日俱增的債務中脫身，包括資本投資稅在內的每一項稅率都被提高。政府利用短期高額的借款來填補赤字，結果增加利息支出。

這一切又剛好碰上淨移民人口下滑。新移民一直是以色列經濟活力的關鍵來源，一九七二至七三年間，以色列淨移入人口有將近十萬人，但一九七四年下滑至一萬四千人，而一九七五年更是接近零。

政府對資本市場的壟斷，更使得經濟很難完全復甦，或者說根本不可能復甦。當時以色列銀行描述的狀況是：「政府干預的程度，遠遠超過了政治自由國家所能想像的。」每項消費及商業信用借貸，都由政府規定借貸期限和利率；商業銀行及退休基金被迫挪用大部分的存款，去購買無法講價的政府公債，或者向私人貸款公司融資，好完成政府指定的計畫。

這就是以色列經濟當時的情況，經濟學家經常稱之為以色列「失落的十年」，指的就是一九七○年代中期至一九八○年代中期。今天英特爾若決定在以色列找尋奇才工程師，那也是理所當然；可是英特爾在一九七四年看到的以色列可不像現在：當時雖然不再是一片遼闊的沙漠、沼澤，不再充斥著瘧疾，但於一九七○年代來到這裡的旅客，很可能會以為自己到了一個第三世界國家。

一九七○年代以色列境內的大學以及工程技術已經相當進步了，但這個國家大部分的基礎建設卻是非常陳舊。機場小、設計古怪，而且很破舊，人一抵達機場，進到海關之後，就會感受到蘇聯式的實用主義。沒有一條主要道路可以稱之為真正的高速公路，電視訊號接收相當差，不過也沒有什麼關係，反正全國只有一台以希伯來文播出的國有電視台。如果有接收力夠強的天線，就能從約旦或黎巴嫩收看到幾個阿拉伯頻道。

並非每個人家裡都有電話（原因不是他們有手機。當時手機還沒發明）。電話線是由政府部門慢慢配給的，要等很久才能擁有一組號碼。超級市場非常少見，裡面賣的進口商品也不多。倒是隨處可見食物市集。至於大型的國際連鎖商店則是一個也沒有。如果你需要國外的東西，那你得自己跑一趟外國，或者請人幫忙帶回來。因為貿易保護主義者意圖保護本地製造商，所以把關稅訂得很高很高，大部分進口商品都貴到讓人卻步。

路上的車輛平凡無奇。有些是在以色列製造的，但這些車成了笑話中的笑話，很像俄國本地製造的汽車在俄國的情形。另一種車是用最便宜的車型拼湊出來的拼裝車，來源大部分是速霸陸和雪鐵龍，因為只有這兩個車廠敢公然反抗阿拉伯國家的抵制令，不知道他們是太勇敢還是生意實在太差。銀行體制和政府的金融法規就跟汽車工業一樣過時，法律禁止在銀行以外的地方兌換外幣，而銀行匯率又是由政府規定的，就連擁有海外帳戶都是非法的。

全國都籠罩在陰鬱的氣氛中。一九六七年贏得那場出乎意料的勝利時，感覺就像先是被赦免了死刑，然後又贏了樂透大獎。可是這股歡樂氣息在一九七三年贖罪日戰爭爆發後馬上消失無蹤，取而代之的是再一次陷入一股不安感及疏離感，或許最糟的是還有鑄下大錯的懊悔感。偉大的以色列軍隊被殺了個措手不及，血濺四處。雖然以軍事標準來說，以色列贏得了戰爭，卻也沒多大安慰。以色列人覺得他們的政治和軍事領袖讓人非常失望。

他們任命了一個調查委員會，最後換掉了以色列國防軍參謀長、情報部門首長以及其他高階國安官員。雖然委員會並未指控總理梅爾夫人，她仍然為這場可恥的失敗負起責任，在委員會公布報告後一個月辭職。她的繼任者伊札克・拉賓卻連一個任期都沒做完就被迫辭職，因為在一九七七年時，他的妻子被發現擁有海外帳戶。

到了一九八〇年代晚期，以色列仍然深受過度通膨所苦，到超級市場一趟就得花掉幾千塊毫無價值的錢幣。通膨指數在一九七一年還是百分之十三，到了一九七九年就提高到百分之一百一十一，部分原因是這時期不斷高漲的油價。可是以色列的通膨指數還是不斷上揚，遠遠高過其他國家，一九八〇年達到百分之一百三十三，一九八四年更高達百分之四百四十五，看來在一、兩年之內就會達到四位數的指數。

以色列人不斷囤積電話的通話代幣，因為代幣面值是固定的，雖然購買代幣所需的金額越來越高。只要預期物價又要高漲，以色列人就會立即衝去買民生物資。當時有個笑話是這麼說的，要從特拉維夫去耶路撒冷，搭計程車比搭公車划算，因為你可以到目的地再付計程車資，那個時候你的錢幣已經一文不值了。

很諷刺的是，造成過度通膨的一個主要原因就是政府長年用來應付通膨的手段：指數調整（indexing）。影響經濟的大部分元素，像是工資、物價及房租，都和消費者物價指數有關，這是衡量通膨指數的依據。調整指數似乎能讓大眾不會感受到通膨的影響，因為隨著支出提高，他們的收入也會增加，但是指數調整最後卻造成了惡性通膨。

復原之路？

在這樣的情況之下，一九七〇年代英特爾卻在以色列設立據點，這樣的決定格外令人吃驚。更令人不解的是，以色列是如何從一個有點偏遠且孤立的國家，在三十年後搖身變成科技高度發展的國家？今天來到以色列的訪客，抵達時所看到的機場，經常是比他們出發地的機場更現代化。只要提早幾小時通知，就可以設立無數條電話線。黑莓機絕對不會收不到訊號。無線網路的分布率就像咖啡店那般密集。因為太容易連接到無線網路，二〇〇六年黎巴嫩戰爭的時候，以色列人還忙著比較哪種網路服務在防空洞裡最好用。以色列每人平均擁有的手機數量，比世界上其他國家都要多，大部分十歲以上的小孩都有手機，房間裡也都有電腦。街上到處都看得見最新款的車，有美國的悍馬車，也有歐洲的Smart小車。以色列的停車位相當稀少，Smart這種車還占不到一半的空間。

「想找幾個優秀的程式設計師嗎？」CNN理財網站在最近的專題報導中這樣問道，他們將特拉維夫列為「網路世界最佳商業據點」之一。「IBM、英特爾、德州儀器還有其他科技巨擘也想找優秀的程式設計師，而且他們紛紛湧入以色列追求高科技人才……想要談定生意，最好就去特拉維夫的『優澤酒吧』，那裡收藏的葡萄酒種類繁多，還有美味的紅酒燉牛肉。」不過在一九九〇年的時候，以色列全國連一家連鎖咖啡店都沒有，大概也沒有什麼酒吧、像樣的日式料理店、麥當勞、宜家家具或是國外知名流行品牌的賣場。一九九三年，以色列第一家麥當勞開張了，比麥當勞在莫斯科開設旗下最大餐廳，足足晚了三年，也比澳洲雪梨第一家麥當勞開張晚了二十二年。現在麥當勞在以色列大約有一百五十家分店，每人平均數大約是西班牙、義大利，或者南韓的兩倍。

以色列第二階段的經濟起飛從一九九〇年之後開始。在一九九〇年之前，以色列的經濟無法充分運用軍隊環境培養出來的創業家精神文化和創業才幹，而且過度通膨的問題一直沒有解決，更讓私人企業毫無發展空間。以色列的通貨膨脹這個問題，直到一九八五年才開始有人處理，當時的財務部長西蒙·裴瑞茲主導一項穩定經濟的計畫，該計畫是由美國國務卿喬治·舒茲及國際貨幣基金的經濟學家史丹利·費雪擬定。這項計畫大幅減少了公共債，限制政府支出，啟動企業私有化，以及重塑政府在資金市場中的角色。但這還沒幫以色列製造出活力十足的私人企業經濟。

要讓經濟真正起飛，需要三項額外因素：新一波的移民、一場新戰爭，還有新的初創企業。

第七章　移民：谷歌小子的挑戰

移民不怕重新來過。從定義說來，他們是冒險家。移民組成的國家，就是創業家的國家。

——吉迪・格林斯坦

一九八四年，胥洛莫・「尼古斯」・莫拉離開他衣索比亞北方小村莊的家，跟十七名朋友結伴同行，決定要用走的走到以色列。那年他只有十六歲。莫拉成長的偏僻村莊名叫瑪加，跟現代化的世界可以說毫無連結，沒有自來水、沒有電，也沒有電話線。衣索比亞的猶太人除了要忍受當時蔓延全國的嚴重饑荒，還要忍受該國反猶太政權的壓迫，因為當時衣索比亞是前蘇聯的附庸國。

「我們一直都夢想著要來以色列。」莫拉說。從小，他就在一個深具猶太復國信念的猶太家庭裡長大。他和他的朋友計畫要向北走，從衣索比亞走到蘇丹，然後從蘇丹走到埃及，穿過西奈沙漠，最後從西奈沙漠抵達以色列南邊的大都市貝爾謝巴。之後他們想繼續前往耶路撒冷。

莫拉的爸爸賣了一頭母牛，籌了兩塊錢美金付給嚮導，請他帶領這些男孩們踏上旅途的第一步。他們光著腳日夜趕路，偶爾停下來休息幾次，一路越過沙漠，深入衣索比亞北邊的叢林。在叢林裡，他們碰到了野生老虎和毒蛇，還被一群土匪抓起來，搶走他們的食物和錢。但莫拉和他的朋友仍然繼續向前，一個禮拜之內走了將近五百哩路，到達衣索比亞北部的邊境。

他們跨越邊境進入蘇丹時，遭到蘇丹邊境巡邏隊的追趕，莫拉最好的朋友慘遭開槍打死，其他人則被綁起來刑求，關進監獄。經過九十一天之後，他們被流放到蘇丹加達里夫市的難民營，在那裡有個白人來找莫拉，他說話神神祕祕的，但顯然很瞭解狀況。「我知道你是誰，我也知道你想去哪裡。」白人告訴這個年輕人，「我是來這裡幫你的。」在莫拉一生中，這還只是第二次見到白人。那個男人隔天又回來了，用卡車把男孩們載走，開車開了五小時才越過沙漠，然後抵達一處偏遠的臨時機場。

在那裡，他們跟其他幾百個衣索比亞猶太人被趕進一架飛機，這是以色列政府祕密行動的一部分：一九八四年以色列發起代號「摩西行動」的空運任務，將八千多名衣索比亞猶太人帶到以色列。他們的平均年齡是十四歲，抵達隔天就全都得到以色列完整的公民權，《新共和國》雜誌的資深編輯里昂．魏索提爾當時描述道，摩西行動清楚宣示了「猶太復國主義的核心意義，那就是：必須建立一個國家，讓猶太人不需簽證也能去。」

所羅門行動

莫拉現在已經當選為以色列的國會議員，是第二個選上的衣索比亞裔人士。「雖然衣索比亞到以色列的飛行時間只要四小時，感覺上卻像是跨越一道四百年的鴻溝。」莫拉說道。

幾乎所有來到以色列的衣索比亞人都不會讀書寫字，甚至連他們的母語阿比西尼亞語也不會，因為他們都來自古樸的務農社會。「我們沒有車，沒有工業，沒有超市，沒有銀行。」莫拉回想起他在衣索比亞的生活。

摩西行動完成七年之後，以色列又發起了「所羅門行動」，空運了一萬四千五百名衣索比亞猶太人到以色列。這次行動出動了三十四架以色列空軍及以色列航空的飛機，還有一架衣索比亞飛機。這一系列的運送行動都在三十六小時內完成。

「在一架飛機裡，每個座位之間的扶手都豎立起來，」當時的紐約時報是這樣報導的：「每排本來供三個人坐的座位上，擠了五、六或七個衣索比亞人，其中也有小孩，開心地擠在一起。他們從沒有搭過飛機，可能也不知道這樣的座位安排並不尋常。」

另一架從衣索比亞起飛的飛機創下世界紀錄：一架以色列航空七四七班機上擠了一千一百二十二名乘客。原本規劃讓這架飛機載運七百六十個人，可是因為乘客們都太瘦了，結果又多擠進了好幾百人。旅途中還有兩名嬰兒誕生。很多乘客抵達時光著腳，一件行李也沒有。到了一九八〇年代後期，以色列又多吸收了約四千多名衣索比亞移民。

衣索比亞移民潮結果變成以色列沉重的經濟負擔，所有二十五歲到五十四歲的衣索比亞成年人中，幾乎一半都沒有工作，大部分衣索比亞來的以色列人都靠政府福利過活。莫拉推估，就算以色列政府已經提出健全且資金充裕的移民融入計畫，但至少在未來十年間，衣索比亞裔的猶太人仍然無法完全融入以國社會，也無法自給自足。

「想想他們不久之前是從哪裡來的，這得花一點時間。」莫拉這樣告訴我們。衣索比亞移民的經驗，跟前蘇聯來的移民經驗非常不同。前蘇聯境內的猶太人，大約也是在所羅門行動的同時抵達以色列，但這些猶太人對以色列經濟卻產生了極大助力。這波移民潮的成功故事，可以從一所名叫「薛瓦莫非」的高中說起。

移民政策與以色列經濟奇蹟

學生等了好一段時間了，那種期待之情通常都是等待搖滾巨星的來臨。然後時候到了，兩位美國人從後門進來，甩掉媒體和其他粉絲。這兩個美國人抵達以色列之後，除了總理辦公室之外，就只停留這一站。

兩位谷歌的創辦人走進大廳，群眾開始歡呼，學生都不敢相信自己的眼睛。「謝爾蓋・布林和賴瑞·佩吉這兩個人……在我們學校！」一個學生回想起來，還感到十分自豪。是什麼原因，把世界知名的科技二人組帶來這所以色列高中？為什麼他們不去其他地方？

謝爾蓋·布林一開口就說出答案：「各位女士，各位先生，女孩們和男孩們，」他說的是俄文。選擇用這種語言溝通，馬上就得到群眾的掌聲。「我六歲的時候從俄國移民出去，」布林繼續說，「到了美國。我跟你們很像，我也有標準的俄國猶太人父母，我爸爸是數學教授，他們對學習這件事抱持的態度，我想你們也可以體會。因為有人告訴我，在全以色列的數學競賽中，前十名的學生有七名來自你們學校。」

這一次學生是為自己的成就鼓掌。「但是我得說，」布林打斷掌聲繼續說，「我父親就一定會這樣問——『**那其他三個呢？**』」

薛瓦莫非高中大部分的學生都跟布林一樣，是第二代俄國猶太人。薛瓦莫非高中坐落於特拉維夫南邊的工業區裡，是城裡最窮的地方，該校多年來都背負著最糟學校的臭名。

這個學校的歷史是納坦·夏蘭斯基告訴我們的。他是以色列最有名的前蘇聯猶太人移民。在蘇聯的時候，他為了爭取移民的權利，先後被關進監獄和勞動營長達十四年之久，使他成為最有名的「refusenik」，這個字是用來稱呼那些無法離開蘇聯的猶太人。他從蘇聯獲釋並離境之後，沒幾年就當上了以色列的副總理。他跟我們開玩笑說，他到以色列不久便創立了以色列俄國移民黨，黨裡的其他從政人士都說，自己應該模仿他的經驗：先坐牢再從政。這個次序不能顛倒。

「學校的名字前半段『薛瓦』，意思是『讚美』。」夏蘭斯基在他位於耶路撒冷的家中跟我們說。學校是特拉維夫市開設的第二所高中，成立於一九四六年，當時連這個城市也還是嶄新的。該校專供世代居住在巴勒斯坦地區的猶太人之子女就讀。到了一九六〇年代早期，「當局開始試驗各族群混合的教育政策，有點像美國的情形，」他解釋，「政府說學校不可以只收在地猶太人，更要接受來自摩洛哥、葉門和東歐的移民——大家一起上課吧。」

雖然這樣的想法可能不錯，執行成果卻很差。一九九〇年代初期，前蘇聯政府垮台之後，大批蘇俄猶太移民湧進以色列，當時這所學校是城裡最糟的學校之一，而且大眾都把這裡當成犯罪少年的收容所。有一位名叫雅可夫．莫茲加諾夫的前蘇聯新移民，在蘇聯的本業是數學教授，來到以色列後卻只能在這所高中擔任警衛。這個現象在那個年代很正常：擁有博士學位或工程學分的俄國猶太人太多了，超出以色列社會能負荷，所以這些專業人士沒辦法進入自己的專業領域工作，尤其是他們連希伯來文都不會。

雅可夫決定借用學校的教室，為各個年齡層的學生（包括成人）開設夜間補校，只要想多學一點科學或數學的人一律歡迎參加。他把其他沒有工作或是工作不適合的高學歷俄國移民召集起來，跟他一起教書。他們把這個夜間補校取名叫「莫非」，這是希伯來文裡面「數學」、「物理」及「文化」等字的意義，同時也有「優越」的意思。這個由俄國裔人士創辦的夜間補校非常成功，最後甚至跟原本的學校融合在一起，學校的名字也改成「薛瓦莫非」。該校的名稱不但反映出校方十分注重科學成績和優越表現，更是這群來自俄國新移民的性格特質之具體展現。

以色列的經濟奇蹟幾乎都要歸功於移民。一九四八年以色列建國時，人口只有八十萬六千人，今日則有七百一十萬人，六十年內人口成長了幾乎有九倍。光在建國的前三年人口就增加了一倍，完全超過這個新政府的想像。當時一位國會成員半開玩笑說，如果他們有事先計畫的話，絕對不會接收這麼多人。在今日，以色列的人口中有三分之一是在外國出生的，幾乎是「本土美國人」和「外國出生的美國人」之比例的三倍。十個以色列人中，有九個要不是移民，就是移民的第一代或第二代。

愛爾蘭經濟學家大衛．麥威廉斯在一九九四年時定居以色列。他有一套方法來描繪移民資料，雖然不是很學術，卻相當有趣：「全世界各個國家，要想知道人口的組成有多複雜，可以從街上飄散的食物味道和菜式選擇看得出來。在以色列，幾乎可以吃到各國特色菜式，從葉門到俄國，從道地的地中海美食到貝果。移民會煮菜為生，尤其一波波的貧窮猶太人被趕出巴格達、柏林和波士尼亞等地，抵達以色列之後，就開始煮菜。」

以色列現在的住民來自七十多種不同國籍和文化，但是谷歌創辦人謝爾蓋．布林在薛瓦莫非高中面對的俄國裔學生，則是以色列史上最大一批移民。一九九〇年至二〇〇〇年間，總共有八十萬前蘇聯公民移民到以色列，光是一九九〇到一九九三年就湧入了五十萬人。到了一九九〇年代末期，這批移民總額占以色列五分之一的人口。若是以美國的人口來看，相當於在十年間，接收了六千兩百萬的移民和難民。

「對身在蘇聯的我們來說，」夏蘭斯基解釋，「我們從小都是接受這樣的教育：因為你是猶太人——當時這對我們可不是好事，只代表我們是反猶太政權的受害者——所以你必須要在專業領域出類拔萃，不管你學的是西洋棋、音樂、數學、醫學或是芭蕾都好……那是唯一能為自己提供一點保護的方法，因為你從起跑點就差人家一截。」

結果，雖然猶太人只占蘇聯總人口約百分之二，卻占了蘇聯「醫生人數約百分之三十，工程師百分之二十。」夏蘭斯基說。

謝爾蓋．布林從他的俄國父母那裡學到的也是相同的信念，布林在這些年輕以色列學生身上也看到相同的力爭上游精神。從這些就可以大概得知，一九九〇年代以色列從蘇聯接收的大批移民，他們的人力素質如何。

這一波蜂擁而來的移民雖然很有才能，卻有極大的語言及文化隔閡。這個問題要如何處理，才是最大的挑戰。而且在蘇聯那麼大的國家裡受過教育的精英份子，要融入以色列這樣的小國並不容易。在這波龐大的移民潮之前，以色列的醫生人口比例已經是世界最高的了，就算沒有供過於求的問題，蘇聯的醫生也很難適應新的醫療制度、語言及全新的文化。許多其他職業也有相同情形。

雖然以色列政府一直煩惱著該如何為新移民找工作和建造住所，但這些俄國人來的時機巧到不能再巧了，一九九〇年代中期，國際間的科技產業正快速發展，以色列的私人科技產業開始對工程師求才若渴。

今天你走進一家以色列初創科技公司，或是設在以色列的大型研發中心，很可能會無意聽到員工用俄語交談。不管是薛瓦莫非高中校園內，或是在這波移民當中，到處都看得到一股追求卓越的動力，而這股動力也遍布在整個以色列科技產業裡。

不管這些猶太人來自何方，他們的特別之處可不只是對教育的苛求。如果把教育解釋為以色列擁抱創業家文化和新科技的唯一因素，那麼世界上還有其他國家的學生在數理學科的表現突出（例如新加坡），這些國家也應該成為初創公司的搖籃。

以色列創投家艾瑞爾．瑪家利認為，蘇聯流亡移民帶來的特質，也可以在許多充滿活力的經濟體中發現。「不妨自問：為什麼會發生在這裡？」他指的是以色列科技榮景。我們坐在他在耶路撒冷開設的新潮餐廳內，餐廳旁他又蓋了一棟大廈，裡頭有他的創投基金和好幾家初創公司。「為什麼科技榮景也會發生在美國東岸或西岸？很大部分的原因是跟移民社會有關。在法國，如果你出身名門望族，假設你在一家素有規模的製藥公司上班好了，有一間大辦公室、咖啡壺、祕書，以及所有的一切，你願意起身離開，賭上一切所有去開創新天地嗎？不會，你的生活太舒服了。但若是你移民到一個新地方，又很窮，」瑪家利繼續說，「或者你曾經很富有，然後家族破產了，那你就有動力了。你不知道還能失去什麼，只知道你能得到的東西。這就是我們的態度，所有以色列人都是。」

吉迪·格林斯坦是前任總理埃胡德·巴拉克的顧問，也是二〇〇〇年大衛營高峰會時的以色列協商小組成員，與美國總統柯林頓和巴勒斯坦解放組織領袖阿拉法特會談。高峰會結束之後他成立自己的智庫，名叫「路特研究機構」（Reut Institute），重點在研究以色列該採取何種方法，才能在二〇二〇年時成為全球前十五首富國家。他也提出相同的看法：「一、兩個世代以前，我的家族中有某個人快速整理好行囊，離開了原居地。移民不怕重新來過。從定義說來，他們是冒險家。移民組成的國家，就是創業家的國家。」

福地公司創辦人沙伊·阿嘉西就是伊拉克移民的後代，他的父親盧文·阿嘉西九歲那年，被迫跟著家人逃離伊拉克南邊的巴斯拉市。當時伊拉克政府開除了所有猶太裔雇員，沒收猶太人的財產，而且恣意逮捕猶太人；在巴格達，政府甚至公開執行絞刑。「我父親是巴斯拉港務局的會計，他丟了工作，我們都很擔心自己的生命。」盧文回憶。阿嘉西家族無處可去，只好加入為數十五萬的伊拉克難民，在一九五〇年抵達以色列。

進入以色列的移民有個特色，那就是總量相當龐大。另一個讓以色列移民潮獨特的因素是政府政策，以色列政府執行了一些政策，好讓新來者融入社會。

遊離的猶太人

西方國家歷年的移民方針，直接影響了以色列建國者可能採用的政策。在十七、十八，及十九世紀之間，美國基本上是開放移民的，甚至有時候會召集移民來到美國，送到未開發地區居住並開墾。直到一九二〇年代，美國對移民也沒有數量的限制，只有健康狀況限制，並且要接受教育測驗。

後來，種族理論開始影響美國的移民政策，原本開放的移民方式也開始緊縮。美國眾議院司法委員會雇用了一位優生學顧問，名叫哈利．賴福林博士，他認為有些種族是低劣的。另一位優生學運動的領導者是作家麥德森．葛蘭特，他在一本流傳很廣的書中強調，猶太人、義大利人和其他種族是低劣的，因為他們的頭骨大小疑似與其他人不同。

一九二四年的移民法根據「來源國家」為移民設下新的數量上限，規定自一九二九年起，每年移民的總量採配額限制，就是特別為了防止東、南歐來的移民進入，例如義大利人、希臘人以及波蘭猶太人。一般說來，每年來自這些被禁制國家的移民不超過一百人。

小羅斯福當上總統以後，對這項政策也沒做什麼改變。「只要看看小羅斯福從一九三八年至一九四五年間的態度，」歷史學家大衛．威曼說，「就能瞭解政府對於歐洲猶太人的困境，正慢慢失去感覺。一九四二年的時候，小羅斯福獲悉猶太人正遭受滅族之禍，但他將這個議題完全丟給國務院處理，後來再也沒有真正積極面對這個問題，即使他知道國務院處理事情的宗旨就是避免援助，其實就是忽視。」

隨著第二次世界大戰開打，美國始終將猶太人拒於門外。但在一九三〇至一九四〇年代早期，對於要尋找避難所的猶太人來說，最主要的問題在於，世界上許多國家和美國一樣，都採取閉門政策。拉丁美洲國家只有在特殊條件下才開放國門收容猶太人；歐洲國家最多也只讓許多猶太人暫停，等候前往第三國，而這些人前往第三國落地生根的計畫永遠沒有成真。

即使到了二次大戰結束之後，很多人都知道大屠殺的事實，西方國家仍然不太歡迎倖存的猶太人。加拿大政府立場與世上其他國家一樣，某位加國官員還宣布：「一個都嫌多！」英國政府對巴勒斯坦地區移民的限額，也在這段期間變得非常緊縮。對許多猶太人來說，真的是走投無路了。

這段歷史是深埋在猶太人心裡的警訊，一九四八年五月十四日，英國在巴勒斯坦的殖民統治期屆滿，「猶太人民委員會」發表了《以色列建國宣言》。宣言指出：「最近猶太人所遭遇的災難，也就是在歐洲上百萬猶太人遭到屠殺的事件，再次清楚顯示必須馬上解決猶太人流離失所的問題……以色列國將完全接受猶太移民。」

開放的移民政策

史上唯有以色列這個國家，特別在建國宣言中表示必須執行開放的移民政策。一九五〇年，新成立不久的以色列政府履行承諾，頒布了「回歸法」，時至今日仍然保證「每個猶太人都有權力到這個國家來」，沒有人數限制。

這條法律也定義何謂猶太人，就是「由猶太母親所生，或者轉而信仰猶太教的人」。猶太人的非猶太裔配偶，與猶太人的非猶太子女或孫子女及其配偶，都可獲得公民權。

在美國，一個人必須等五年才能申請歸化，如果是美國公民的配偶則是三年。美國法律同時也規定，申請成為公民的移民必須有理解英文的能力，並且要通過公民測驗。以色列公民權則是從抵達當天即刻生效，不管移民說的是什麼語言，也完全不需要測驗。

就像大衛．麥威廉斯描述的情況，大多數以色列人都會說希伯來文以及另一種語言，也就是他們剛抵達以色列時說的那種語言。他說，有些以色列城鎮「每天都會發行一份西班牙文報紙，用的是猶太西班牙語（Ladino），一四九二年間的西班牙系猶太人所使用的就是這種語言。當年他們被費迪南大公及伊莎貝拉王后趕出安達魯西亞……特拉維夫繁忙的迪岑哥夫大街上，老舊的咖啡店坐滿了德國人，老一輩的德國移民還是用標準德語聊天，這是作家歌德、詩人席勒及政治家俾斯麥使用過的語言……再往前走，你彷彿置身於俄國的奧德薩市，俄文招牌、俄國食物、俄文報紙，甚至現在也很流行俄語電視。」

也有上百萬以色列人的家鄉是在阿拉伯穆斯林世界。以色列獨立的時候，約有五十萬猶太人住在阿拉伯穆斯林世界裡，家族的根基可以回溯到幾百年前，但是二次世界大戰之後，國家主義浪潮橫掃許多阿拉伯國家，一場大屠殺也隨之而來，逼得猶太人必須逃離，大部分人最後都落腳以色列。

基本上，以色列可能是唯一希望增加移民的國家，而且不會限制一定要從少數幾個國家來的人，也不管移民的經濟狀況。拯救衣索比亞猶太人的任務就是最佳例證。內閣政府也負責歡迎及鼓勵移民，政府設有專責的移民事務部門。美國的公民暨移民局向來的主要責任是拒絕移民進入，但以色列的移民歸化部則專心設法將移民帶進來。

如果以色列人年終收聽廣播新聞時，聽到當年移民數字下降，這可是壞消息，就好像報導說今年降雨量不足一樣。在選舉期間，不同政黨的總理候選人經常提出類似「任內再接受一百萬移民」的政見。

除了衣索比亞的空運行動之外，以色列廣召移民的決心也經常在別的地方表現出來，有時使用的方法甚至令人吃驚。一個例子就是一九四九年至一九五〇年間的「魔毯行動」，以色列政府利用二次大戰剩餘的英美運輸機，祕密將四萬五千名葉門猶太人運到以色列。這些猶太人非常貧窮，根本無法靠自己的力量到達以色列，還有另外好幾千名猶太人撐不過三個星期的長途跋涉，在抵達英國人於亞丁搭建的臨時機場之前就不幸歸天。

但是最鮮為人知的一次移民行動大概是跟二戰後的羅馬尼亞有關。一九四〇年代晚期，約有三十五萬猶太人住在羅馬尼亞，雖然有些人逃到巴勒斯坦地區，共產政府卻將其他想離開的猶太人扣住。以色列先是為羅馬尼亞的石油業提供鑽頭和管線，交換到十萬張離境簽證。到了一九六〇年代初期，羅馬尼亞的獨裁者尼古拉．齊奧塞斯庫要求付現金，才肯讓猶太人離境。一九六八年至一九八九年間，以色列政府總共付給齊奧塞斯庫一億一千兩百四十九萬八千八百美元，用來交換四萬五百七十七名猶太人的自由，平均每人就要花費兩千七百七十二美元。

在這樣的背景之下，以色列政府移民部的首要任務，就是讓移民融入社會。對政府來說，語言訓練是最迫切也最理所當然的優先要件之一。到現在，移民部還會為新移民安排免費的全希伯來文課程，每天五小時，至少上課六個月。政府甚至提供津貼，支付語言訓練期間的生活費用，這樣新移民就可以專注學習新語言，不必為了生活奔波而分心。

以色列教育部設立了一個「海外文憑評鑑局」，專責認證國外教育，政府也開設課程，幫助移民準備專業證照考試。「科學求職中心」就負責協助來到以色列的科學家，替他們媒合以色列企業主。移民部也有創業精神中心，負責為初創企業籌措資金提供協助。

另有些私人籌辦的移民融合計畫，獲得了政府支持，例如艾許．埃里亞斯創設的非營利組織「科技事業」。艾許認為，在以色列頗負盛名的高科技產業裡面，也應該有衣索比亞人的位置。他的父母在一九六〇年代從衣索比亞來到以色列，比以色列政府安排的衣索比亞猶太人大規模移民行動，幾乎早了二十年。艾許的姊姊蕾娜是第一個在以色列出生的衣裔以色列人。

艾許在耶路撒冷的管理學院拿到商業管理學位之後，進入一家高科技公司擔任行銷，又在當時位於耶路撒冷的細拉大學攻讀軟體工程。他一直都很迷電腦，但卻很驚訝地發現，除了他以外，只有四個衣索比亞人在以色列高科技產業工作。

「衣索比亞人沒有機會。」他說，「要進高科技產業的唯一途徑，就是去念公立大學或私立科技學院的電腦科學系。衣索比亞人在大學入學考試中表現並不理想，所以他們無法進入頂尖大學，而私立學校又太貴。」

埃里亞斯預見了一條不同的道路。二〇〇三年，他和一位美國軟體工程師共同建立了非營利組織「科技事業」，是衣索比亞人的訓練營，幫助他們準備在高科技業工作。

本古里昂在以色列建國之前和之後，都將移民列為國家首要優先事務。他認為沒有安全避風港的移民投奔猶太國家後，一定要獲得協助才行。而或許更重要的是，以色列這個新興國家需要猶太移民來開墾荒地、投入戰爭，並且為這個年輕國家的經濟注入活力。今日的以色列仍然這麼認為。

第八章　海外猶太人

就像隨同傑森一同出航尋找金羊毛的希臘人一樣，
新一代的科技冒險家也是在國外出生，
他們是擁有科技長才的企業家，
在矽谷和祖國之間差旅往返。

——安娜李．薩克瑟尼安

「今天，」約翰．錢伯斯一邊說，一邊在台上跳躍跨步來強調他的論點，「我們的創新，是自從路由器在二十年前首度發表以來，最大的躍進。」此時是二〇〇四年，他在思科公司的會議上用無線麥克風進行演說。雖然他穿著一襲正式的西裝，但這位五十四歲的思科執行長看起來好像馬上就要翩翩起舞了。在高科技產業最興盛的那幾年，思科公司的市場價值一度比通用電器還高。

用肢體成功製造出戲劇效果之後，錢伯斯走到一處用布幕圍起來的地方，看起來很像大衣櫃，打開門亮出三個看起來很複雜的箱子，每個箱子體積看起來和冰箱差不多。這是CRS一號，盛大登場。

多數人都不知道什麼是路由器，所以可能很難理解錢伯斯為什麼這麼興奮。路由器就像以前用來連接電腦和網路的舊型數據機，如果將網路比喻成所有電腦匯流而成的資訊大河，那麼路由器就把守著這些支流匯入的交界點，也是決定整個網路容量的主要關卡。

只有少數幾家公司有辦法製造出高品質的路由器，而思科主宰著路由器的市場，獨大的情況有點像微軟的作業系統、英特爾的晶片以及谷歌的網路搜尋一樣。研發CRS一號的過程耗費四年，花掉五億美金，一問世便登上金氏世界紀錄，成為目前速度最快的路由器。「我們很喜歡這項紀錄，這個速度太驚人了。」大衛．霍克賽特說道，他是金氏世界紀錄科學及科技類的編輯，「我家剛剛裝設無線網路，每秒處理速度有五十四百萬位元，我就已經很滿意了，不過九十二兆位元實在是太驚人了。」

CRS一號背後的主要發明者，是一位名叫麥可．拉歐的以色列人，他在本古里昂大學拿到工程學位之後，到美國加州替思科工作了十一年，管工程與電腦結構事務。一九九七年，他決定要回到以色列，而思科為了不要失去這位頂尖工程師，同意讓他在以色列設立公司的研發中心，這是思科在美國以外第一個研發中心。

大概在這個時候，拉歐開始提案。他認為必須要有像CRS一號如此龐大處理能力的路由器。在當時，網路發展才剛起步，而拉歐卻已經想到這麼快速的路由器會有市場。這樣的想法，看來有點遙不可及。「四年前，別人都以為我們發展這項產品是腦袋有點問題。」在思科工作的東尼·貝茲當時說道，「他們說：『你們咬那麼大一口，吞不下去的啦！』然後又問：『誰會需要那麼快的處理速度啊？』」

拉歐卻認為可以用電影《夢幻成真》來解釋，如果思科能做得出來，網路也會隨之發展。當時的網際網路才剛起步，只能收發電子郵件，剛架設好第一個網站，很難看出再過幾年之後，為了處理圖片、影像及遊戲所需的大量資訊，需要越來越快的網路，發展速度也跟著呈指數飆升。

CRS一號是思科公司有史以來最大的計畫，因此也是全公司動員，但是拉歐在以色列的團隊卻扮演關鍵角色，主管晶片設計和電腦結構的重新開發，以便將這項科技提升到新境界。錢伯斯在二〇〇四年發表CRS一號時，他的確有理由感到興奮，因為這個路由器功能齊全，單個售價就要約兩百萬美元，到二〇〇四年底思科已經賣出六個CRS一號了。到了二〇〇八年四月，公司宣布CRS一號的銷售量，在不到九個月的時間內就成長了一倍。

到了二〇〇八年，由拉歐在十年前創建的以色列研發中心已經有七百名員工，研發中心迅速壯大的原因是思科收購了九家以色列初創公司，比思科在世界上其他地方收購的公司還要多。而且思科的投資部門還在其他以色列初創公司直接投資了一億五千萬美元，也投注四千五百萬美元在專門投資以色列的創投基金上。思科花在收購及投資以色列公司身上的錢，總共有大約十二億美元。

優亞夫·沙梅特是以色列國防軍八二〇〇精英情報科技單位的畢業生，現在在思科負責收購以色列、前蘇聯及中歐的公司。他說以色列思科是該公司最大的海外研發中心之一，其他中心則分別位於印度及中國。「但是，」他特別註明，「雖然在中國和印度完成了不少工程工作，但是若要說完全創新和收購，以色列仍然處在第一線。」

要是麥可．拉歐當時沒有決定回家的話，思科也不可能在以色列投資這麼多，以色列團隊也不可能馬上就進入公司的核心事業。就像英特爾的德夫．弗羅曼（見第一章）以及其他很多人一樣，拉歐雖然決定離家到美國或其他地方吸收知識和經驗，最後受益者還是他工作的跨國公司，還有以色列的經濟。

人才的跨國循環流動

雖然很多國家，包括以色列在內，對於國家最優秀的學者及企業家選擇出國感到可惜，但麥可．拉歐這樣的例子卻顯示出，「人才外流」並不是單向道。事實上，越來越多研究國際遷徙的學者注意到一種現象，他們稱之為「人才循環流動」，意指有才能的人離開國家到國外定居，然後又回到祖國，但是對這兩個地方都不算真正的「損失」。學者理查．德凡在世界銀行發行的一項研究中指出：「中國、印度，和以色列在過去十年來都湧入大量投資，科技也有長足進步，而這些發展都歸功於……這三個國家移居國外的領導人才。」

安娜李・薩克瑟尼安是加州大學柏克萊分校的經濟地理學家，同時也是《新世代科技冒險家》一書的作者。「就像隨同傑森一同出航尋找金羊毛的希臘人一樣，」薩克瑟尼安寫道，「新一代的科技冒險家也是在國外出生，他們是擁有科技長才的企業家，在矽谷和祖國之間差旅往返。」她特別指出，中國、印度、台灣，和以色列的科技產業，尤其是後兩個國家，已經崛起成為「重要的全球創新中心」，出口產值「超過德國、法國這樣更富裕的大國」。她主張，這種巨大轉變的先驅者，都是「浸淫在矽谷文化中，並從中學習。這個現象在八〇年代晚期就發生在以色列人和台灣人身上，而直到九〇年代晚期，甚至是千禧年初期，才出現在印度人和中國人身上。」

思科的麥可・拉歐和英特爾的德夫・弗羅曼都是典型的新科技冒險家，即使在大型跨國公司內吸收知識，地位又逐漸高升，他們還是一心想回到以色列。衣錦還鄉後，他們不但帶動以色列的科技發展，也為他們效力的公司在以色列設立營運中心，創造關鍵性的突破。

新科技冒險家，或稱「人才循環流動」，這種以色列人出國又返鄉的模式，是一個非常重要的創新生態系統，將國內和海外的以色列人聯結起來。另一種海外猶太人的重要網絡則是非以色列籍的海外猶太人。

以色列的成功大多要歸功於海外猶太人深厚的聯絡網。其他國家如愛爾蘭、印度或中國也有這樣的海外網絡，但是非以色列籍的海外猶太人網絡卻不是自動形成的，海外猶太人也不是以色列科技產業發展的關鍵推手。在中國的外人直接投資金額當中，有百分之七十來自海外華裔人士；印度這個國家的經濟及司法系統尚未發展完善的時候，海外的印度裔人士已經開始協助印度建立高科技基礎建設。不過以色列的經驗卻很不一樣。長久以來，絕大多數的美國猶太投資人根本就對以色列經濟沒興趣，要一直等到很久之後，以色列發展比較成功了，許多海外猶太人才開始將以色列視為可以做生意的地方，而不只是一個勾起他們同情心和慈悲心的地方。

所以為了要刺激經濟，以色列必須發揮創意，學習如何利用海外猶太人社群。以色列人向來會在海外猶太人社群中，聚集成一群人數很少、但非常熱情的小團體，以便協助祖國的建設。這樣的傳統，就是根源於像以色列初創空軍這樣的機構。

從偷運飛機到成立航空公司的故事

要建立以色列航空工業的夢想，是在一九五一年一趟飛越北極的顛簸航程中成形的，就在以色列新的國家航空公司即將擁有的第一架飛機裡面。對話的是兩個立場相反的人：博學多聞的西蒙·裴瑞茲，未來將成為以色列總統，一九五一年時他在新建立的猶太國家裡負責武器採購；另一位是來自美國洛杉磯的航空工程師艾爾·史威莫，一副神氣活現的樣子。史威莫的好朋友包括航空媒體大亨霍華·休斯，和寇克·柯寇瑞恩等人。史威莫的名字本來跟希特勒一樣都叫阿道夫，因為二次世界大戰的關係，他就改成了艾爾。

以色列剛建立空軍的時候，買了很多二手飛機，裴瑞茲和史威莫經常坐在這些飛機裡飛越北極凍原，這次也不例外。飛越北極是很危險的事，但是他們甘願冒險，因為這條路徑比較短，而且他們搭的飛機都快解體了，還是早點抵達比較好。

艾爾．史威莫相當健談，早期飛行機器還是新發明的奇特玩意，他就已經深深著迷於航空業。美國加入二次大戰的時候，他正在環球航空工作，整個航空公司都被徵召備戰。雖然不算是正式的軍人，但史威莫和他的機師同僚都被賦予軍階，穿上軍服，在戰爭期間飛遍全世界，運送部隊和設備，有時候還載運電影明星。

在戰爭期間，猶太人的身分對史威莫來說並沒有什麼意義，也幾乎完全不會影響他的想法或生活方式。等到他見過一處解放後的集中營，又看到一卷新聞影片，裡面是無數的屍體，再加上又在歐洲跟一些想到巴勒斯坦去的猶太難民談過話之後，他整個想法都變了。史威莫幾乎在一夜之間就轉變成一位全心奉獻的猶太復國主義者。

史威莫聽說統治巴勒斯坦地區的英國人不允許載滿歐洲猶太難民的船靠岸，他就想了個他認為比較妥當的辦法：飛過英國海軍巡邏船隻的上方，讓飛機在隱密的小機場降落，將猶太人偷偷運送入境。他循線找到本古里昂派在紐約的祕密特使，跟他提出這個想法。巴勒斯坦的主要猶太地下軍力將這個想法擱置了月餘，直到後來發現英國軍隊很快就會撤出巴勒斯坦，而且阿拉伯和猶太人之間馬上就會因為以色列的獨立而引發全面性戰爭，猶太地下軍終於聯絡史威莫。

此時他們有個比偷渡難民更迫切的需求：建立空軍部隊。地下軍連架飛機都沒有，將會完全任由埃及空軍宰割。史威莫是否有辦法買下二手戰鬥機，修好之後再偷偷運到以色列來？

史威莫知道，這種行為違反了美國一九三五年的〈中立法〉，該法禁止美國公民未經政府授權就出口武器。但他還是告訴本古里昂派來的代表說，他馬上就會開始行動。這已經不只是希伯來文中的「chutzpah」（膽量、厚顏無恥、放肆無禮、無比的魄力、自以為是、傲慢）了，這是犯罪行為。

幾內天，史威莫已經從美國和英國找到一群猶太飛行員和技師，他告訴他們，要為第一家猶太國的民航公司工作。他很重視保密，根本不想讓他們知道戰鬥機的想法，甚至沒幾個人知道這些飛機是要飛往以色列的。若是有外人問起，都一律說他們是幫巴拿馬建立國家航空公司，要把牲口運往歐洲。

他買下三架「星座式」客機，這些四引擎的飛機是他買過最大的飛機。雖然聯邦調查局查扣了這批飛機，但是史威莫跟他的同夥還是成功將其他飛機運出去，有一些甚至是在調查局探員前來下令禁飛時，直接就從探員頭上飛走了。到最後關頭，猶太地下軍獨自在捷克斯洛伐克買下一批德國梅塞施密特戰機，然後徵召史威莫找人把這批飛機飛往以色列。

一九四八年爆發獨立戰爭時，史威莫的飛機擊退了轟炸特拉維夫的埃及軍機。在幾場空戰中，幾乎毫無受過訓練的以色列飛行員卻發揮極大用處，確保了內格夫沙漠納入以色列領土。這片沙漠是一片頗大的三角形長條地帶，從耶路撒冷和特拉維夫南部幾英里處開始延伸，位在埃及西奈半島和約旦之間。

以色列打贏了獨立戰爭之後，史威莫回到美國，卻成了通緝犯。調查局查清了偷運武器的詭計，美國司法部將他起訴。和他一同受審的還包括其他幾個他招募的飛行員，過程轟動一時，被告請求判決無罪，因為這條法律本身就不公平。史威莫最後付出罰金才得以脫身，很多人都認為這已經是開恩讓他免罪了。史威莫一洗清罪名，馬上又重拾偷渡武器的把戲。到了一九五〇年，史威莫加入了裴瑞茲的手下，當時的裴瑞茲是本古里昂的年輕門徒，在新成立的以色列國防部裡工作。裴瑞茲想要幫以色列空軍買下三十架戰後剩餘的野馬式戰鬥機，但是美國卻決定銷毀這些飛機，將機翼削下，機身也被切成兩半。

史威莫的團隊找上一名德州資源回收商，按成本價買下這些切爛的飛機，重新組合，確定每部分的零件都還在，而且還可以運作。然後他們又將飛機解體，裝箱之後標明「灌溉設備」，用海運運往以色列。

不過他們必須儘快將這些飛機運到以色列。有幾架飛機並未解體，由史威莫和裴瑞茲駕駛這些飛機到特拉維夫。因此他們在一九五一年時，才會聊起以色列航空業的未來。裴瑞茲非常欣賞史威莫在以色列建立飛機工業的想法，這比短期軍事策略有更長遠的目標。這個想法也符合了裴瑞茲的夢想，他希望在以色列建立工業。

史威莫認為，現在的世界到處充滿了戰後剩餘的飛機，以色列當然可以便宜買下飛機，修理並改良之後，再賣給其他國家的軍隊和航空公司，藉此建立以色列自己的航空業。他們回到美國後不久，裴瑞茲帶史威莫去見本古里昂，此時是本古里昂當上以色列總理之後，首度造訪美國。

在獨立戰爭期間，本古里昂和史威莫常見面。這次在美國重逢，史威莫才剛伸出手想和本古里昂握手致意，本古里昂馬上這樣問：「你現在在學希伯來文了嗎？」史威莫只好笑著改變話題：「加州的美眉真不賴，你覺得咧，總理先生？」

本古里昂想知道史威莫的航空業計畫，史威莫於是說明了自己正在進行的飛機改造工作。

「怎麼？只用這麼少量的機器，你就可以修復飛機嗎？」

史威莫點點頭。

「我們以色列需要這樣的東西。而且不只如此，我們需要真正的飛機工業，我們需要獨立。」本古里昂說道。這就是史威莫在飛越北極凍原時，跟裴瑞茲討論過的問題，「那你覺得呢？」

史威莫並不知道，本古里昂才剛指示以色列技術工程學院成立航空工程學系，下這道命令的時候本古里昂說：「高生活水準、豐富的文化，還有精神上、政治上，以及經濟上的獨立……都絕對需要制空權來確保。」

「當然，我覺得你說的對。」史威莫說道，完全掉進總理本古里昂的圈套。

「很高興你認同我的想法，我們等著你回到以色列幫我們建立航空工業。」

史威莫瞪著裴瑞茲，整個人嚇傻了。

「做就對了，艾爾。」裴瑞茲說道。史威莫不願意，他馬上就開始想到他會和以色列空軍高官爭吵不休，還有那些雖然小但很有力量的以色列政府機關。再說，他又不會希伯來文，他不是政黨核心人士，他討厭政治和官僚制度。而且，以色列的社會主義經濟計畫，還有任用心腹的政治操作，這些加總起來都足以讓任何人窒息，更別說想建立航空工業的人了。

他告訴本古里昂，要他建立公司沒問題，但是必須禁止任用親信，不能讓政客關說親信進來任職。他跟本古里昂說，他要的是私人企業，以商業的方法組織公司。

「你對以色列再適合不過了，來吧。」本古里昂回答。

史威莫真的就到了以色列。五年內，他和兩名以色列人建立了一個名叫「班迪克」的飛機維修公司，成為以色列雇用員工最多的私人公司。

到了一九六〇年，班迪克製造出一款法國富加公司的戰機改良版，這款飛機被命名為「Tzukit」，在希伯來文的意思是「燕子」，飛機正式亮相及試飛的時候，本古里昂告訴史威莫：「這家公司已經不再只是班迪克了，你已經超越了維修的工作，你們這群傢伙造了一架噴射機，公司的新名字應該改成以色列飛機公司。」裴瑞茲這時候已經是國防部副部長，將公司的新名字翻譯給史威莫聽。

裴瑞茲和本古里昂成功地延攬了一名美國猶太人，幫助他們給以色列經濟上了一堂最大的長期震撼教育，而且完全沒有拜託任何人投資一毛錢。

第九章　巴菲特試驗

對我們全世界的顧客來說，沒有戰爭。

——埃登．沃海默

「我們不是來挖角微軟員工的。」谷歌的主管優艾兒．馬瑞克說道。「但是，」她繼續說，嘴角揚起淘氣的笑容，「如果他們覺得跟我們在一起比較開心，那我們很歡迎。」就在十個禮拜以前，黎巴嫩真主黨發射的飛彈像雨點般掉在海法市，優艾兒．馬瑞克所帶領的谷歌研發中心就在海法。現在她人在特拉維夫，預計在一年內開設谷歌的第二個研究中心。

優艾兒．馬瑞克在法國長大，在當地學習電腦工程，然後前往哥倫比亞大學以及海法的以色列技術工程學院進修，拿到電腦科學博士學位。她在IBM研究部門工作了十七年，然後才擔任谷歌在以色列的研發計畫負責人。早在谷歌還沒出現，網際網路也才剛開始發展的年代，她最擅長的領域就已經是「搜尋」了。

對優艾兒來說，「搜尋」這件事的歷史可以回溯到很久之前。十六世紀的學者會依照聖經索引

（又稱經文彙編，concordance）的指示，看看聖經裡面的哪個章節、在什麼情況之下提到了摩西。優艾兒說，聖經的索引基本上就像目錄一樣，「每個搜尋引擎也都是使用同樣的資料結構。五百年以前，目錄是人用手工編出來的……身為以色列人以及猶太人，我們是聖經的子民，我們喜歡跟隨指示，喜歡尋找。」

二〇〇八年，以色列谷歌在廣告部分創下一億美元的業績，是前一年的一倍，也占了以色列整個廣告市場的十分之一。這比谷歌在其他大部分國家的市占率都還高。

雖然谷歌近來業務範圍越擴越廣，推出不同的產品和科技，從搜尋技術、電子郵件（Gmail）、影像分享平台（YouTube）到手機軟體及其他多種服務等等，但是這家公司的核心業務仍然是大眾普遍使用的首頁。如果說世界上每日瀏覽量最大的首頁是谷歌的聖殿，那麼首頁中的搜尋欄位就是聖殿中的「至聖所」。

以色列谷歌的計畫相當有野心，因為他們的目標是直搗公司的心臟，針對搜尋欄位而來。以色列團隊提出一個小小的、已經被擱置兩年的實驗性想法，也就是「谷歌搜尋建議」的功能，將它轉變成幾百萬人每天看到並使用的功能。

谷歌搜尋建議就是你鍵入搜尋要求時，底下跑出來的那一串建議；你每鍵入一個字母，這些建議就跟著更新，速度就跟你打字一樣快。

谷歌最出名的本事就是能幾乎即時送出搜尋結果。但是搜尋建議的功能，卻必須快到隨著鍵入每個字母，搜尋欄位就立即出現建議的結果。鍵入的資料必須先送到谷歌的伺服器，再送回一串相關建議給螢幕前的人，而且這些都要在鍵入下個字母之前的一瞬間完成。

這個計畫進行兩個月之後，工作團隊終於獲得第一項突破。時任谷歌中國總裁的李開復出面表示，谷歌推出「搜尋建議」功能之後，就算搜尋速度可能減緩，他也願意承擔這種風險。中國字很難輸入，因此搜尋建議這項功能在中國會非常有用：只要打出第一個字，後面就會出現一串可能的字串。最後，搜尋建議成功了，而且很快就擴展到谷歌在香港、台灣、俄國以及西歐國家的網頁，接著迅速傳遍谷歌全球的網頁。

微軟也加快腳步借用以色列的長才。二〇〇六年黎巴嫩戰爭期間，以色列遭到兩千枚飛彈轟炸，所造成的毀損還沒修復，大膽的比爾．蓋茲就首度前往以色列造訪。他的來意相當清楚，「我們不怕谷歌。」他向一家以色列新聞媒體說道。不過他還是忍不住挖苦說，網際網路的搜尋引擎「狀況實在太糟糕，應該還可以更好的」。他也承認谷歌和微軟之間的競爭激烈，而以色列就是兩家公司競逐的新戰場。稍早以前，蓋茲曾指出：「以色列的創新技術，會深深影響科技業的未來。」

避險大王巴菲特為何買下以色列公司？

這位世界上最有錢的人前腳剛離開以色列，第二有錢的華倫．巴菲特就來了。這位美國最受推崇的投資家是來探視他在美國境外買下的第一間公司。他在以色列停留了五十二個小時，參觀他以四十五億美元買下、專長為機械工具的伊斯卡公司，也順便看看以色列這個他耳聞已久的國家。「你會想起兩千年前走過這些台階的人，」他造訪耶路撒冷的時候說，「然後你再看看山頂上的伊斯卡公司，他們的客戶來自六十一個國家，不管是韓國、美國或是歐洲，你說得出來就有。真的挺了不起的。認真說來，在世界上其他任何地方，真的都找不到像這種『歷史』與『未來』的結合，而且兩者的位置還如此接近。」

不過，華倫．巴菲特選擇投資以色列，打破了他個人十幾年來「不收購美國境外公司」的原則，原因應該不在於喜愛歷史。對這位向來倡導風險趨避的投資者來說，也不可能忽視以色列易受攻擊的事實。

就算不是避險大王巴菲特，也會擔心風險的問題。每家公司要在總部以外很遠的地方做生意的時候，都會謹慎考慮其中所涉的風險，更別說是在被視為戰區的地方。根據巴菲特的說法，關鍵在於：你是怎麼看待風險的？

我們坐在影鈴公司總部瓊．梅德威的辦公室裡，想要和他討論在以色列投資的風險。他的公司位在靠近耶路撒冷和特拉維夫附近的伯示麥市。不過梅德威還沒回答我們的問題，倒是先問了我們一個問題。他從一份簡報檔中叫出一張投影片，他演講時經常使用這份「內有以色列」的簡報檔，將自己視為非官方的經濟大使。

「看看這張圖。」他跟我們說。（圖 9-1）

「你們看到什麼？」梅德威繼續追問。水平X軸顯示出二〇〇二年至二〇〇四年。垂直Y軸沒有標明，只有條線往圖表的右上方延伸，形成斜直線的樣子。但是不知道Y軸代表什麼意思，這張圖表並不完整。我們認為，梅德威這問題有陷阱。

「嗯，在二〇〇二至二〇〇四年之間，有某樣東西增加了。」我們硬著頭皮回答，「可是垂直Y軸沒有說明是什麼。」

「沒錯。」他很快回答，「這個『某樣東西』可能代表很多東西。舉個例來說，像暴動，那段時間很不幸地是以色列史上最多暴動的時期之一，當時巴勒斯坦人發動了第二次『抗暴運動』，最後導致第二次黎巴嫩戰爭開打。這張圖表顯示出在這段期間內擊中以色列的火箭彈數

圖9-1

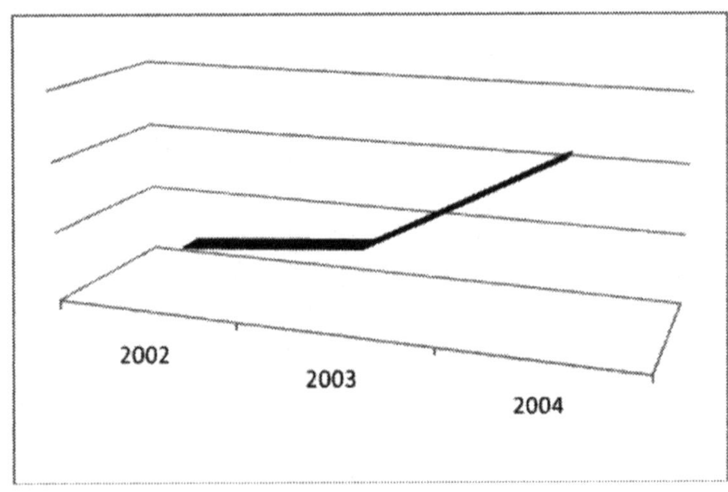

量。」

但是梅德威告訴我們，同樣是這張圖表，也可用來表示以色列經濟的表現，在二十一世紀開始的前五年內迅速攀上高峰。然後他又叫出另一張投影片，看起來跟第一張差不多。（圖9-2）

這張投影片的垂直Y軸標上了「以色列高科技外資」。在同樣這段期間，火箭彈攻擊增加的同時，注入的投資也很明顯增加了。

事實上，我們在研究其他經濟規律的時候，也發現了其他資料，和這張Y軸沒有標記的圖表結構大致吻合。例如說，外人直接投資（外資）也是總體經濟的一項指標，用來計算以任何形式進入國內的海外直接投資總額。在二〇〇〇年至二〇〇五年這段期間，以色列的外資成長了三倍；投資進入以色列的全球創投資金中，以色列所占全球的比例，也足足增加了一倍。

圖9-2

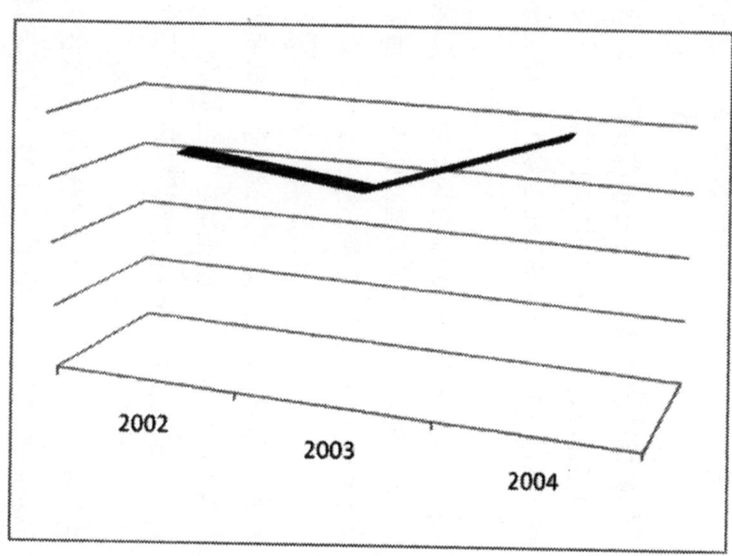

梅德威的意思並不是說以色列的暴動和對外資的吸引力之間有關係，而是他認為以色列成功地使得國安威脅沒有影響到經濟成長。換句話說，以色列人相當自信他們的初創公司能夠撐過戰爭和動亂，而且以色列企業家也成功地說服全球投資人相信這一點。

《雪球：巴菲特傳》的作者艾莉斯．舒德是唯一得到巴菲特授權的傳記作家，我們問她，在以色列投資有什麼已知的風險。「巴菲特在保險業待了很長一段時間，一直都是用同樣的眼光看待每一筆投資。」她說道，「關鍵在於衡量風險。保險業者的保單也都是這樣，真正需要擔心的是可能會發生的地震和颶風。巴菲特問：那裡有什麼災難性的風險？我可以撐過去嗎？」

巴菲特買下的以色列公司叫做伊斯卡，在以色列北部有自己的主要工廠和研發機構。這家公司曾經兩次遭受飛彈威脅，一次是一九九一年波斯灣戰爭期間，整個國家都成為伊拉克領袖海珊的攻擊目標；另一次是二〇〇六年的黎巴嫩戰爭，真主黨朝著以色列北方城鎮發射上千枚飛彈。「這樣不是一直會有災難性風險嗎？」我們問她。

她告訴我們，巴菲特的看法是，如果伊斯卡的廠房遭到轟炸，公司還可以蓋另一座。公司的價值並不是建立在廠房上，而是在員工和管理階層的才能之上；同時公司在世界各地擁有忠實顧客，且有優良的品牌口碑。這些因素構成了伊斯卡的價值。所以在巴菲特眼中，飛彈就算能摧毀廠房，卻不代表災難性風險。

二〇〇六年黎巴嫩戰爭期間，就在巴菲特買下伊斯卡兩個月後，有四千兩百二十八枚飛彈掉在以色列北部區域。伊斯卡就位於距離黎巴嫩邊境不到八英里，成了火箭砲的主要目標。

伊斯卡董事長埃登・沃海默就是跟巴菲特達成交易的人。他告訴我們，他在開戰第一天就打電話給老闆。「我們只擔心自己人民的福祉，因為損壞的機器和破裂的窗戶都可以買新的來換。」沃海默回想起他告訴巴菲特的話，「我告訴他，我不太確定他真的瞭解我們的想法，因為我們只會用一半的人力繼續工作，但是保證所有的顧客都會準時拿到貨，交貨時間甚至會提早。」

有一枚火箭彈真的炸中了「特芬工業園區」。這裡是沃海默家族建立的，園區的中央就是伊斯卡工廠。很多火箭彈都朝這裡發射。雖然在戰爭期間，很多工人都暫時搬家，跟家人遷移到以色列南部，不過伊斯卡的顧客永遠不會發現工人離開的事實。「我們花了一點時間調整，但是該送的貨一筆都沒漏掉。」沃海默說道，「對我們全世界的顧客來說，沒有戰爭。」

沃海默和其他以色列人用這種正面態度來面對威脅，最後甚至將以色列投資風險的威脅，轉變成資產，證明了以色列堅不可摧。而巴菲特、谷歌、微軟以及許多其他投資人一開始會被以色列吸引前來投資，就是因為這一份「以色列堅不可摧」的資產。

越戰越勇的以色列精神

沒什麼人比德夫・弗羅曼更能展現以色列的膽量。二次世界大戰爆發的前幾個月，他在阿姆斯特丹出生。納粹對荷蘭展開鐵腕統治時，他父母透過荷蘭地下組織，找到一個姓凡提波的虔誠基督教務農家庭，於是把小德夫托給了這一家人。德夫被送到荷蘭鄉間時只有三歲，不過他還記得自己必須經常戴著帽子遮掩深色頭髮，因為寄養家庭裡其他人都是金髮。德國人定期來搜索住家的時候，他就藏在床底下或地下室裡，或者跟寄養家庭的兄弟躲進樹林裡。多年以後，德夫得知他的父親死在奧斯威茲集中營裡，而他一直都無法確定母親被害的地點。

德夫的姑姑在一九三〇年代就逃到巴勒斯坦，戰後她循線找到收養德夫的荷蘭家庭，說服他們把德夫送到猶太孤兒院裡，這樣他才能移民到巴勒斯坦。一九四九年，十歲的德夫前往剛剛成立的以色列國落腳。

一九六三年，德夫．弗羅曼即將從以色列技術工程學院畢業的時候，決定到美國念研究所，希望未來能把新領域的科技專才帶回以色列。他收到麻省理工學院的入學通知，卻去念了加州大學柏克萊分校，因為該校提供他獎學金。真是幸運的選擇。

德夫還是研究生的時候，就被安迪．葛洛夫（後來成為英特爾總裁）雇用，到美國的快捷半導體公司工作。幾年後，葛洛夫和葛登．摩爾及羅伯特．諾依斯等人共同建立英特爾公司，德夫也成為這家新的初創公司首批員工之一。他很快就嶄露頭角，發明了日後將成為英特爾最傳奇、也最有利潤的產品：一種可編程的新型記憶晶片。然後，德夫放棄近在咫尺的高階管理職位，離開英特爾前往非洲的迦納教授電子工程。引他的話來說，他要「尋求冒險、個人自由，還有自我發展」。這又是一個「指南書的子民」。

英特爾的同事都認為德夫瘋了，居然要在公司即將上市的時候離開，公司即將向員工釋出大量有利可圖的股票選擇權，但是他知道自己想要什麼：他要創業，而不只是領薪水。他也知道如果他一直待在管理階層，可能就回不了以色列了，而他對祖國的經濟有改革性的想法：他想讓以色列成為晶片設計業的龍頭。

一九七三年，他實現理想的機會來了。英特爾面臨嚴重的工程師短缺問題，德夫回到英特爾，向葛洛夫大力建議在以色列設立設計中心，並且很快就安排了一場到以色列的探勘任務。雖然因為贖罪日戰爭而延誤了行程，英特爾團隊還是在一九七四年四月抵達以色列，很快就雇用了五名工程師，在海法成立設計中心。英特爾之前從來沒有在國外設立過大型研發中心，「無論如何，我們做的是研發事業，我們不能冒險賠上公司的未來，在海外進行核心任務和行動，這樣會超乎我們的掌控之外。」一位來自加州的前英特爾員工回想道。「以色列是我們的第一次嘗試，很多人都覺得我們瘋了。」

以色列團隊一開始只有一筆三十萬美元的投資，還有五名全職員工。到了以色列建國三十週年時，英特爾在以色列的研發中心已經成為國內雇員最多的私人公司，總計有五千四百名員工。英特爾在以色列的投資，一開始看起來好像是一場賭局，日後卻成為該公司成功的核心助力。IBM第一部個人電腦的晶片，亦即第一枚奔騰晶片，就是以色列英特爾設計出來的；分析家一致認為這項新設計挽救了英特爾，免於在一九九〇年代時陷入越來越深的低潮，這段故事我們已經在第一章敘述過了。英特爾在以色列南部小鎮基耶蓋特蓋了一座價值三十五億美元的廠房，讓以色列人在這裡設計電晶體晶片。這些電晶體體積非常小，小到在針頭上可以塞下三千萬個。同樣讓人佩服的是，以色列崛起成為英特爾重要的製造中心，證明了沒有任何事情可以阻擋以色列生產線。就算是戰爭也別想。

「我們相信你的判斷，德夫，該做什麼就做。」一九九一年一月波斯灣戰爭爆發，幾天之後，英特爾主管傳來這樣的訊息。

在這之前五個月，伊拉克進犯科威特。德夫一聽到這個消息，就開始擔心他可能得讓所有工人留在家裡別上班。他開車上班途中靜靜思考的時候會擔心，在機場等飛機起飛的時候會擔心，晚上就寢之前也會擔心。他知道，如果以色列英特爾暫時停止一切運作，那對公司來講是場大災難，所以他努力想把這個念頭揮出腦海。

正當十幾萬人的美軍部隊進駐沙烏地阿拉伯準備作戰的時候，德夫煩惱的卻是英特爾承受的風險。這項風險是ＩＢＭ在一九八〇年的決定所造成的，當時他們決定採用英特爾的８０８８晶片，為ＩＢＭ個人電腦提供動力，對英特爾來說是天大的好運，但是這家電腦巨擘卻逼迫英特爾，把這門科技授權給一批製造商。雖說８０８８晶片是英特爾設計的，ＩＢＭ卻覺得光靠英特爾來製造晶片太過於冒險，因此必須加入其他的製造商來生產，所以英特爾只能得到總收益的百分之三十。讓ＩＢ

M擁有安全感和講價空間，就是讓英特爾利潤降低。

一九八三年，英特爾帶著新一代的286晶片，成功說服IBM將製造商縮減到四家，這樣就能增加英特爾的生產比例。到了一九八五年，英特爾投資了兩億美元，花了四年時間，研發出速度更快的386晶片，他們準備好要賭一把了。這一次，IBM默許英特爾的要求，讓他們成為晶片的唯一製造商，為全世界大多數的新個人電腦提供動力。這項策略能讓英特爾得到最大的利潤，但風險同樣也最高。萬一英特爾無法及時提升生產力呢？更大的風險，是英特爾聖塔克拉拉總部高層做的一項決策：讓以色列承擔起這份新任務的大部分責任。

主要的壓力落在英特爾設在以色列耶路撒冷的晶片廠。這家工廠負責生產英特爾四分之三的全球出口量，廠內有兩班員工，十二小時輪班一次，一星期工作七天不間斷。

不過現在這樣的生產量正面臨威脅。海珊已經宣布如果美國發動進攻，他就會用飛彈轟炸以色列。

以色列政府相信海珊說得出就做得到。伊拉克擁有的飛毛腿飛彈，不用十分鐘就能抵達特拉維夫，而且那些飛彈彈頭可能都攜帶化學武器。一九九〇年十月，以色列政府下令在全國分發防毒面具，規模是二次大戰結束以來最大的。

對以色列來說，那真是一段超現實的日子。幼稚園裡，老師會教導五歲的小朋友在遭受攻擊時，如何戴上防毒面具；每個人都要練習當警報響起時，如何在最短時間內趕到特別準備的「密室」。防毒面具的分發機制也是煞費苦心設計，每個家庭都會收到郵件，通知他們到何處領取裝備。以色列國防軍特別將「大後方指揮部」（Home Front Command）的辦公室設在購物中心，國民常在前往商場買新鞋、喝咖啡的時候，順便幫全家帶一組防毒面具回去。

德夫為英特爾工廠採取的措施，跟每個以色列主管在戰前或戰爭期間的處置都相同：他為「標準」戰爭情況擬定應變計畫，此時員工可能會被徵召服役。平常，大多數四十五歲以下的以色列男性每年都要服一個月後備役；戰爭規模擴大時，政府會徵召這些後備軍人參軍，服役的期限不定。這樣一來，一定會對以色列的商業活動造成巨大的經濟損失，員工無法工作，整體生產力下降（其實在太平時期，每年一度的後備役就會造成經濟損失了）。戰爭期間，員工可能好幾個禮拜或幾個月都無法上班，可能導致一些以色列公司在戰時破產。

一九九一年一月初，美國和歐洲飛往中東地區的民航班機都暫停或縮減。一月十一日，就在聯合國要求伊拉克從科威特撤軍期限的四天以前，美國政府建議美國公民離開以色列。一月十六日，以色列政府宣布，所有學校和公司行號，除了某些必要的企業機構（如電力）之外，都必須停止當週的商業活動，何時回復尚待公布。政府希望人民待在家裡，不要出門，聽到空襲警報時就要準備逃進密室。

對德夫來說，若是遵從政府的指示，就表示要在公司發展的關鍵時刻，停止英特爾386微晶片的製造。德夫希望英特爾總部的管理階層能全力支持他暫停生產的決定。可是他也知道，假設員工請病假，雇主也允許了，但雙方未來的關係可能還是會受到影響。更何況，這次以色列面對的這個「病痛」在未來還可能會不斷發作。

「要把這些重要的科技及產品移轉到以色列來運作，當時就已經造成英特爾內部很多的爭執，」德夫回憶，「我相信如果我們中斷生產，就算只是很短暫的時間，在長遠的未來也要付出嚴重的代價。」德夫當年耗費了不知多少時間和政治本錢，才說服英特爾的管理階層，將公司的未來交到以色列分公司的手裡；自從他第一次離開英特爾以來，這一直就是他的夢想。而現在，他一手籌設的這家分公司，很快就要毀於飛毛腿飛彈的轟炸行動了。

但德夫卻還有另一項擔憂，而且這個擔憂出乎意料之外的嚴重：「我一直在想，以色列這麼小的高科技經濟體，到底能不能存活下來？」以色列周邊地區長年不穩，這種情況往往使得未來的投資人裹足不前。假如英特爾以色列分公司無法在此刻的緊急情況下維持穩定運作，則未來跨國企業、投資人或是外國市場對以色列的信心，都會大受打擊。

德夫在國外待過很長一段時間，很清楚那些反對在以色列投資的陳腔濫調，幾乎每天都會蹦出一條對以色列不利的頭條新聞：又一次恐怖攻擊……又一次邊境衝突……更多濺血畫面、巴勒斯坦暴動、暴力、恐怖、戰爭。這是人們唯一知道的新聞。

他認為以色列及以色列的經濟情況都需要呈現出不同的故事。一月十五日，聯合國限令伊拉克撤軍的期限屆至，他幾乎可以在想像中預見一場會議：在美國某處，有個投資人積極想在以色列投資，但謹慎小心的董事會卻認為投資的決定太魯莽。這名積極的主管口袋裡需要什麼籌碼，才能說服董事會投資以色列？我知道你們有懷疑，我也看到新聞了，可是別忘了，英特爾在波灣戰爭期間還在以色列製造386晶片，那是他們公司最重要的微晶片，而且以色列員工一刻也沒停下來，他們照表操課，沒有延遲出貨……一次也沒有……就算飛彈往他們頭上砸下來也沒停。

一月十七日，德夫通知員工，他決定不管政府停工的命令，一定要讓以色列英特爾在戰爭期間正常運作。但一切都採自願制：就算員工沒來上班也不會受罰。

一月十八日清晨兩點，德夫和大多數以色列人一樣是被空襲警報吵醒的，他和家人馬上戴上防毒面具，一起躲進家裡的避難室。警報解除後，他們才知道有八枚飛彈擊中特拉維夫和海法，落點靠近英特爾主要的研發機構，但是飛彈彈頭並未裝備化學武器。以後的日子還會有更多飛彈來襲，而且也不確定海珊會不會祭出化學武器。

凌晨三點半，德夫戴著防毒面具抵達廠房，直接走進無塵室。這裡是晶片工廠的核心，長年維持無塵環境，技師穿著密閉的操作服工作，看起來很像太空人。那裡的生產線已經恢復工作。他抵達後獲悉，稍早警報響起的時候，員工都躲進廠房內的密室，等到打電話回家報過平安之後，又回到自己的工作站。德夫本來預測，攻擊過後第一班早班開始，最好的情況是有一半的員工回來上班，結果當天竟然有百分之七十五的員工正常上班。隔天晚上伊拉克飛彈二度襲擊，英特爾海法設計中心的員工到班率增加到八成。攻擊越猛烈就有越多人出現。歡迎一起來見證以色列的「新正常情況」！

英特爾在加州聖塔克拉拉總部的主管搞不懂這是怎麼回事。兩天後以色列團隊正在和聖塔克拉拉總部做電話會議的時候，空襲警報再度響起，以色列人說先等等，他們要換個地方，於是他們戴上防毒面具，躲進避難室裡繼續通電話。一群英特爾員工甚至在廠區設立戰時幼稚園，因為外面的學校還沒開放，而員工如果想參與德夫大膽的復工計畫，就只能將小孩帶來工作。除了員工正規的工作之外，他們還輪流擔任幼稚園的志工。

德夫的付出，最後換得美好的成果。許多新的跨國公司都決定在以色列設立重要營運點。有些機構（如谷歌的設計中心）還是在二〇〇六年黎巴嫩戰爭時期前後建立的。

要解釋這個現象，不能單純從電腦工程的人力素質看待，還牽涉到一種沒有那麼具體的因素，例如要努力達成個人與國家雙贏的強力驅動力。以色列人用一個字來形容：davka，這個希伯來文單詞很難翻譯，意思是「怨念」，但又有點不同，頗有「故意在傷口灑鹽」的意味，就彷彿在說：「他們攻擊得越猛烈，我們就越要成功。」

埃登．沃海默在二〇〇六年黎巴嫩戰爭爆發時跟巴菲特說：「在飛彈攻擊我們的同時，只要把工廠生產量提升到歷年新高點，我們就可以決定哪邊會贏得戰爭。」以色列人將他們的經濟和商業信譽，都當成了關係國家榮譽的問題，可以用來衡量國家的穩定性，因此能讓國外投資人對以色列有信心，相信他們能夠光榮達成、甚至超越他們的承諾。多虧有德夫．弗羅曼、埃登．沃海默以及許許多多其他人的努力，使得那些想在以色列做生意的投資人和跨國企業，根本就不必擔心災難性風險的問題。

第十章　優茲瑪：希望火柴

約翰．藍儂曾經如此談論搖滾樂早期發展：

「在貓王之前，啥也沒有。」

談起以色列創投資金及高科技企業的成功，用藍儂的話來說，

在優茲瑪計畫實施之前，啥也沒有。

——歐娜．貝瑞

歐娜．貝瑞的兒子埃密幫媽媽接收了一封語音留言，然後把這個可能價值三千兩百萬美元的訊息傳遞給媽媽。德國電信公司西門子的副董事長打電話來，而恰好歐娜．貝瑞正在國外推銷，想將她的初創公司賣給另一個有購買意願的大公司，因此沒接到西門子的電話。西門子的留言訊息，預示了日後一段顛峰時期的開展，這是首度有歐洲公司想買下以色列的初創公司。這筆交易最後在一九九五年談定。

雖然這種情況在今天司空見慣，歐洲人已經在以色列的公司上投資了上億歐元，但在一九九五

年時，歐洲公司買下以色列初創公司，這可是前所未聞的事件。歐娜・貝瑞認為，多虧了當時一項叫做「優茲瑪」（Yozma）的政府新計畫，歐洲公司才會收購她設立的初創公司。她同時也認為，因為政府實施的這個計畫，才讓其他上百家以色列初創公司有相同的體驗。

貝瑞是以色列頂尖的商業領袖之一。一九九七年，她被任命為以色列工業貿易暨勞工部的科技總監（這個政府部會負責統領以色列的創新資源）。二〇〇七年，她成為以色列創投協會主席。她在南加州大學拿到電腦科學博士學位之後，就進入美國科技顧問公司優利任職，然後回到以色列為IBM工作，後來則進入英特爾。

一九九二年她首度創業，從以色列早期科技公司之一的「光纖電子」裡找了五名同事，共同創立歐耐特數據通訊公司。歐耐特通訊的主要任務，是為區域網路研發軟體及設備，並能夠將數據傳輸速度提升一倍。

早期大多數使用者還必須透過電話線撥接連線到網際網路的時候，乙太網路連線科技的發展卻能夠將區域網路連結起來，也就是將家裡或辦公室裡距離相近的電腦連結起來。區域網路能夠在網絡內的電腦之間傳輸更多資料，速度更快，但是頻寬大小仍然受限。歐耐特通訊的解決方案，是替這些連結起來的電腦創造一個開關。貝瑞估計，這樣能夠增加五十倍的頻寬。

歐耐特通訊在以色列北方的卡梅爾市只有少數員工，在波士頓還有一個辦公室，這樣貝瑞在美國的時候就能使用這間辦公室。公司剛創立時，她經常前往美國籌錢，但很快就發現根本沒人肯給。

「若沒有以色列本地創投資金的支持，根本就沒人願意做早期高風險的投資。」她這樣告訴我們。

創投資金是一種投資基金，通常用來投資高成長率的科技公司。但是對多數外國投資人來說，把錢投資在以色列身上似乎太荒謬，對他們來說，以色列就等同於古老的宗教、考古挖掘，還有致命的衝突。就算這些投資人對以色列的研發能力發出讚嘆，但在一九八〇年代後期，隨著巴勒斯坦主權運動崛起，約旦河西岸的暴動也日漸增加，投資人快被暴力衝突嚇跑了。而且這些都還是在一九九一年波灣戰爭時德夫·弗羅曼決定讓英特爾維持運作之前。

根據以色列創投公司「以色列種子夥伴」創辦者瓊·梅德威的說法：「你可以跟一家美國基金談，談到聲嘶力竭，口乾舌燥。然後你問：『怎麼樣，投資以色列吧？』他們會當面嘲笑你。」

創投不只是資金，也是顧問指導

一九八〇年代，以色列因為缺乏創投資金，也帶來了其他問題。在西方國家，創業投資者的角色不只是提供資金，更是顧問指導，讓公司有機會接觸到其他投資者、未來的買主、新客戶及夥伴。也因此，對尚未成熟的初創公司來說，創業投資人才顯得彌足珍貴。一個好的創業投資人能夠幫助企業家建立公司。

「很明顯當時的以色列缺少了點什麼。」伊果．厄里區說道。他是以色利工貿部的科技總監：「雖然以色列擅長研發科技，以色列人卻不知道如何管理公司或行銷產品。」

打從一開始，以色列企業家就必須從全球的角度思考，為幾千哩外或是好幾個時區之外的市場創造商品。但這一來又浮現嚴重的問題：要如何為市場客製化商品？顧客距離地中海岸如此遙遠，要怎麼為他們製造、行銷及分送商品呢？

在創投資金還沒進入以色列之前，以色列的創業人士只有兩個資金來源。第一，初創公司可以向以色列工貿部的「科技總監辦公室」申請補助金，但是這些補助金對初創公司真正需求的資金量並沒有多大幫助，所以到後來大多數公司還是失敗了。一九八〇年代晚期一份政府報告指出，有百分之六十的科技公司雖然獲得資格申請科技總監辦公室的補助金，卻無法持續籌措足夠的資金來行銷產品。或許他們可以製造出很棒的產品，卻賣不出去。

第二，以色列的公司也可以申請由美國和以色列兩國共同合資一億一千萬美元創立的「雙邊工業研究發展基金會」之補助，簡稱BIRD。該基金旨在支持美國和以色列共同合作的企業，提供五十萬至一百萬美元不等的補助金，分二至三年間發放，再從成功的企劃案中收取小額權利金來補充基金。

一九七八年，企業家艾德．莫萊夫斯基在美國和以色列針對工業研發的諮詢顧問會議上，發表了一場即席評論，讓他成為BIRD的基金執行長。BIRD創立於一九七六年，但到了一九七八年卻還沒有執行任何一項補助計畫，這場諮詢會議的目的就是要選出管理基金會的繼任者，而所有與會者都對執行長候選人名單感到失望。莫萊夫斯基出生在英國，後來入了美國籍，他在會議上說：「各位，這太可怕了，就連我都可以做得比這些候選人好。」委員會認為這是個絕佳的好主意，於是努力說服莫萊夫斯基辭去泰科國際公司執行副董的工作，舉家搬到以色列。莫萊夫斯基的妻子並不是猶太人，他自己對以色列也沒有強烈的情感連結，但是在美國商務部主管科學暨科技的助理部長喬登・巴洛區的請託之下，莫萊夫斯基還去了以色列，就像他說的：「去一個我不想居住的國家，面試一份我不想要的工作。」不過他的妻子很支持他。她曾經在一九七九年造訪以色列，當時就愛上這個還算年輕的國家裡那種創造時勢的文化。於是莫萊夫斯基向泰科公司請了長假，找了個倉庫寄存家中的家具，然後出發到以色列去。最後他總共擔任BIRD基金會執行長達十三年，接著和別人共同創立了雙子星公司，這是以色列第一批由政府資助的創投公司之一。以色列吸引莫萊夫斯基的部分原因，是這個國家勇於實驗新理想，原先他並不贊同這種文化，直到後來踏上以色列土地並融入以色列生活之後，才真正接受。

莫萊夫斯基說BIRD有點像是「婚友社」，因為他和他的團隊就是在為擁有科技的以色列公司挑選適合的美國公司，幫他們在美國行銷產品。還不只如此，這家婚友社還會補助約會的費用。

BIRD接觸的美國科技公司當中，研發預算都有限，和那些公開上市的公司比起來只算中型公司。他們也不敢貿然拿出營收去支付昂貴的研究。

莫萊夫斯基回想道：「我們到了那裡（美國公司），然後說：『有個地方叫以色列，你們可能聽過也可能沒聽過，我們可以幫你們聯絡那裡聰明、有創造力，又訓練有素的工程師，你們不用花錢聘請他們，也不用重新安排職位給他們，更不用擔心計畫結束之後會發生什麼事。我們不但介紹這一群人給你們，還替你負擔一半的費用，也會負擔以色列方面需要負責的一半費用。』」

到今天，BIRD已經在七百八十項計畫中投資超過兩億五千萬美元，最後促成直接或間接交易，所帶來的收入有八十億美元。

BIRD計畫所帶來的影響遠遠不只是營收而已：他們幫助正在急速發展的以色列科技公司，教導他們如何在美國做生意。這些公司和他們的美國夥伴密切合作，在美國租用辦公室，派遣員工到海外瞭解當地市場和顧客群。

在沒有權益融資的情況下，BIRD等於是一個通到美國市場的捷徑。即使投資失敗了，還是能夠學到如何專為某個市場創造商品的方法，而不只是單純的研發科技而已。

到了一九九二年，幾乎有百分之六十的以色列公司，都在紐約證券交易所掛牌上市；其中有百分之七十五列入納斯達克股市的公司，曾經接受過BIRD的協助。美國的創業投資家及一般投資人也都開始注意到這點。但是從以色列出口的高科技產品中，有百分之七十四來自於該國國內百分之四的高科技公司，換句話說，BIRD帶來的效益並沒有廣為分布。如果新成立的科技公司無法得到BIRD或是政府的補助金，他們只好努力精通「自助法」：利用個人資源和關係，或是任何其他的方法來籌措足夠的資金。

一九八二年，瓊．梅德威挨家挨戶去兜售他父親的光學無線電收發器，當時他就試過「自助法」。那時公司裡只有十個人，工作的地點真的就在車庫裡，組裝光學發射器和接收器。梅德威承認他在大學裡從來沒修過一堂數學課或物理課，對他父親一手創立的這門生意一竅不通，他也不會希伯來文。

「我會在一群以色列工程師面前大放厥詞，因為他們完全不懂光纖是什麼，」梅德威回想，「然後給他們上一課光纖課，要是他們真的問了什麼很難的技術問題，我就用希伯來文當藉口：『我聽不懂，抱歉！』」梅德威也真的為他的公司擬了一份行銷計畫，還用他那台跟公事包一樣大的電腦裡第一套表格程式，製作了一份營收規劃。不過他和歐娜．貝瑞一樣，發現很難募到資金。

吸引外資的「優茲瑪」計畫

工貿部的科技總監厄里區開始思考，該如何克服企業家面對的資金挑戰。可是馬上碰到反對的聲音：「別把時間和金錢浪費在新成立的小公司身上，他們的生意做不起來的。」不過，政府的經濟學家卻呼籲，要增加以色列和大型跨國公司之間的資金與合作關係，當時這些大公司都已經雇用了上千名以色列員工。

此時壓在以色列肩上的還有另一項挑戰：如何處理開始湧進國家的將近一百萬名蘇聯猶太人。政府估計若要吸收這些移民，以色列的經濟必須提供五十萬份新工作；而每三個蘇聯移民中，有一個就是科學家、工程師或是技術人員。以色列的高科技業似乎是最佳解決之道。但是光以目前的研發中心數量，還沒有辦法容納那麼多新員工。

一九九一年，政府創立了二十四處科技育成中心。這些育成中心讓多數來自蘇聯的猶太科學家在發明創新的早期研發階段，就能得到所需的資源和資金。育成中心的目標不單在於發展科技，同時也要決定該項產品該不該大量生產、銷售。政府為上百家公司提供資金協助，上限三十萬美元，許多蘇聯新移民因此才能從事自己的專業。不過，負責分發資金的官員對於創業投資這件事沒什麼經驗，所以政府無法提供這些企業家他們需要的支持和管理技能，創業家也就無法把研發成功的結果變成能夠銷售的產品。

「每年我想檢視這些小公司的成功案例時，都感到失望。」厄里區說，「他們可能在研發上成功了，可是在公司治理這件事上卻一敗塗地。」他開始相信，私人創投企業才是唯一的解藥。他也知道，以色列的創投業必須和國外金融市場密切連結，才能成功。國際上的連結關係，目的不只是要籌措資金而已，有抱負的以色列創業投資人還需要國際上的商業經驗。美國有上千家創投公司，都參與過矽谷許多成功的初創科技公司，他們有建立公司的經驗，又瞭解科技以及投資過程，可以引導第一次創業的企業家。厄里區想要把這種美國經驗傳遞給以色列。

這時候，在財務部的一群年輕官員提出一個計畫的構想，叫做「優茲瑪」，在希伯來文的意思是「開啟」。

歐娜・貝瑞告訴我們：「約翰・藍儂談論搖滾樂早期發展時曾說：『在貓王之前，啥也沒有。』若要討論以色列創投資金及高科技企業的成功，借用藍儂的話來說，在優茲瑪計畫實施前，啥也沒有。」

優茲瑪計畫的構想是，政府投資一億美元建立十個新創企業投資基金，每家基金都必須有三方面的代表：訓練中的以色列創業投資家、國外創投公司，以及以色列投資公司或銀行。同時也會有一筆兩千萬美元的優茲瑪基金，直接投資科技公司。

優茲瑪計畫一開始提供一個約三比二的資金補助：如果某個基金能籌到一千兩百萬美元投資新的以色列科技公司，則政府就提供八百萬的資金給該基金。後來申請者大排長龍，於是提高了標準：創投公司必須籌到一千六百萬美元，才能拿到政府的八百萬美元。

但是對外國創投公司來說，真正的誘因在於這個計畫可能帶來的利益。以色列政府可以得到新基金百分之四十的權益股份，但如果基金成功的話，基金夥伴在五年後可以選擇要不要便宜買斷股份，還加上年利。這表示政府會分擔風險，好處卻全都分給了投資人。從一個投資人的角度來看，這樁交易好到非比尋常。

「很少看到這樣的政府計畫，還附有進場和出場機制。」瓊・梅德威說道，「這是成功的關鍵。」而也很少看到有這樣的政府計畫，真的在達到初衷之後就退場，而不是無限期地繼續參與。

在那個年代，大多數精通生意經的海外猶太人都沒有在以色列投資，他們把慈善和生意當成完全不同的活動。雖然他們願意捐款給對以色列有幫助的非營利組織，但他們多半不願意投資以色列的高科技結晶。

當然也有例外。

史丹利・柴斯是加州的財務管理人，曾經協助第一批的優茲瑪基金募款，在加州和許多有錢猶太人不斷開會協商，為基金募得上百萬美元。企業家艾瑞爾・瑪家利離開了耶路撒冷開發局的工作，負責管理優茲瑪的基金，他說第一批基金大部分都是由那些「心中對耶路撒冷或以色列懷有熱情」的人籌來的。瑪家利成功拉到的第一個投資機構，是法國保險業巨人敬邦保險（GAN），該公司董事長是法國裔的猶太人，是瑪家利有次在飛往巴黎的航班上碰巧認識的。

「政府就像催化劑，」厄里區說。第一筆優茲瑪基金是結合兩方面的力量成立的：以色列貼現銀行，一家投資銀行；還有波士頓最早的創投公司艾德萬創投資本集團。該筆基金由長期擔任BIRD基金會執行長的艾德・莫萊夫斯基出面領導，另一人則是創投專家優希・謝拉。

艾德萬公司的合夥人名叫克林特・哈瑞斯，他說他第一次到以色列的時候，就覺得這個國家有點不一樣。他從機場搭計程車到特拉維夫的旅館，司機問他為什麼要來以色列，哈瑞斯回答說他是來勘查這裡的創投業。沒想到司機接著就開始介紹以色列創投業的現況。

艾德萬贊助的這個基金，後來命名為「雙子星以色列基金」。一九九三年十一月雙子星開始的第一波投資中，有一筆挹注給了歐耐特數據通訊公司，數額是一百萬美元，同時還提供歐耐特迫切需要的經營經驗輔導。莫萊夫斯基和謝拉發現歐耐特的管理部門缺乏生意經驗，於是幫忙找來了高科技企業老手梅爾．柏斯汀擔任歐耐特公司的董事長。柏斯汀在高科技企業圈具有豐富經驗，親手創立並領導以色列首批軟體公司之一的泰肯，然後又在以色列最大的國防科技公司之一泰迪蘭擔任董事長。柏斯汀為歐耐特帶來迫切需要的可靠度與實務經驗。

歐耐特把收到的第一輪大筆資金花光之後，又瀕臨倒閉的邊緣。此時雙子星基金的優希．謝拉接手擔任歐耐特過渡時期的總裁，每個禮拜有四天要在雙子星基金和歐耐特公司之間開車往返，一趟就要花兩個小時。「雙子星和歐耐特創立團隊雙方都一樣，」謝拉回憶，「整整花了六個月時間努力思考，才痛下決心賣掉公司，免得讓管理團隊分裂，更別提我自己都記不得開車往返兩地花多少時間。不過我們做到了。」

歐耐特公司後來會成功，另一項關鍵的要素就是雙子星基金成功引進另一個投資者，美國矽谷的渥登創業投資公司。渥登在矽谷相當成功，對歐耐特研發的這類科技擁有豐富經驗，他們在兩年內就回收了投資額三倍的利潤，使得歐耐特公司成為雙子星基金第一個成功的故事。

一九九二年至一九九七年間所創立的十個優茲瑪基金，在政府基金的協助下，共籌得兩億多美元。這些基金都在五年內被買斷或是私有化，今日他們管理將近三十億美元的資金，協助上百家以色列新公司。結果非常清楚，就像艾瑞爾．瑪家利說的：「創業投資是點燃希望之火的火柴。」

有幾個優茲瑪基金則是一出手就創造讓人驚艷的成功表現，投資了ESC醫療器材公司（設計及組裝以光線為基礎——例如雷射——的醫療器材）、伽利略公司（尖端半導體）、日常聯絡公司（企業電子郵件及訊息系統供應商）、加卡達公司（為大型公司客服員工設計線上作業區）等等。

還有其他人即使沒有政府的支持，一樣勇闖創投業的世界，瓊．梅德威就是個例子。他賣掉自己和父親建立的公司幾年後，聽說有一筆五百萬美元的優茲瑪資金可以申請，用來投資還在草創階段的公司。一般將這類投資稱為種子基金，因為這些投資通常被認為風險最高，所以優茲瑪提供一比一的比例：投資人只要拿出兩百五十萬美元，政府就再加碼兩百五十萬美元。

梅德威帶著準備開支票的投資人去找伊果．厄里區，希望能拿到補助金，不幸的是已經太晚了。但是沒關係，優茲瑪計畫在美國創投業引起一陣騷動，成功克服了「投資者不願在以色列做生意」的心理障礙。「以色列已經引起投資人足夠的興趣了，我們可以利用自己現有的那兩百五十萬美元，在一九九四年成立『以色列種子夥伴』。」即使沒有政府等額的補助金也沒問題，梅德威說。他的基金很快就成長到六百萬美元，「以色列種子夥伴」在一九九九年籌到四千萬美元，到二〇〇〇年則有兩億美元。

根據以色列創投協會的資料，現在有四十五家以色列創投基金。艾德．莫萊夫斯基說，一九九二年至二〇〇九年初期之間，以色列約有兩百四十家創投基金，這些公司專門以海外或國內資金投資以色列初創公司。

世界上其他國家很快就注意到優茲瑪的成功故事。工貿部科技總監厄里區接到外國政府的電話，包括日本、南韓、加拿大、愛爾蘭、澳洲、紐西蘭、新加坡及俄國，都想到以色列來見見優茲瑪的創立者。

二〇〇八年十二月，愛爾蘭啟動了一筆五億歐元的「創新基金」，希望吸引外國創業投資者的共同融資。愛爾蘭經濟學家大衛．麥威廉斯寫道：「愛爾蘭人的國家，現在要模仿猶太人的國家。雖然滿諷刺的一點是，在以色列建國前四十年間，愛爾蘭和以色列完全沒有外交關係。」愛爾蘭的創新基金和優茲瑪一樣，也吸引了外國創投業到愛爾蘭，透過一系列政府支持的創業投資基金，和私人基金合作。

麥斯威廉說：「愛爾蘭希望不只能吸引美國資金與商業長才，更要從全歐洲吸收企業家過來。歐洲人才濟濟，但卻沒有什麼創立初創公司的紀錄。許多投資人可能都要問：歐洲版的谷歌在哪裡？這問題很值得探討。在未來十年，如果歐洲版的谷歌可以借用愛爾蘭和歐洲的才能、美國的資金，在這裡創立，那會如何呢？那可就價值連城了。」

專注投資於特定產業

優茲瑪提供了以色列科技業所缺少的關鍵要素，讓他們得以參與一九九〇年代科技業的興盛發展。但在二〇〇〇年，以色列科技業同時受到多重打擊：全球網路經濟泡沫破滅，奧斯陸和平協商過程破裂，演變成一連串恐怖行動，經濟陷入衰退。

但是以色列初創公司很快就適應了環境，開始起死回生。這段期間，以色列在全球的創業投資比例翻了一倍，從百分之十五提升至百分之三十。但是會有這樣的結果，是因為政府在於稅率和政策環境都鼓勵科技初創公司及外國投資人，卻沒有對經濟其他面向提供相同的支持。

例如，科技初創公司固然可以吸引很多融資，但如果想要成立比較傳統的產業，就連要拿到一筆小額商業貸款都是困難重重。以色列資金市場是高度集中且限制很多的。有一個特定產業，看起來似乎十分符合猶太人的專長，那就是金融服務，但在以色列金融服務業就連開始都沒法開始。

二〇〇一年，塔爾．凱南從哈佛商學院畢業。「我有很多在華爾街工作的朋友都是猶太人，然後我突然想到以色列這個猶太國家並沒有這樣的產業。如果要談管理投資，以色列是八字都還沒一撇。」凱南說道。

原因在於政府的限制。凱南發現，以創投業來說，「政策限制和稅法制度都放得很寬，你的運作在本質上就彷彿不在以色列一樣，這樣很好，而且也創造出很棒的產業。政府基本上是不干預創投業的。」他接著說，「若不是創投業，你根本什麼也做不了，你負責管理的每一分錢都不准收取業績表現費用，所以就乾脆放棄這整個產業，根本就開始不了。」

資產管理業有個簡單的模式：公司對於管理的資金，一律收取約百分之一或二的管理費；但真正的利潤是在於基金業績表現費，通常是投資報酬的百分之五至二十，每家公司各有不同。

在二〇〇五年一月以前，以色列的資產管理公司收取業績表現費都還是非法的，所以當然也就沒什麼所謂的產業了。

當時的財務部長本雅明·「畢畢」·內坦亞胡做出了改變。

二〇〇三年，在總理艾利爾·夏隆的支持下，內坦亞胡降低了稅率，削減政府移轉，實施公務員減薪，並砍掉四千個政府職位。同時，他將一些最具象徵性的國營企業民營化，例如以色列國家航空以及國家電信公司「比捷克」（Bezeq）。另外，他也著手進行金融業改革。

「他對付的是政府在經濟上扮演的僵直角色，就這一點來說，畢畢（內坦亞胡的綽號）不是改革者，而是革命者。改革是你改變政府的政策，而革命卻是改變國家的思考模式。我覺得畢畢可以改變思考模式。」資深公務員朗恩·德莫說道。他曾經擔任四任以色列財務部長的幕僚，包括內坦亞胡在內。

內坦亞胡告訴我們：「我向人民解釋，私人經濟就像瘦子背上扛著胖子，而這胖子就是政府。

雖然我的改革引起勞工聯盟大規模的全國性罷工，但我重新改變了經濟的本質，這點讓許多人支持我。只要曾經試過在以色列創立（非科技）公司的人都能瞭解。」隨著以國經濟逐漸脫離舊的規範，內坦亞胡的改革漸漸得到大眾的支持。

同時，內坦亞胡推動的銀行業改革也開始發揮影響，首先逐步淘汰一些年收益保證有百分之六的政府公債。在此之前，以色列退休基金和壽險基金的資產經理人，只要投資這些保證獲利的債券就好。退休和壽險基金「只要買這些特定債券，就可以達到承諾的獲利，所以他們都不投資其他的東西。」凱南說道，「因為有這些債券的存在，以色列投資者就沒有動力去投資其他私人投資基金。」

現在這些保證獲益的政府債券到期後，再也無法展期了，每年就因此多出三億多美元需要投資到別的地方。「所以突然間，碰！你找到了一個以色列本地的資金來源，可以創立投資產業。」凱南說道。我們在他特拉維夫三十層樓高的辦公室裡，這裡是他新的投資基金總部，可以遠眺地中海。「結果，現在的大型國際資產管理公司幾乎都會來以色列看看，不管是股票或是新的企業債券市場，這個市場三年前還不存在，也賺不了錢。」

因為內坦亞胡的金融改革，投資經理人也可以合法收取業績表現費。凱南一秒也不浪費，馬上就創立了KCPS公司，這是以色列第一個全方位金融資產管理公司，在特拉維夫和紐約都有據點。「我一讀到畢畢的改革草案，馬上就開始動作了。」凱南說，「這絕對可以把我們的非高科技經濟加以自由化。」

凱南認為，有很多本地人才還沒有受到重用。「你仔細想想以色列年輕人在軍隊情報單位裡所學的東西，通常都是高度精密、大量分析的技巧，利用演算法塑造出總體經濟趨勢。如果他們想加入高科技業，有很多初創公司在他們服完役之後就會吸收他們。但要是他們想走金融業，他們就得到國外找機會。現在不一樣了。就這麼想吧，」他繼續說：「有以色列人在倫敦艦隊街工作，那是因為國內沒有他們的位置。從二〇〇三年起，以色列就有他們的位置了。」

第四部　動機充分的國家

第十一章 背叛與機會

以色列有兩位真正的高科技之父，
阿拉伯世界的杯葛，還有查爾斯．戴高樂，
多虧他們的逼迫，我們才能發展產業。

——優希．瓦爾帝

在這本書中我們不斷指出，因為有以色列國防軍隨機應變、無視階級的文化，才有以色列的初創公司，也形塑了以色列經濟。這樣的文化，如果再加上以色列人在軍隊精英單位及國營國防產業中學來的科技奇才，就融合成一股強大的力量。但是以色列國防產業的誕生卻是非比尋常，從來就沒聽過有哪個這麼小的國家，能夠擁有自己本地的軍事工業集團。這件事起源自一位親密盟友，在一夜之間戲劇性的背叛。

要瞭解以色列的轉捩點，最好的方法是先看看美國的類似經驗。二次大戰後景氣復甦繁榮的那段期間，美國的全球地位突然被蘇聯超越，因為蘇聯發射了第一顆人造衛星史潑尼克一號。蘇聯居然在太空競賽中拔得頭籌，讓美國人非常吃驚，但回想起來，對美國經濟來說卻大有好處。

創新經濟學家高健說蘇聯的人造衛星「是一聲起床號，美國人也聽見了。我們重新修訂學校課程，強調科學與數學課程。我們通過國防教育法，撥出九千萬美元預算（大約等同現在的六十億美元），提供獎學金、助學貸款以及科學設備給學校。」太空總署及阿波羅計畫也在此時成立，五角大廈也成立一個有力的新單位，專責鼓勵民間的研發團體。

大約十年以後，尼爾．阿姆斯壯踏上月球。阿波羅計畫以及五角大廈相關的國防投資，刺激了許多科技新發現，最後都成為商品，對經濟有轉型性的影響。這些目標一致的研究及研發計畫催生出一個全新的產業，包括航空電子學及電子通訊學，同時也產生了網際網路，成為美國回應史潑尼克的產物。

以色列也有自己的史潑尼克時刻，比美國晚了十年。一九六七年六日戰爭前夕，戴高樂為以色列上了寶貴的一課，教導他們依賴他人的代價。

戴高樂潑的一盆冷水

戴高樂建立了法國第五共和，二次大戰起就陸續擔任法國高階將領或政府職位，更在一九五九年至一九六九年期間擔任法國總統。以色列獨立之後，戴高樂和這個猶太國家結盟，以色列領袖認為他們和他建立了一段深切的親密友誼。結盟的內容包括法國承諾供應以色列重要的軍事設備及戰鬥機，甚至也簽訂祕密協定，要合作發展核子武器。

就和許多小國一樣，以色列傾向從其他國家買進大型武器系統，而非自行投入大量資源來生產。但一九五〇年五月，美國、英國及法國共同簽訂了三方宣言，限制對中東地區的武器交易。

既然不能從國外進口武器，以色列開始利用地下兵工廠發展武器工業，其中一家工廠還真的是藏在地下，就在一家集體農場的洗衣場下方，洗衣機不斷運作，好掩蓋底下敲打的聲響。這座工廠利用從美國偷渡進來的戰後剩餘工具，在一九四八年時的機槍產量就達到每日上百支，臨時搭建的工廠裡堆滿了來自全球各式各樣的走私槍枝。早在一九三〇年代，大衛・本古里昂就經常派人祕密出國收集武器，例如一九三六年間，葉胡達・阿拉茲曾經成功把來福槍藏在蒸汽鍋爐裡，從波蘭運回到海法港口。一九四八年，他又冒充尼加拉瓜大使，交涉買進五把法國舊式機槍。

以色列就靠著這些鋌而走險的方式撐了過來。到了一九五五年，蘇聯透過捷克斯洛伐克，鑽過三方宣言的漏洞，和埃及達成一筆高達兩億五千萬美元的武器交易。戴高樂回應的方式是支持埃及的敵人以色列。一九五六年四月，他開始運送大量現代武器到以色列，這個彈丸小國終於擁有可靠且頂尖的武器來源。

一九五六年，埃及將蘇伊士運河收歸國有，以法兩國的關係更加密切。法國要靠蘇伊士運河維持中東地區到歐洲的海運，以色列國防軍協助法國，保護法國人通過運河，法國的回報就是給以色列更多武器。法國和以色列之間的合作越來越密切，武器的供應也越來越多。戴高樂的諜報單位獲得以色列的協助，在法國的殖民大本營阿爾及利亞消弭反對法國的勢力。一九六〇年，法國答應在未來十年內，供給以色列兩百輛AMX13戰車，以及七十二架神祕式戰鬥機。

但在一九六七年六月二日，就在以色列即將對埃及和敘利亞這兩個國家發動突襲的三天前，戴高樂突然潑了以色列一盆冷水。他告訴自己的內閣：「法國不會贊同，也不會支持先發動攻擊的國家。」

戴高樂想做的，不只是預防一場中東戰爭而已。由於情勢發展的結果，法國需要找尋新盟友。一九六七年，法國在北非經歷了一場漫長又痛苦的戰爭，終於退出阿爾及利亞。戴高樂此時的優先考量是要跟阿拉伯世界建立友好關係，所以和以色列交好對法國已經不再有利了。「戴高樂的法國不需要朋友，只有利益。」法國每週發行的新觀察報當時做出這樣的評論。

戴高樂的繼任者是喬治．龐畢度，他在一九六九年當選總統之後，也接續這項新政策。法國原本答應要給以色列的兩百輛AMX戰車改運往利比亞，法國甚至將以色列已經付錢的五十架幻象戰鬥機送到敘利亞——以色列最難纏的敵人。

以色列馬上開始尋求替代方案。一手建立以色列空軍的艾爾．史威莫親自去找一位同情他們處境的瑞士工程師，跟他拿到幻象戰機引擎的藍圖，這樣以色列就可以仿製這種法國戰機。以色列也重拾建國前的那種走私手法。一九六九年的一次任務中，以色列人偷了五艘砲艇，從法國一路橫越三千哩海域開回以色列，沿途對抗高達二十呎的浪頭。這些價值百萬美元的海軍艦艇，都是在武器禁運實施之前，就答應要給以色列的。一九七〇年的《時代雜誌》對這件事有相當生動的描寫：「自從二次大戰獵殺德艦俾斯麥號以來，就沒看過這樣的海上追逐了……在以色列人後面的追兵包含法國偵察機、一架馬爾他島英國皇家空軍的坎培拉轟炸機、蘇聯油輪、美軍第六艦隊的大量船隻、電視媒體攝影師，甚至還有義大利漁船。」

但是這樣的惡作劇也彌補不了殘酷的事實：中東地區的武器競賽正加速前進，而此時的以色列卻失去最重要的武器及戰機供應者。一九六七年法國的武器禁運讓以色列陷入一個無比脆弱的境地。

雄獅戰機計畫帶動高科技業

在一九六七年的戰爭之前，美國就已經開始販賣武器系統給以色列，一開始是在一九六二年，甘迺迪執政的時候，已經調送一批鷹式地對空飛彈過去。當時耶路撒冷的第一選擇是讓美國取代法國，成為以色列主要武器供應商，但是法國的背叛讓以色列一致同意，不能再過度依賴外國武器供應商。因此雖然過去從來沒有其他小國成功過，以色列還是決定必須趕快行動，製造生產戰車及戰鬥機等大型武器系統。

這股獨立的動力使得以色列製造出梅卡瓦戰車，一九七八年首次亮相後，現在已經發展到第四代。同時也產生了鷹式戰鬥機，就是以色列版的幻象戰機，然後是一九七三年首度起飛的幼獅戰機。

不過野心最大的計畫，是由以色列和美國共同出資，利用美製引擎生產雄獅戰鬥機。雄獅戰機不只要取代幼獅，還要成為世界頂尖戰鬥機之一。

雄獅戰機在一九八二年進入全面發展，在一九八六年最後一天，第一架飛機首次試飛。在一九八七年八月，投入了數十億美元造了五架飛機之後，以色列及美國雙方都承受了極大壓力，因此先是在美國國會通過，之後以色列內閣也以十二對十一票，決定計畫取消。

多年後，雄獅戰機計畫的發起及取消，仍然備受爭議。有些人認為，這項計畫從一開始的野心就大到不可想像，根本就是浪費公帑；也有人相信，取消雄獅計畫實在是錯失良機。例如一九九一年沙漠風暴行動期間，《國際飛行雜誌》（*Flight International*）刊出一篇文章，一名編輯寫下他在一九八八九年間駕駛雄獅戰機的經驗：「現在正當聯軍在波斯灣作戰的時候，他們就會想念他們真正需要的戰機。我曾經駕駛過世界上最好的戰機，心裡卻很明白這架戰機永遠上不了戰場，實在非常可惜。」

雖然計畫取消了，雄獅戰機的研發還是造成相當重要的軍事影響。首先，以色列人做了相當重要的心理突破：他們向自己、盟友以及敵人證明了他們不必依靠任何人，也能提供國家生存最基本的要素，那就是一套高階的戰鬥機計畫。其次，在一九九八年，以色列和其他十幾個國家一起合作發射衛星到太空中，若非有雄獅戰機研發計畫期間所累積的科技知識，就不可能成功。第三，雖然雄獅戰機計畫取消，可是投資在計畫中的幾十億美元，卻將以色列的航空電子學帶到新的境界，而且就某些方面來說，也加速了未來高科技業的蓬勃發展。計畫取消的時候，一千五百名工程師突然失業，有些人離開以色列，但大多數都沒有走，因此私人企業界突然得到大量來自軍事工業的工程技術。原本只專注在一架飛機上的絕頂科技長才，突然被釋放而影響了經濟。

出生在以色列的優希·葛羅斯曾經擔任雄獅戰機計畫的工程師，他母親是奧許維茨集中營的倖存者，在大屠殺過後從歐洲移民過來。在以色列求學期間，葛羅斯在以色列技術工程學院接受航空工程技術的訓練，然後在以色列航太公司工作了七年。

葛羅斯剛進公司的時候是在設計部門工作，後來擔任試飛工程師。他曾經想到一個好點子來改良起落架，但是主管卻告訴他不要搞創新的東西，只要模仿美國F16戰機的零件就好了。「我工作的那家大公司，有兩萬三千名員工，你不能玩創意。」他回想道。

雄獅戰機計畫取消後不久，葛羅斯決定不但要離開以色列航太公司，還要離開整個航空工程界。「在航太領域當不了企業家。」他解釋，「公司是政府的，計畫規模都很大。但是我在那裡學到很多技術性的東西，後來對我助益良多。」

這位前航太工程師日後創立了十七家初創公司，研發超過三百項專利。所以就某個程度說來，優希・葛羅斯應該感謝法國。查爾斯・戴高樂大概並不想幫助以色列科技產業突飛猛進，但是因為他讓以色列人覺醒，不能依靠外國提供武器系統，戴高樂的決定反而對以色列經濟有關鍵性的貢獻。在法國杯葛以色列之後，以色列大量增加軍事研發，讓當代以色列工程師學到非凡的經驗。但還需要另一項因素，才能催生出以色列的初創公司風氣：不管社會秩序多麼動盪不安，以色列不斷採取卓越的跨領域方案，也勇於嘗試一切事物。

第十二章 飛彈頭到間歇泉

假如世上多數空軍都可比擬為一級方程式賽車，那以色列空軍就像破舊的吉普車，上頭堆滿工具……在這裡，打從第一天就是越野賽。賽車在我們這種環境就是不管用。

——優瓦・都坦

雖然外表看起來不太像，不過道格・伍德的確是以色列新徵召的幫手。他身上冷靜沉穩的氣質，和那些比較衝動的以色列同事非常不同。他從好萊塢被聘請過來，從事一項在耶路撒冷從來沒有人試過的工作：負責執導「動畫實驗室」製作的第一部長篇動畫電影。動畫實驗室這家初創公司，是由以色列創投企業家艾瑞爾・瑪家利所創立。

伍德曾經在透納影業、華納兄弟影業與環球影業任職長篇動畫研發製作副總裁。瑪家利邀他到耶路撒冷去製作一齣長篇動畫時，伍德說他想先看看耶路撒冷有沒有真正的創意人才。耶路撒冷的比撒列藝術設計學院是以色列頂尖的藝術設計學術機構，伍德在那裡待了一段時間之後，他終於相信以色列也有創意人才。「我和那裡的教職員見面，見了一些電視劇作家，還有（作家）梅爾．沙萊夫，以及其他很會說故事的人。」他告訴我們。「他們就跟你在全球頂尖藝術學校見到的人一樣厲害，可能還更棒。」

他也發現以色列有些不同的地方。「這裡的人，有一種『一人扮演好幾個角色』的多重任務習性。我們諮詢過很多以色列科技人才，他們想出很多創新的方法改善我們的工作動線，做事情更直接。有一次，我跟一個比撒列藝術學校的研究生在做一項創意計畫，他看起來就是那種藝術系學生的樣子，長髮、戴耳環、穿著短褲和夾腳拖。突然我們遇到一個技術性問題，我本來要打電話找學校技師來處理，可是那個學生放下自己的繪圖工作，開始動手解決問題，就像個訓練有素的工程師一樣。我問他是從哪裡學來的，結果他說他是空軍的戰鬥機飛行員。**這個藝術學生？戰鬥機飛行員？**彷彿在這裡的世界是互相衝突的，或者說是互相流通的，就看你怎麼看待這件事了。」

一級方程式賽車vs.破舊的吉普車

不意外，這種多重任務的能力，也是以色列國防軍培養出來的，而其他許多以色列科技人才都擁有這種能力。戰鬥機飛行員優瓦．都坦告訴我們，以色列軍隊對於專長有很特殊的偏見：「如果世界上多數空軍都可比擬為一級方程式賽車，以色列空軍就像破舊的吉普車，上頭堆滿工具。」都坦說：「在封閉的賽道裡，一級方程式賽車一定會贏。但是在以色列空軍裡，打從第一天就是越野賽……賽車在我們這種環境就是不管用。」

一級方程式賽車和吉普車的作戰策略，可不只是表面上的不同而已，兩者還有完全不同的戰術和思考模式。這點從各國空軍為作戰任務所建立的「混合編組攻擊機群」就能看出來。多數西方空軍的攻擊機群，都是由一波接一波的機隊組成，最終的目的是要把炸彈扔在目標上。

美國通常使用四波機群，每種飛機的功能互異，但每種飛機只負責完成任務中一項特定工作：例如先是一批戰機進行戰鬥空中巡邏，用來清除敵機的威脅；第二波負責消滅敵方可能發射的防空飛彈；第三波則派出電子偵察機、雷達機來蒐集戰場情況，還有空中加油機來補充燃料；最後輪到對地攻擊，也就是載著炸彈的飛機。整個過程都有戰鬥機在頭頂掩護，防止意外發生。

都坦認為美式的空中作戰方式「有勢不可擋的威力，協調也相當良好。但是在後勤行動上變得難度很高，你得在正確的地點和加油機碰頭，還要跟偵察機會合。如果其中某個人錯失了幾秒，整個行動就失敗了。以色列空軍就算有這樣的資源，也沒辦法策劃出這一套戰法，以色列人一定會弄得一團亂，因為我們的紀律訓練不夠。」

在以色列的方式裡，幾乎每架飛機都是一機多用。「不管是什麼樣的任務，每次出任務一定要攜帶空對空飛彈。」都坦說道：「縱使你要轟炸的目標是在黎巴嫩南部，途中絕不可能遭遇敵機，就算有敵機出現，我們自己的基地也就在兩分鐘的航程以外，立刻會有友機過來幫你。不過，只要進入敵方領空，就一定要掛帶空對空飛彈。」

同樣地，以色列空軍幾乎每架飛機上都有電子作戰系統。美國空軍會派出特別的電戰機來攻擊敵方雷達，但以色列不會。「這件事你得自己來，」都坦強調，「或許沒有美軍的那麼有效，但是卻多了很多彈性。」最後，在以色列典型的攻擊機群中，幾乎百分之九十的飛機都帶著炸彈，都有分配到自己的目標。而美軍攻擊機群，只有最後一波的攻擊戰機才帶著炸彈。

以色列每個飛行員不但要知道自己的目標，還要知道其他編隊所負責攻擊的目標。「比方說，萬一有架飛機被擊中，另外兩架飛機就會分頭行動，一架去救被打落的駕駛，或者和敵機纏鬥……另一架則要負責他們的目標。」都坦解釋道，「一定要這樣子，其實這種安排很正常，有一半以上的時間，你攻擊的都是別人的目標。」

若是以色列和美國飛行員進行聯合演習，那這兩國的差別就更明顯了。有次都坦參與美、以聯合空中演習，他很驚訝地發現美國飛行員都收到一張「表演卡片」，上面用圖表示每個飛行員在飛行時應該實施的飛操動作。「我們看到就傻了，**這什麼鬼東西啊？**別人想做什麼事情，你有幾次猜中過？」對都坦來說（他現在已經是一名投資人），美國的方式有點像「進行交易的時候大喊著：『管他市場在幹什麼，我要買進。』」

「混搭」概念與創新發明

這種「多重任務」的習慣，製造出一種環境，在這樣的環境中，工作職稱以及各職稱的分別都沒什麼意義了。道格．伍德從好萊塢轉來耶路撒冷發展時就注意到這一點：「這樣很棒，因為傳統的好萊塢片廠會說你需要一個『設計總監』，然後還有一個『製作總監』，或者是一個『設計主管』。在以色列，這些職稱有點不適當了，真的，因為他們在某些方面是可以互換的，而且這裡人做事本來就不只一項工作。」

他告訴我們：「比方說，我們有個人在CG組工作，就是電腦繪圖組，不過他也幫忙做角色的3D黏土模型。有次我們在做一段連續鏡頭，在這段製作中的三十秒連續鏡頭結尾，他想出一句很好笑的台詞，我真的很喜歡這句台詞，所以就重寫了劇本，把這句加進去。於是這個CG小子跨過領域的圍牆，不但做黏土模型，連劇本都參一腳。」

在美國有個字可以用來形容這種跨界的行為，叫做「混搭」（mashup）。這個字不斷快速演化，加上新的意義。原本是用來指將兩首或更多歌曲融合成一首歌，也能表示數位與影像的結合，以及某些網路應用程式配合其他網站資料的使用，例如房屋租賃地圖網（HousingMaps.com），就是將分類廣告網站上的租賃消息，利用圖像標示在谷歌地圖上。在我們看來，將完全不同的科技和領域結合在一起，所迸發的創新才是更強力的混搭。

以色列最常使用混搭概念的公司，首推醫療儀器及生技領域的公司。在這種公司裡，常有風洞工程師和醫生共同研究一台信用卡機大小的儀器，能夠淘汰傳統的注射方式。或者某家原本研究β細胞、光纖以及黃石公園水藻的公司，卻製造出可植入人體的人工胰腺來治療糖尿病。甚至還有一家初創公司的主業是生產一種可以傳輸影像的藥丸，該公司利用從飛彈彈頭借來的光學技術，發展出一種吞進肚子後能從你的腸子裡傳輸影像出來的藥丸。

葛瑞爾．愛登過去曾經是軍火商拉斐爾公司（以色列國防軍的主要武器製造商）的火箭科學家，專長是精密的電子光學儀器，能夠讓飛彈「看到」目標。一般人討論到醫療器材的時候，大概不會馬上聯想到飛彈科技，但愛登有個嶄新的想法：他要利用製造飛彈所需的最新微型化技術，在藥丸裡擺進一台攝影機，能夠從人體內部傳輸影像。

很多人都告訴他這是不可能的，在人能夠一口吞下去的藥丸裡面，不可能有足夠的空間塞進一台攝影機、訊號發送機、光源和電源。不過愛登不相信。有次他還去超級市場買了好幾隻全雞，回來測試剛研發出來的原型膠囊藥丸傳輸的訊號，是否能夠穿透動物組織。他開創事業的根基就是這些藥丸攝影機，或稱膠囊內視鏡，他將他的公司命名為基文影像公司。

二〇〇一年，基文影像成為九一一攻擊事件之後全世界第一家在華爾街上市的公司。到了二〇〇四年，公司成立六年，基文影像已經賣出十萬台膠囊內視鏡。二〇〇七年初，公司的銷售額達到五十萬台的紀錄，接著在二〇〇七年底，已經賣出將近七十萬台。

今日，最新一代的膠囊內視鏡輕輕鬆鬆就能每秒傳送十八張影像，運作時間長達好幾小時，可以到達病人腸子的最深處。醫生可以即時看見人體內的影像，不管是在病人身旁，或是在地球另一端都沒有問題。這塊市場仍然很大，也吸引了強大的競爭對手，攝影機龍頭業者奧林帕斯也正在研發將他們生產的鏡頭裝進膠囊中。會有其他競爭公司出現，也並不讓人意外，光是在美國，因為消化道疾病而去看醫生的人次，就超過三千萬了。

基文影像公司的故事不只是軍事科技移轉到民間企業而已，也不單是企業家從大型國防科技公司崛起的故事，這更是一個科技混搭的例子。這個人混合的不只是飛彈及醫藥這兩個不同領域，還整合了一系列不同的科技，包括光學、電子學、電池、無線資料傳輸以及軟體，都是為了幫助醫生分析他們所看見的東西。這種混搭的案例，是科技創新業人人追求的「聖杯」。事實上，特拉維夫大學最近一份研究顯示，以色列所開發的專利權與全球其他各國非常不同，數量最高，而且和先前專利的種類歧異度也最高。

這種混搭的例子還有一家公司，也是在軍事及醫藥兩個不同領域間搭起橋樑，那就是電腦基因公司。公司的三位創辦人——總裁埃里．明茲、科技總監西瓊．斐格勒以及軟體總監阿米爾．納坦——是在以色列國防軍精英單位「塔爾皮約」（參見第四章）認識的。電腦基因公司另一個從塔爾皮約退役的是里歐爾．瑪埃楊，他說公司裡共有六十位數學家，有二十五位都是透過軍中服役時認識的人脈關係進來的。

在以色列國防軍服役的時候，埃里．明茲發明一種演算法，可以過濾大量的情報資料，從中找出重要的片段，協助以色列成功追捕恐怖份子的活動網絡。他太太是一名基因學家，有次和他談自己研究內容時，提到需要篩選過濾大量的基因資料會遇到很多障礙，明茲認為他應該可以想出更好的解決方法。

明茲和他的夥伴打算要改革基因定序的流程。德國的默克公司在一九九四年買下電腦基因公司的第一台定序儀，遠在成功解讀人類基因組之前，此時電腦基因這家初創公司才剛成立一年。二〇〇五年，電腦基因公司改變方向，轉往藥品研發領域，採用和主流製藥公司完全不同的技術。

電腦基因公司結合了數學、生物、電腦科學以及有機化學，成為所謂「預測性」藥物發展的先驅。傳統上製藥者必須測試上千種化學合成方式，希望能找到「有用」的東西，電腦基因公司的策略是從基因層面下手，根據基因在製造蛋白質的過程中如何表現來研發藥物。

電腦基因公司的運作方式，主要不同就在於將「乾的」（理論性）以及「濕的」（生物性）實驗室結合在一起。「想像一下，你在跟海外或是國內另一處的大藥廠工作，」電腦基因公司的科技副總監艾隆．埃密特解釋，「如果你可以把生物學家和數學家擺在同一層樓工作，這樣來來回回討論該做什麼實驗、實驗方法如何，還有實驗模式的討論，就可以省去很多時間。」

雖然以色列最大的企業梯瓦公司之主力就在製藥業，現在製藥業又多了電腦基因公司，還有一堆新公司。但是對以色列的初創公司來說，製藥業還不算擁擠的。另一個更多競爭者參與的領域是醫療儀器，而且許多公司的研發都和藥物投遞有關。這個領域似乎頗適合以色列喜歡跨領域的思考模式，以及以色列人沒有耐心的國民性。畢竟，要研發藥物需要很長一段時間。

一家混搭科技的公司叫做愛康公司，該公司發展出一種藥品吸入器，大小和形狀都和信用卡差不多，其中包含一台藉由呼吸推動的風力渦輪發電器。很多吸入器的問題就是製造過程很麻煩又昂貴，必須找到方法透過金屬篩網有效釋放藥品，而且釋放的時機必須精準配合患者的呼吸，才能讓肺部有規律地盡量吸收藥品。

愛康公司似乎為這些問題找到了終極解決方案。在這張「信用卡」內，有一組像是風扇的推進器，患者從卡片邊緣吸氣時所造成的空氣流動就能啟動推進器。推進器運轉的時候，會刷過帶有藥品的篩網，於是就能將藥品從篩網上面「震」下來，有規律地進入這股氣流內。推進器只有在使用者吸氣時才會運作，所以藥品也就能自動送入患者肺部。

要將這些組合起來，需要非傳統式的工程技術整合，除了吸入器專家以外，愛康公司的團隊還延攬了丹．艾德勒加入，他的專長是設計燃氣輪機和飛機引擎，他也在以色列技術工程學院及美國海軍研究院任教，另外還擔任通用動力公司、普萊特和惠特尼公司，以及麥克唐納—道格拉斯公司等航太相關產業的顧問。

結合飛彈與藥丸、飛機與吸入器，好像已經很奇怪了，但是真正的混搭高手應該要屬優希．葛羅斯。他在以色列出生，也在以色列技術工程學院接受航太工程訓練，隨後進入以色列航太工作了七年，最後離開去追求企業家的夢想。

葛羅斯創立的十七家初創公司當中，有六家獲得皮坦科創投基金公司的投資。該基金公司的魯提．埃隆認為，葛羅斯的跨領域策略是成功的關鍵。「他有航太工程和電子學的訓練基礎，對物理、流動力學、血液動力學也很瞭解，如果要思考如何將儀器植入人體，這些知識就很有用。」而且，埃隆提醒我們：「他認識很多醫生。」

葛羅斯旗下有些公司結合的科技差異實在太大，幾乎都快成了科幻小說題材了。例如，貝塔氧氣這家初創公司正在發展一種可植入人體的「生物反應器」，用來取代糖尿病患者身上有缺陷的胰腺。糖尿病患者症狀發作的時候，體內的β細胞停止製造胰島素。移植β細胞可以解決問題，但問題是身體會排斥這些移植的細胞，且這些移植的細胞需要氧氣才能存活。

葛羅斯的解決方式是製造一個自給自足的微型環境，裡面包括利用從黃石公園間歇泉取得的水藻來製造氧氣。不過這種水藻需要光線才能存活，於是這個生物反應器（大小差不多等同於心跳節律器）裡面又裝上了光纖光源。β細胞會消耗氧氣，製造二氧化碳，水藻則正好相反，因此形成一個自給自足的迷你生態系統。整個生物反應器在設計上能夠於十五分鐘的門診時間內植入皮下組織，每年更換一次。

結合地熱藻、光纖，和β細胞來治療糖尿病，這是葛羅斯跨科技策略的典型例子。他另一家初創公司叫變形藥物醫療公司，結合了兩種不同的創新科技：利用射頻脈衝在皮膚上製造出暫時的微通道；以及第一款研發出來的粉末狀貼布。「這個儀器很小，」葛羅斯解釋，「就像手機一樣，放在皮膚上一秒鐘，利用射頻讓細胞脫落，在皮膚形成上百條微通道，然後在上面敷上粉末貼布。這不是一般貼布，大部分市面上的貼布都是凝膠狀或黏膠狀的，我們則是將藥品印在貼布上，是乾性的。把貼布貼在皮膚上時，組織液就會慢慢從微通道中滲出來，將貼布上經過冷凍乾燥處理的粉末拉進皮膚。」

葛羅斯聲稱，這項儀器解決了藥物遞送最棘手的問題之一：要如何不透過注射的方式，就讓像蛋白質這種大分子穿透皮膚外層。第一批的產品能遞送人體成長激素以及骨質疏鬆症藥物。目前像是胰島素和其他藥物、賀爾蒙以及分子藥物，大部分還是靠注射遞送，而能夠傳遞這些藥物的貼布也已經在研發中。

以色列喜歡科技混搭，不只是為了好奇，更是一種存在於以色列人心中的文化特色，讓他們如此創新。因為以色列人經常結合軍事及民間經驗，才會產生這種多元領域的背景。但是，也因為以色列人有這樣的思考方式，才能提出特別有創意的解決方案，才有機會開創新產業以及在科技上有「突破性」的進展。如果是在其他比較不自由、文化比較死板的社會中，縱使表面上似乎在商業發展處於領先狀態，也很難看到這樣不受限制的思考。

第十三章　酋長的兩難

這個地區的未來，全靠我們對年輕人的教導，教他們如何走出去創立事業。

——法迪・甘杜爾

從艾瑞爾・瑪家利的背景來看，大概無法預測他將來會從事創業投資。他出生於一處集體農場，一九八二年在以色列國防軍服役時，參與過黎巴嫩戰爭，後來到耶路撒冷的希伯來大學研讀數學與哲學，然後到美國哥倫比亞大學攻讀哲學博士學位。他的博士論文寫的是歷代領袖的特質，他認為他們是「企業領導者」，這些領袖對他們的國家，甚至是文明，都有深遠的影響。在所有偉人中，他特別描寫了溫斯頓・邱吉爾以及大衛・本古里昂，以做典範。

在這段時間裡，他為政治人物泰迪・寇列克工作。寇列克在一九六五年至一九九三年間擔任耶路撒冷市長。一九九三年，寇列克市長選舉失敗前不久，瑪家利提出一個協助鼓勵初創公司在耶路撒冷發展的想法，並且大力推銷。當時和現在一樣，耶路撒冷的年輕人紛紛出走，前往特拉維夫發展，那裡才是以色列活躍的商業首都。寇列克敗選下台後，瑪家利決定自己執行他的計畫，不過這次改在私人企業圈中進行。他把自己的新創業投資基金取名為「耶路撒冷創投夥伴」，還獲得優茲瑪計畫的投資。

他創立「耶路撒冷創投夥伴」基金之後，在一九九四年已經籌得上億元美金，資助者包括法國電信、德國英飛凌科技公司、路透社、波音公司、哥倫比亞大學、麻省理工學院，還有新加坡政府，這些只是一部分而已。他接著投資了十幾家公司，其中許多公司的股票已經公開發行，或者賣給國際買家，讓他賺了不少利潤。「耶路撒冷創投夥伴」投資的對象包括電力設計公司、基金科技公司，以及傑卡達公司，全部都在納斯達克股市上櫃交易。最成功的一次交易是繽紛網路公司，這家光纖網路公司以四十五億美元的價格，賣給朗訊科技。

二〇〇七年，《富比士》雜誌全球億萬富翁排行榜中的「全球最佳創業投資企業家」，瑪家利名列六十九。這張百大名單中只有三位以色列人，他就是其中一個，其他人大部分都是美國人。

但是瑪家利對以色列的貢獻，還不只是在商業領域而已。他另外拿出大量私人資產，以他的企業長才為基礎，想要為耶路撒冷的藝術文化注入新活力。他創立了「瑪巴達計畫」，也就是「耶路撒冷表演藝術實驗室」，帶頭探索科技與藝術之間的連結，同時用全球各地罕見的方式，將藝術家及科學家兩方面結合在一起並肩合作。

他還在一座廢棄的倉庫裡蓋了一間非營利性質的戲院，並將戲院隔壁的印刷廠改建成一個活力充沛的動畫公司總部，這個動畫公司叫做「動畫實驗室」，競爭對手就是美國的皮克斯，以及其他製作長篇動畫電影的公司。

耶路撒冷看起來不太適合興建世界級的電影片廠。這個古老的城市是三個一神教的宗教中心，跟好萊塢比起來實在是天差地遠。雖然最近有幾部以色列電影已經在國際電影節上引起重要迴響，不過電影製作從來就不是以色列人的專長。還有一個更複雜的問題，那就是以色列藝術界的中心是在比較世俗化的大城特拉維夫，而不是在聖潔的耶路撒冷，因為這裡比較多神聖地標、觀光客，還有政府機關。但是瑪家利想要創立的公司、工作機會、產業，以及創意商店，都是特別為了耶路撒冷而設計的。

每個人都認識每個人的「群聚」

這種對文化的熱忱，可能就是經濟上「群聚」（cluster）成功的關鍵，以色列的高科技產業就是典型的例子。哈佛商學院教授麥可．波特提出了群聚的概念，他認為，所謂群聚是一種獨特的經濟發展模式，因為這種模式依靠的是在某個領域相互關連的機構，例如公司行號、政府辦公室、大學等的「地理集中」。群聚能夠為社群帶來爆炸性的成長，因為在這個群聚中生活、工作的人們，在某個程度上都互相關連。

根據波特的描述，加州北部的「葡萄酒群聚」就是一個例子。這裡有上百座釀酒廠，上千名獨立耕作的葡萄果農；這裡也有葡萄原料的供應商、灌溉及收成設備的製造商、酒桶製造商，以及酒瓶標籤設計者，更別提還有完整的本地媒體產業，都是酒類廣告公司以及酒貿易出版商。加州大學戴維斯分校也在這個地區附近，該校擁有世界知名的葡萄栽種技術及酒類研究學程。加州葡萄酒協會就在南邊一點的舊金山。加州首府沙加緬度也在附近，州議會底下更設有特別委員會專門處理葡萄酒產業事務。類似的社群團體結構全世界都有：義大利的時尚群聚、波士頓的生技群聚、好萊塢的電影群聚、紐約市的華爾街群聚，以及南加州的科技群聚。

波特認為，一群人高度集中在某個地區，在同一個產業工作，談論的也是同一種產業，公司行號就比較容易找到員工、供應商及這個專業領域的資訊。群聚不只在工作場所才會出現，也是組成日常生活的一部分，在本地的咖啡店喝咖啡的時候、去接小孩放學的時候還有上教堂的時候，都可以跟同僚互動。社區的連結就成了產業連結，反之亦然。

就像波特說的，將群聚綁在一起的「社會黏膠」，也能加速獲取關鍵資訊。他強調，「群聚必須建立在私人關係上，建立在面對面接觸上，建立在共同利益的認知上，還有『自己人』的階級概念。」聽起來就像優希．瓦爾帝所描述的：「在以色列，每個人都認識每個人，每個人幾乎都無所遁形。」

失敗的「群聚」，以杜拜為例

瑪家利則認為，以色列正好具備適合的條件，能夠製造出這樣的群聚效果。這可不容易。畢竟，也曾有人刻意想要創造群聚，但沒有成功，比方說，杜拜就是這樣的例子。如果要在杜拜找一個像艾瑞爾．瑪家利的人，就會想到穆罕默德．加爾加威。加爾加威是杜拜控股主席兼總裁，而這家控股公司則是杜拜邦長穆罕默德．本．拉希德．阿勒馬克圖姆手上最大的企業，這位邦長同時也是阿拉伯聯合大公國總理兼國防部長。不管是從實質還是從表象來看，假如杜拜是一家公司的話，那麼穆罕默德酋長鐵定是「杜拜公司」的董事長。也就是說，杜拜的公共財務和酋長的私人資產是相通的。

一九九七年是加爾加威一躍成為顯要人物的關鍵年。他和穆罕默德酋長在一次阿拉伯式的「會面」（majlis）當中相遇。這種會面的目的，是讓一般平民有機會見到酋長，場面有點像是阿拉伯版的鎮民大會，只是互動沒有那麼熱絡。在這場會面中，穆罕默德酋長指著加爾加威說：「我知道你，你會有大成就。」

原來當時還只是中階政府官員的加爾加威，在幾個月前就被穆罕默德的「神祕星探」相中，這些星探的工作就是搜索全國各地，找尋有潛力的企業領袖。那次會面之後不久，加爾加威就平步青雲，進入酋長名下三大企業之一的管理階層。其他在杜拜政府工作的人告訴我們，加爾加威被選中的原因，是因為高層認為他能勝任技術官員的工作，具有極佳的執行力，但又不會挑戰統治者的願景。

杜拜人民的整個經濟系統之基礎，在於「賜予」這兩個字，這種情況使得絕大部分的當地人民都變得非常順從（杜拜一百四十萬居民當中，只有百分之十五真的是聯合公國的公民）。就像新加坡一樣，這裡的社會非常有秩序，沒有公開抗議政府的活動，就連和平抗議也沒有。杜拜第一個人權組織的創立者中，有不少人接受政府薪水，也要倚賴穆罕默德酋長的慷慨給予。

言論自由在憲法上受到「保障」，但所謂的保障並不包括批評政府的權利，人民也不可發言冒犯伊斯蘭教。在政府施政透明化這件事上，特別是跟經濟有關的事務，此地的趨勢完全和世界潮流相反。一條新的媒體法律明文禁止破壞阿拉伯聯合大公國的名聲或經濟，違者最多可罰一百萬元，大約是二十七萬美元。政府手上有一份禁制網站的名單，由國家網路審查制度執行禁令，因為這裡的使用者不是直接撥接連上網路，而是要經過一台代理主機，該主機則由國家壟斷的電信公司負責監督。為了服從阿拉伯聯盟杯葛以色列的政策，訪客或居民都不得經由室內電話或手機打電話到以色列，該國國內完全擋掉了以色列的927這組國碼。

穆罕默德酋長最近頒布命令，任命他二十五歲的兒子哈姆丹為王儲，另外兩個兒子則被任命擔任他的副手。在阿拉伯聯合大公國裡，像艾瑞爾．瑪家利這種人才根本就無法在政府擔任高官，也不可能競選大位。加爾加威是整個國家中二十一萬公國公民之一；人數雖然不多，但也只有這些公民才有資格擔任政府高階職位，或者在酋長的企業中擔任領導角色。

除了政府官員這個圈子以外，杜拜也開放讓外人來做生意。幾百年來，杜拜都是一個交易樞紐，交易的商品五花八門，從珍珠到紡織品都有。穆罕默德酋長的曾祖父在二十世紀初就宣布他的城邦為免稅港口，希望吸引伊朗和印度商人。

一九七〇年代，穆罕默德酋長的父親，也就是拉希德·本·賽義德·阿勒馬克圖姆，下令疏濬杜拜灣，並且在吉貝阿里這個地方建造全球最大的人工港口之一，就位在杜拜西南二十二哩處。到了一九七九年，吉貝阿里港成為中東最大的港口，而且根據一些專家的說法，從太空中只能看到三座人工建物：杜拜吉貝阿里港、中國萬里長城及美國胡佛水壩。吉貝阿里港現在是全球排名第三的再輸出中心，僅次於香港及新加坡。

拉希德酋長之所以有這種自由貿易的願景，是因為事實上杜拜的經濟泉源最後可能會乾涸。杜拜的石油和天然氣蘊藏量只有鄰近阿布達比的百分之〇·五，跟沙烏地阿拉伯相比更是少得可憐，杜拜的藏量可能在二〇一〇年就用罄。拉希德酋長曾說過一句很有名的話：「我祖父騎駱駝，我爸爸也騎駱駝，現在我開賓士車，我兒子開荒原路華，他的兒子也會開荒原路華，可是他兒子的兒子只能騎駱駝。」

除了建立世界級的港口，拉希德酋長也建立了中東第一個自由貿易區，讓外國人能夠回收百分之百的資金和利潤，也讓外國人能百分之百擁有產業及企業持股。阿拉伯聯合大公國及大部分阿拉伯世界都規定，所有公司的主要持股人必須是本國國民，而杜拜的做法則迴避了這樣的規定。

杜拜王族的下一代在穆罕默德酋長的帶領之下，讓自由貿易區模式更加蓬勃發展，並且為幾個特定的產業建立了企業園區，第一個落成的企業園區就是「杜拜網路城市」，在安達信會計事務所及麥肯錫顧問公司的協助下設計完成。

「杜拜網路城市」為有意前往中東、印度次大陸、非洲或前蘇聯共和國做生意的科技公司，提供了理想的基地。前述這些市場總共有十八億人口，國內生產總值加起來高達一兆六千億美元，非常有潛力。「杜拜網路城市」成立沒多久，就有一百八十家公司簽約承租，包括微軟、甲骨文、惠普、IBM、康柏電腦、戴爾電腦、西門子、佳能資訊、邏輯家，以及索尼愛立信。

在某個程度來說，杜拜網路城市是令人讚嘆的成功：到了二〇〇六年，世界前五百大公司有四分之一都在杜拜設點。接下來杜拜想要複製這段成功經驗，又建立了杜拜保健城市、杜拜生技研究園區、杜拜工業城、杜拜知識村、杜拜影城等等。當然還有杜拜媒體城市，吸引了路透社、CNN、索尼影業、博德曼媒體、CNBC、MBC、阿拉伯廣播網以及其他媒體公司來這裡設據點。

杜拜網路城市的行銷總監瓦迪．艾邁德是阿拉伯裔的英國公民。他解釋說：「我們實現了波特的群聚理論，如果你把同領域的公司全都聚集在一起……自然就出現商機。這是實實在在的聯網，我們將軟體開發商和整合商聚在一起，整個群聚包括六百家公司，每家公司相距不到兩公里……矽谷有點類似群聚，可是那只是一個地區，而不是管理完善的單一整體。」

杜拜在一開始的確表現出令人讚嘆的經濟成長，短時間內就搖身一變，成為重要的商業樞紐。但是以初創公司的數量來說，杜拜還無法和以色列相提並論，而且杜拜吸引的創業投資額也比不上以色列，更別說新發明和專利權的數量了。那麼，為什麼以色列和杜拜會有這樣的差別呢？

其實只要稍微深入探討一下杜拜網路城市的情況，答案就呼之欲出了。在這個網路城市裡，找不到任何研發中心或者以創新為重點的新公司。杜拜打開大門歡迎創新的全球企業，來的人也很多，但是他們的目的，卻是要將其他地方研發出來的創新產品，拿到特定的地區市場去推廣。所以，到頭來杜拜並沒有創造出一個欣欣向榮、高度創意的新群聚，而只是建造了一座很大、很成功的服務中心罷了。於是，穆罕默德酋長親自挑選了穆罕默德．加爾加威，來協助催生杜拜的經濟奇蹟，他的工作只是繼續發展管理這項龐大的投資，不需要刺激創新。

在以色列，事情就不一樣了。瑪家利是上萬名連續創業家其中之一，沒有人選他，他自己選自己。他所有的成功都是靠建立創新公司，然後和全球創投資金搭上線，讓公司進入不斷尋找新產品和新市場的科技生態系統。雖然以色列在建設加速發展的硬體設備方面，可能略遜杜拜一籌，但是事實證明，這裡的文化建設是一片更加富饒的沃土，更適合培養創新精神。

提供價格低廉的方法來做生意，藉此吸引新成員加入群聚，或許很有用，但卻維持不久。如果價格是群聚唯一的競爭優勢，總是會有其他國家用更低廉的價格來瓜分市場。真正能夠維持成長的因素，在於群聚的特質，例如一個緊密結合的社群，所有成員都一定會生活在這個群聚內，成家立業。一個群聚最關鍵的就是大家有共同的信念和命運，這比日復一日的商業競爭還要重要，而這種感覺是不容易製造出來的。

從這個角度來說，杜拜面臨的障礙很難跨越。不管是來自歐洲及波斯灣地區的商業冒險家，或是南亞及阿拉伯的臨時勞工，這些外國居民都只是來這裡賺錢的，僅此而已。一旦錢賺到了，他們就會回家，或者繼續下一趟冒險旅程。他們和杜拜之間是一種交易關係，不是來這裡共組緊密結合的社會，也不是一起來這裡扎根打拚或者建立什麼新東西。他們是用家鄉的社群做比較標準，來衡量自己的地位與成就，而不是用杜拜的標準；他們的情感依靠和在地感存在於別處。我們認為這對於要形成完全運作的群聚，是很基本的障礙，可能對於培養高成長率的企業經濟也會形成阻礙。

「自己人」的認同意識造就成功的群聚經濟

「如果以色列有網路經濟泡沫的問題，那麼優希．瓦爾帝也會坐鎮在泡沫裡頭。」谷歌創辦人之一的謝爾蓋．布林如此說道。他指的是二〇〇〇年全球科技市場崩盤的時候，瓦爾帝協助以色列網路業浴火重生，他當時就是這樣的靈魂人物。瓦爾帝的名字就是以色列網路初創公司的化身，他最出名的代表作品是ＩＣＱ，這是他兒子艾瑞克．瓦爾帝和三個死黨在二十出頭時創立的網路聊天程式。ＩＣＱ曾經是全世界最受歡迎的聊天程式，衛思力集團合夥人艾撒克．艾普鮑姆說，ＩＣＱ

是「永遠改變科技」的少數公司之一，其他公司包括網景、谷歌、蘋果電腦、微軟，以及英特爾。

ICQ這個名字是個文字遊戲，取英文「我找你」（I seek you.）的諧音。一九九六年十一月時問世，提供種子創業基金的就是優希．瓦爾帝。這是第一個讓視窗系統使用者可以互相即時溝通的程式，美國線上幾乎也在同時發明了自己的聊天程式，稱為即時傳訊（Instant Messenger, AIM），但是一開始只開放給美國線上的註冊者使用。

以色列的程式傳播速度比美國線上的快。到了一九九七年六月，ICQ啟動才半年，當時只有百分之二十二的美國家庭擁有網路，但ICQ已經擁有超過一百萬用戶。再過六個月，用戶人數躍升至五百萬，十個月之後增加到兩千萬人。一九九九年底的時候，ICQ總共有五千萬註冊用戶，成為最大的國際線上服務。ICQ是CNET資訊下載網站史上下載次數最多的程式，總計有兩億三千萬次下載。

時間回到一九九八年年中，美國線上買下了這家初創公司，當時ICQ的用戶達到約一千兩百萬。美國線上的出價是以色列科技公司交易金額最高的：四億七百萬美元。（以色列人很聰明，堅持全部要拿現金，不收股票。）

雖然以色列當時的高科技業發展已經很好，ICQ這筆交易依然掀起全國熱烈討論，也激發了許多以色列人想要自己出來創業。畢竟，ICQ的發明者只是一群年輕嬉皮。以色列人又拿出他們看見其他人成功時的標準反應：**如果這些傢伙都做到了，我可以做得更好**。而且，這筆交易成為全國之光，就像在世界科技奧運贏得了金牌一樣。一份以色列報紙以頭條宣示，以色列已經成為網路的「超級強權」。

瓦爾帝投資與網路科技相關的初創公司，因為他對這些公司有信心。其他投資人都將焦點放在以色列的「傳統」技術，例如國防產業，或者是熱門的新領域如環保科技與生物科技等。可是瓦爾帝單單只投資網路，他考慮的不只是獲利這個因素而已。更重要的原因在於，以色列就是他的群聚，他很注意自己在這個社群中，身為「自己人」的地位，他希望這個社群成功。因為有這樣的承諾，他也很注意自己要如何協助這個產業度過困境。為了個人也為了國家而投資，這就叫做「可獲利的愛國主義」。這個趨勢的出現，雖然晚了一點，不過有越來越多人注意到這點。

一百多年以前，一九〇七年的大恐慌時期，當時還沒有美國聯邦準備理事會，但是著名的銀行家約翰·皮爾龐特·摩根幾乎是獨力穩住了美國經濟。「摩根不僅投入自己部分財產，也組織整個金融界，一起加入救援行動。」商業歷史學家兼傳記作家朗恩·契諾說道。

二〇〇八年爆發危機的時候，華倫·巴菲特似乎也扮演了類似的角色，在短短兩星期內，投入八十億美元金援高盛及通用電氣兩家企業。當恐慌加遽的時候，巴菲特深知，他繼續大量投資的這個舉動，或許會讓市場知道，他身為美國最負盛名的投資人，不會坐等股票繼續下跌，並且相信經濟不會垮台。

瓦爾帝對以色列經濟的干預當然沒有那麼大的規模，但即使如此，他還是能影響以色列各行各業的初創公司。他形同領導人的角色，讓網路業仍然前景看好。他只要堅定地不斷投資一項產業，就算大家都棄之如敝屣，還是能扭轉情勢。

「網路關鍵網站」（TechCrunch）是一個影響力深遠的研討平台，二〇〇八年他們評選出五十一家全世界最有潛力的初創公司，有七家是以色列公司；而這七家公司中，有不少資金來源都是優希．瓦爾帝。網路關鍵網站的創辦人麥可．阿靈頓非常推崇瓦爾帝：「以色列人應該在特拉維夫造一座優希．瓦爾帝的雕像。」他說道。

在商業類暢銷書《基業長青》中，管理大師詹姆斯．柯林斯指出，永續經營的成功企業模式都有個共通點：用一、兩句話就能說明的核心目的。「核心目的，」柯林斯寫道，「是組織存在的根本原因，能彰顯出人們是如何看重這個公司的重要性……而不只是賺錢。」他列出十五個核心目的當作例證，包括沃爾瑪超市、麥肯錫、迪士尼以及索尼等，全部都是公司，只有一個例外：以色列。柯林斯描述，以色列核心目的是「為地球上的猶太人提供安全處所」。建立以色列的經濟，參與這個群聚，這兩者意思是差不多的，然後還要將以色列推銷到世界上最偏遠的角落，在某種程度上也促使以色列「可獲利的愛國者」開始行動。在以色列科技繁榮盛況之前，歷史學家芭芭拉．塔克曼觀察到一個現象，她說：「雖然有這麼多問題，以色列有個壓倒性的優勢：目的感。以色列人或許不太富裕……或許生活也無法真正平靜，但他們擁有一種特性：動機。而動機經常會遭到富裕扼殺。」

缺乏動機是波斯灣合作委員會許多會員國家的棘手問題，這個委員會是由阿拉伯聯合大公國、沙烏地阿拉伯、巴林、科威特、卡達及阿曼等國家組成。以杜拜的例子來說，這個國家也是阿拉伯聯合大公國的酋長國之一，國內大部分來自他國的企業家都是受利潤吸引而來，這很重要，但他們並不會積極想成為杜拜社群中的一份子。我們在檢視麥可・波特的群聚理論時發現，若單純只有利潤的誘因，則能帶給國家經濟的好處有限。當經濟情勢不佳的時候（就像杜拜在二〇〇八年年底的情況那樣），或是國家安全情勢不明朗的時候，這些企業家因為並非全心投入在此建立家園、社會與國家，所以經常是第一個離開的。

什麼因素阻礙了阿拉伯世界的新創企業精神？

波斯灣合作委員會當中的其他經濟體，所遭遇到的問題有點不太一樣。我們旅途行經阿拉伯半島的時候，親自和沙烏地阿拉伯國的人士接觸，不管是年輕人或老人，他們都很自豪自己的國家擁有現代化的經濟與基礎建設。許多沙烏地阿拉伯人擁有歷史悠久的部族血統，甚至能回溯到幾世紀之前，而全球也普遍認為，建立先進的經濟體是部族與國家名聲的問題。

但是這些經濟體全都面臨困境，甚至抑阻了進步的動力。許多阿拉伯世界的商業及政治領袖，都已經將注意力轉移到如何發展出一個具有高成長率的創業型經濟，其中一些人也默默在研究以色列。「不這麼做，我們怎麼能在接下來的十年內，創造出八千萬個工作？」里亞德．阿爾阿拉威問道。他是一名成功的約旦企業家，生意據點遍布附近地區。我們沿途造訪阿拉伯各國首都的時候，不斷聽專家提到「八千萬」這個數字。

阿拉伯世界的經濟體包括北非的埃及、阿爾及利亞、摩洛哥及突尼西亞，在中東地區的黎巴嫩、敘利亞、巴勒斯坦、伊拉克與約旦，還有波斯灣地區的沙烏地阿拉伯、阿拉伯聯合大公國、卡達、巴林、科威特以及阿曼，總人口大約有兩億兩千五百萬，占全球人口的百分之三還多一點。二〇〇七年阿拉伯經濟體的國內生產總值是一兆三千億美元，約等於中國這個經濟體的五分之二。阿拉伯世界的貧富差距相當不均：有石油藏量豐富的國家人口卻很少，像是卡達人口只有一百萬，平均每人生產總值卻可達七萬三千一百美元；而石油藏量不多，人口卻很稠密的國家，像是埃及人口有七千七百萬，平均每人生產總值就只有一千七百美元。若這個地區的國家都採用類似的發展策略，並不明智，因為阿拉伯各經濟體的大小、結構和自然資源相去甚遠。

雖然有這種差異存在，可是整個阿拉伯穆斯林世界普遍面臨一個相同的經濟困境，那就是求職人口爆炸的危機：阿拉伯世界的總人口當中，大約有百分之七十都不滿二十五歲；若要提供工作機會給所有人，則必須在二〇二〇年之前創造八千萬份新工作。這就是約旦企業家阿爾阿拉威告訴我們的。美國在一九九〇年代的經濟繁盛期，創造出驚人的工作成長率。阿拉伯世界如果想要達到八千萬這個目標，必須創造比美國高出兩倍的成長率，「公營事業沒辦法提供這麼多工作，大公司也沒辦法提供這麼多工作。」一功成名就的約旦企業家法迪・甘杜爾說：「這個地區的未來完全倚靠我們對年輕人的教導，教他們如何走出去創立事業。」

但是創業精神在阿拉伯世界的經濟中並不是非常重要。在阿拉伯聯合大公國的經濟崩盤之前，全國只有不到百分之四的成人人口，是在剛創立的或是小規模的公司裡工作。那麼到底是什麼阻礙了阿拉伯成為「新創企業國家」？答案包括石油、政治自由的限制、女性地位以及教育品質。

該地區的經濟活動有很大一部分仰賴碳氫化合物的製造與提煉。整個阿拉伯世界有大約兩億五千萬人口，可是非石油出口的國民生產總值，卻還不足只有五百萬人口的芬蘭。除了石油以外，也有一些成功的跨國企業，像是總部位於阿拉伯聯合大公國的阿酋航空、埃及的奧斯康電信，以及約旦的物流服務供應商阿拉伯國際物流，其中奧斯康電信及阿拉伯國際物流的創辦人，都是手腕高明的企業家。另外，家族經營的服務業也很興盛；而在像埃及這樣的國家，紡織品及農業也很發達。但是到目前為止，石油產業仍然是該地區國民生產總值的最大來源，這裡出產全世界三分之一的石油與百分之十五的天然氣。

全球石油需求不斷攀升，中國和印度尤其渴求。從一九九八年起，印度與中國的需求量總和在十年內增加了三分之一，因此不管油價如何波動，仍然有國家需要石油，只是地區不同罷了。不過阿拉伯世界的石油經濟卻阻礙了高成長率的創業文化發展。波斯灣地區的政府，向來靠著將石油利潤慷慨地分送給國人，免除政治與經濟改革的壓力。石油帶來的財富鞏固了專制政府的勢力，因為他們不必向人民徵稅，所以就不必太關心他們的抱怨。研究穆斯林世界的歷史學家會這麼說，在阿拉伯國家裡，「有句名言要反過來說才對：沒繳稅就沒有代議制度。」

政治精英份子將改革視為威脅。可是無論是自由表達意見的權利、准許進行實驗與接受失敗的權利，或是獲知政府基本經濟資料的權利，這些改革都有迫切的必要，也只有如此才能創造一種文化，讓創業家與發明家大展身手。因為到頭來只有創業精神才能幫助經濟成長與社會進步，創業精神文化可以鼓勵大家發揮長處、積極進取，做事只看結果不問身分，而波斯灣的政府卻阻止發展這種文化。政治科學家塞繆爾．杭廷頓曾經提出「國王的兩難」：尋求現代化的君主，到最後都努力在「經濟現代化」與「限制自由」兩者當中求取平衡，因為自由化的結果就會造成君主勢力受到威脅。英國記者克里斯．大衛森著有《杜拜：脆弱的成就》一書，他將阿拉伯世界的情況稱為「酋長的兩難」。

除了黎巴嫩與伊拉克以外，其他二十二個阿拉伯聯盟國家從來沒有過真正自由的選舉。二〇〇六年，阿拉伯聯合大公國曾經試過一次選舉，結果投票率很低。政府一位重要人士評論說：「這樣的結果讓人失望，特別是所有候選人及參與者都出身非常優秀的家族，還都是阿拉伯聯合大公國領袖親自同意的人選。」

有一些波斯灣的阿拉伯政府想要解決「酋長的兩難」，於是他們利用石油的財富打造出現代化的經濟硬體基礎建設，並且拒不改革政治結構。結果從一九七〇年代石油產業繁盛時期開始帶來的財富，並沒有滋潤到這個地區的經濟體；石油財富反而流到了西方進口產品、海外投資以及武器上，本地經濟並沒有多大受益。可是從二〇〇二年開始，情況略有變化，此時因為需求增加而讓石油業又大賺一筆，這次有超過六千五百億美元又回頭投資進入了波斯灣的經濟產業內。

除了杜拜以及一些波灣阿拉伯國家所採取的群聚策略之外，波灣地區大部分的石油收入都投入了房地產業。波斯灣合作委員會諸國的房地產業是全世界發展最快的。二〇〇〇年至二〇一〇年之間，預估這個地區將會增加約一千六百三十五公頃的待租空間（一公頃等於三千零二十五坪），可當成辦公室大樓、購物中心、旅館、工業廠房以及住宅之用。其中大部分位於沙烏地阿拉伯及阿拉伯聯合大公國。在這段期間，可出租空間每年都會增加百分之二十。（中國的可出租空間每年成長率是百分之十五。）

不過就像世界上其他地方一樣，波斯灣地區的房地產泡沫也破滅了。舉例來說，二〇〇九年初，杜拜的住宅市值與商業價值下滑了百分之三十，預估還會降得更多。真的有屋主直接放棄房子，就這樣離開杜拜，以避免因為付不出房貸而鋃鐺入獄。大規模的建築工程也都喊停。

不管是石油、房地產或是群聚，都沒辦法創造高成長率的企業經濟，也無法打造出創新經濟。

就業人口爆炸的問題雖然迫在眉睫，波斯灣地區因為石油致富的政府同時還在嘗試建造學術研究群聚。每個科技群聚的附近，都有優秀的教育機構當支援。矽谷的例子就是如此，這個地方在一九三九年開始發展的故事就相當有名。當時有兩個史丹佛大學工程學研究生，一個叫威廉．休利特，另一個是戴維．帕卡德，兩人集資了五百三十八塊美元創立惠普公司，在一位前史丹福大學教授的指導之下，在加州帕羅奧多市附近的自家車庫中創業。

但是根據由聯合國支持的阿拉伯知識份子委員會報告，阿拉伯世界的文化及社會機構一直都處在發展不足的階段。聯合國《阿拉伯人權發展報告》就是該組織從二〇〇二年至二〇〇五年的研究成果。報告中發現，所有阿拉伯國家每年翻譯成阿拉伯文的書籍數量，只有希臘翻譯成希臘文書籍數量的五分之一。一九八〇年至二〇〇〇年，沙烏地阿拉伯註冊的專利權有一百七十一項；埃及有七十七項；科威特有五十二項；阿拉伯聯合大公國有三十二項；敘利亞有二十項；約旦有十五項。反觀以色列，卻有七千六百五十二項。阿拉伯世界的文盲率是世界最高，而正在進行研究的科學家經常引用的論文中，引用數最少的也是阿拉伯論文。二〇〇三年，中國出版了一份名單，列出世界五百所優秀大學，阿拉伯世界總共有兩百多所大學，卻沒有一所上榜。

專利權和創新都是透過研發而來，而大學又是研發的中心。沙烏地阿拉伯體認到大學的重要性，於是建立了阿布杜拉國王科技大學，為兩萬名教職員工及學生創立一個研究之家，這是沙烏地阿拉伯第一所男女混合上課的大學。卡達及阿拉伯聯合大公國也與西方代表性的學術機構合作，建立學術圈。卡達的「教育城」當中設有許多世界名校的分校校區，包括美國康乃爾大學醫學院、卡內基美隆大學的電腦科學及商業管理學程、喬治城大學的國際關係學程，以及西北大學的新聞學程。阿拉伯聯合大公國七個酋長國之一的阿布達比也為紐約大學設立衛星校區。他們認為，如果阿拉伯國家能夠吸引世界各地最創新的研究人才，就能刺激本地的創新文化。

但是這些新機構也沒有多大進展，他們無法招募足夠的國外學術人才在此扎根，進而對阿拉伯世界有長遠的貢獻。「這樣比較像是將教育名校引進波斯灣地區，而不是讓人才移民到這裡，適應當地生活。」克里斯．大衛森跟我們說，「這些大學注重的是建立國際聲望，而非真正的創新。」

以色列的情況就不一樣，他們甚至在建國以前就有根基穩固的頂尖大學。哈伊姆．魏茨曼教授是世界知名的化學家，發明了製造丙酮的新方法，將生物科技帶到新的領域，日後且擔任第一任以色列總統。一九一八年七月二十四日，耶路撒冷的希伯來大學舉行落成典禮，魏茨曼對這件怪事下了這樣的評論：「剛開始看會覺得很矛盾，這個地方人口這麼稀少，百廢待舉；這個地區急切需要開墾、道路和港口，但是我們卻要開始建立心靈與知識發展的中心。」

希伯來大學第一任董事會成員包括魏茨曼、愛因斯坦、佛洛依德以及著名哲學家馬丁．布伯。以色列工程技術學院是一九二五年建立的，接著在一九三四年也建立了魏茨曼學院，然後特拉維夫大學於一九六五年落成，也是現今以色列最大的大學。因此到了一九五〇年代後期，以色列的人口雖然只有兩百萬，這個國家卻已經開始培育四所世界級的大學。其他的主要大學如巴伊蘭大學、海法大學、內格夫的本古里昂大學，分別在一九五五年、一九六三年，以及一九六九年成立。

今日的以色列擁有八所大學，二十七所學院，其中有四所大學名列全球前一百五十名校，有七所是亞太地區前百大優秀名校。以色列的名校，都不是「來自國外名校的衛星校區」；世界上第一個將學術發現商品化的單位，也是以色列的研究機構。

一九五九年，魏茨曼學院設立了「葉達機構」（Yeda）來行銷自己的研究成果。葉達這個詞，在希伯來文就是「知識」的意思。葉達迄今已經推出了上千種成功的醫療科技產品及公司。在二〇〇一年至二〇〇四年間，葉達光是專利權利潤就累積了兩億多美元。到了二〇〇六年，葉達是全世界所有學術機構中，專利權收入最高的。

葉達成立幾年後，希伯來大學也建立了自己的技術移轉公司，叫做伊薩姆（Yissum），這個字在希伯來文的意思是「實踐」。伊薩姆賣出希伯來大學研究的產品，每年收入可達十億美元，並且已經註冊了五千五百項專利及一千六百項發明。二〇〇七年有三分之二的發明都屬生物科技領域，十分之一屬於農業科技，另外十分之一則是屬於電腦科學及工程產品。研究成果的買主包括嬌生集團、IBM、英特爾、雀巢、朗訊科技以及其他許多跨國企業。總和來說，伊薩姆在全球生物科技專利排名第十二名，緊跟在十所美國大學及一所英國大學之後。（特拉維夫大學排名第二十一。）

以色列是移民組成的國家，向來也都一直仰賴一波又一波的移民潮來振興經濟。以色列國內工程師與科學家的人口比例，比任何其他國家都要高；每個科學家平均產出的科學論文也多過其他國家，每一萬人就能寫出一百零九篇。這些有很大一部分都要歸功於移民的貢獻。新抵達以色列的猶太裔移民及他們非猶太裔的家人，馬上就能夠擁有居所、公民身分以及社會福利。全球現在對以色列這個國家的印象，就是非常具有企業精神，而且不理會階級制度的刁難（正如以色列國防軍內部的文化一樣）。

但是波斯灣各國政府卻不是這樣。他們核發的居留簽證最多只有三年，不能再延長，就算是穆斯林及阿拉伯同胞都一樣。外來的人口無法在這些國家取得公民身分，所以全球炙手可熱的研究學者都不願意舉家搬遷過來，也不願意將自己的專業投注在這裡的機構，因為這裡的政府箝制言論自由及學術自由，政府做事總是黑箱作業，居留又有時間限制。雖然有幾個波斯灣的阿拉伯國家，曾經考慮過發給五年或十年的居留簽證，但最後卻沒有一國政府同意發放。

這些居留上的限制，也形成吸引學者前來更大的障礙：就算有研究專家到了這裡，也很快就發現此地的政府意圖把他們隔絕在外。此地政府會有這樣的規定，起因是政府承受的壓力，他們必須處理阿拉伯國家主義這個問題，特別是主權國家主義。例如說，酋長國的女人若是嫁給境內的外國人，則必須放棄自己原有的公民身分；他們的孩子既拿不到阿拉伯聯合大公國的護照，也享受不到政府的福利利益。

阿拉伯世界還有另外一個主要的困境，阻礙他們發展高成長率的企業文化，就是他們的中小學，甚至是大學裡的教學模式。阿拉伯教育只注重死背硬記。根據埃及教育部顧問哈山・畢拉威的說法，學習要比較注重系統、標準和服從，而不是實驗。以太空總署來做比喻的話，埃及比較像哥倫比亞號的制式規定，而不是阿波羅計畫當中的高度實驗精神。

過度強調標準化教育，形成的教育政策就是不論結果，單純以輸入的多寡來定義成功。比方說，麥肯錫公司駐波斯灣辦公室所提出的一份研究指出，阿拉伯政府想改善學生課業表現時，只會想到增加教師人數、增加基礎建設的投資（也就是蓋校舍），還有購買電腦等方式。但根據最近一份「國際數學與科學教育成就趨勢調查」的結果，沙烏地阿拉伯的學生，在四十五個受測國家當中排名第四十三，甚至還落後南非的波札那，波札那排名第四十二。

在波斯灣合作委員會成員國家中，平均每個老師只要負責十二名學生，這是世界最低的數字之一。比較之下，經濟合作開發組織國家中，每個老師還得負責十七名學生。但這對波斯灣合作委員會的各國也沒有產生實質的正面影響。不幸的是，國際研究證據都顯示，老師負責的學生人數低，並不表示學生的表現就一定會優秀；老師負責的學生人數低，更不代表教師的品質會提高。不過大部分阿拉伯國家的教育部門並不會評量教師表現。到頭來，如果只看增加老師人數、增加基礎建設等「輸入」這端，那就比較容易用標準化的方法來衡量。

如果光是強調「教師人數」這個問題的話，還會對阿拉伯世界的男孩子們造成不好的影響。許多公立學校都實施性別隔離，男孩由男性教師教導，女孩則由女性教師教導。不過由於傳統上男性對教職比較沒興趣，所以教男孩的教師人數容易短缺，結果因為人才太少，男校通常只能聘請資質不佳的男教師。事實上，波斯灣合作委員會國家學生課業成績的性別差異，在全世界中屬於最極端的例子。

最後，或許也是限制高成長率企業經濟的最大因素，那就是女性的角色。哈佛大學經濟學教授大衛．藍迪斯著有見解精闢的《新國富論——人類窮與富的命運》一書，他認為要測試經濟的成長潛力，最好的方法就是看女人的法定權利及地位。「否定女人的能力，等同剝奪一個國家的勞力與才能……會逐漸腐蝕男孩與男人成功的動力。」他這樣寫道。藍迪斯相信若一切都來得容易，這種心態最能削減一個人的動力與野心。每個社會都有精英，有些人生來就屬於上流階級，但是絕對不能繼續助長這種優越感。讓國家一半的人口都相信自己生來就比較優秀，這樣會削弱他們「想學習與工作的進取心」。這種扭曲的心態，讓經濟體變得不具競爭力；而在阿拉伯世界裡，就是因為女人經濟地位不如男人，才會產生經濟不具有競爭力的結果。

以色列的經濟，以及阿拉伯世界許多國家的經濟，就是經濟群聚理論活生生的驗證。更廣泛來說，他們展現了一個國家該如何鼓勵創新，或者哪些措施會扼殺創新。這兩種模式的差異還顯示出另一件事，那就是如果只採取簡化的觀點來看待群聚理論，就一定會出問題。單純把一堆機構擺在同一個地方，並無法製造另一個矽谷出來。而且，國家的利益，也就是歷史學家芭芭拉．塔克曼所說的「動機」，似乎是一種強力的聚合劑，能夠鼓勵企業家創立事業，鼓勵他們冒險。

第十四章　經濟奇蹟的威脅

我們用的汽缸越來越少，機器快要轉不動了。

——丹．班大衛

以色列的經濟，其實還在初萌芽的階段。今日的初創公司雖然看起來已經頗有成就，但這些初創公司都是大約十年前起步的，和網路經濟差不多同時。以色列科技業之所以突然蓬勃發展，不只是搭上全球資訊科技起飛的順風車，原因還包括美國科技股泡沫、優茲瑪計畫幫忙推動的以色列創投業、從前蘇聯過來的大量移民潮，以及一九九三年的奧斯陸和平協議，這些都帶來和平與穩定的前景。萬一以色列的經濟奇蹟，到頭來只是一連串罕見事件拼湊出的假象，等到環境不樂觀時就會消失，那會如何呢？就算以色列的新經濟並非純屬巧合，那究竟有什麼因素，可能會對以色列長期經濟繁榮產生威脅呢？

許多有利的因素帶動了以色列一九九〇年代後期的科技榮景。如果那些因素不復存在，會發生什麼事呢？其實我們已經不必猜了，因為這些因素大部分都消失了。

二〇〇〇年，科技股泡沫破滅；二〇〇一年，以色列各大城市遭受一波自殺炸彈攻擊，造成觀光事業暫時停擺，經濟陷入衰退，也使得奧斯陸和平協商破裂。從前蘇聯蜂湧而至的移民，總數占全國猶太人數的五分之一，這波移民潮也在一九九〇年代結束之際停歇。

這些不利的因素出現得很快，幾乎是同時發生，情況很像幾年前那些正面因素出現的情形一樣。不利因素出現時，科技榮景才發展了大概五年，但是這些不利因素並沒有終止科技榮景：從一九九六年至二〇〇〇年，以色列科技出口值增加了一倍以上，從五十五億美元增加到一百三十億美元。網路經濟泡沫破滅時，出口值稍微下滑，在二〇〇二及〇三年降到最低點，不到一百一十億美元。不過到了二〇〇八年又攀升到約一百八十一億美元。換句話說，二〇〇〇年至二〇〇四年的連番打擊，並未減緩以色列科技引擎的運作，不但能夠迅速恢復，到了二〇〇八年還能超越二〇〇〇年出口值達百分之四十。

創業投資基金也有類似的情況。二〇〇〇年創投泡沫破滅的時候，以色列投資額急遽下跌，但是在接下來三年間，即使以色列經濟本身也承受越來越多壓力，以色列在全球創投資金流動的占有率，仍然從百分之十五增加到百分之三十。

經濟危機與創投資金的影響

不過，在二〇〇八年起最新一波全球經濟發展遲緩的情形下，以色列的進展似乎就沒這麼好。因為這次不像二〇〇〇年那樣，只有國際科技股和創投基金受到影響，而是連全球銀行體系都受到劇烈震盪。

也就是說，國際金融崩盤幾乎影響了每個國家的銀行體系，只有兩個特別的例外：加拿大和以色列完全沒有銀行破產的問題。一九八〇年代早期，以色列遭逢極度通膨和銀行危機。到了一九八五年，以色列、美國政府，以及國際貨幣基金三方出面干預，危機才告化解。不過從此以後，以色列銀行就設下嚴格限制。以色列金融機構都嚴格遵從保守的借貸政策，槓桿比例通常是五比一；而另一方面，美國銀行在最新一波危機發生前，槓桿比例是二十六比一，有些歐洲銀行的槓桿比例甚至大到六十一比一。以色列沒有次級房貸，次級房貸市場從來就不存在。以色列缺少融資（即使是在這波經濟危機發生之前就很缺資金了），可是該國的小型企業卻吸引越來越多人加入科技業，因為科技業的稅率和規定都比較寬鬆，還能拿到創投資金。

以色列金融分析師艾坦．埃弗瑞爾說：「以色列銀行就像馬車，而美國銀行是賽車，賽車出了車禍就撞得很慘，而馬車雖然走得比較慢，至少永遠不會偏離馬路。」

這對以色列來說是好消息。雖然以色列經濟沒有太多惡劣的借貸行為，也沒有複雜的信用商品，但卻可能過度利用創投金融，很快就會供不應求。創業投資公司大多是由機構投資人（如退休基金、捐贈以及主權財富基金等）資助成立的，這些投資人會將他們投資組合當中的百分之三到百分之五，拿來投資另一組商品，包括創業投資、私人股權及對沖基金等。萬一這些投資人的公開股票組合之市值下跌（下跌原因可能是因為重大事件重挫全球股市），他們就會縮減另類投資組合的金額。結果會使得創投資金的供應縮小，創業投資公司可用的資金也變少了。

創投資金的供應減少，可能表示以色列經濟失去「創新資金」。以色列科技業上千名員工已經丟了工作，許多科技公司改成每週上班四天，以避免更多裁員。因為沒有新融資進來，許多以色列初創公司被迫關閉。

以色列除了過度依賴全球創投基金，也過度依賴出口市場。以色列國內生產總值一半以上來自對歐洲、北美洲及亞洲的出口，這些經濟體發展減緩或崩盤的時候，以色列初創公司的顧客就更少了。又因為阿拉伯世界的杯葛，以色列沒辦法接觸到大部分地區的市場，而本地市場規模太小，無法發揮替代的功能。

以色列公司也越來越難找到買主承接。昔日基文影像在納斯達克股市順利初次公開發行，反詐科學公司也被美國PayPal買走，這種情況通常都能讓以色列企業家及投資人賺到錢。不過目前全球經濟遲緩，公司股票比較難上市，收購意願也降低。

核武競賽企圖嚇阻外國創投資金

而部分地區的安全持續惡化，也威脅到以色列經濟的繁榮。二〇〇六年以及二〇〇九年即將到來之際，以色列和兩組人馬交戰，兩方都是伊朗訓練、資助的軍隊。雖然這些戰爭對以色列經濟影響不大，且不管戰爭是大是小，以色列公司也很輕鬆就能達成對顧客及投資人的承諾。但伊朗未來會拿出來的威脅，可能就不是以色列曾經歷過的了。

國際間的監看機構和新聞媒體都不斷大篇幅報導，伊朗正尋求發展核子武器。如果伊朗成立核武研發計畫，可能會在阿拉伯世界引發核武競賽，則周遭地區的外國投資立刻就會停止。

雖然國際焦點大部分都放在伊朗以飛彈投遞核武來攻擊以色列的潛在可能性，以色列的政治及國安領袖則提出警告，即使伊朗沒有直接使用核武，卻已經對該地區造成影響。就像以色列總理班雅明．內坦亞胡告訴我們的：「伊朗第一階段的目標，就是要把以色列最頂尖的人才嚇跑。」

顯然，如果伊朗持續帶來威脅，以色列的經濟就會受到影響。但到目前為止，這些威脅的存在或攻擊的可能性，並沒有嚇阻外國公司及創投基金持續提高在以色列的投資。

的確，談到對經濟的威脅時，以色列國內的討論反而多半把焦點放在內部因素之上。也許是因為以色列過去面對過太多外患，已經不怕國安問題威脅到經濟；也或許是因為核武的威脅太嚴重，所以連想都不敢想。倒是特拉維夫大學的經濟學家丹．班大衛更注重另一項威脅，就是以色列大學教授的「人才外流」。

學術地位降低

以色列確實是國際學術社群的領導者。二〇〇八年，《科學人》雜誌做過一份全球調查，將以色列的魏茨曼學院以及耶路撒冷希伯來大學，列為美國以外兩大「最佳學術領域研究地點」。

經濟學家丹・班大衛指點我們去看一份由兩個法國學術機構做的研究，內容是根據一九七一年至二〇〇〇年，美國之外的其他國家所出版的優秀經濟論文，藉以做出一份排名。英國擁有倫敦經濟學院、牛津大學及劍橋大學，因此排名第二。德國的大學教授每人出版量還不到英國的一半，而以色列排名第一。「不是只多出百分之五或十，而是多出七倍，簡直所向無敵。」班大衛得意洋洋地說：「以色列的經濟學家已經很優秀了，顯然我們的電腦科學家在他們那個領域還要更厲害。我們最近得了兩座諾貝爾經濟獎，化學獎得了一或兩座。」

雖然有這些成功例子，班大衛還是很憂心。他告訴我們，近幾年來以色列在學術界的領導地位降低了，而且還會繼續下降，因為年紀大的教授即將退休，而後起之秀又跑到國外教書。在經濟這個領域，班大衛找出一份研究，內容根據一九九〇年至二〇〇〇年間的論文被引用次數來衡量，排出世界前一千名經濟學家，其中有二十五位以色列人，有十三位在當時還留在以色列。不過那份研究出版之後，只剩四個還待在以色列；其他那十二位二〇〇〇年就在國外工作的，也沒有一個人回來。估計總共有三千名以色列終身教授已經遷到國外大學了。

不能只靠科技業一顆引擎

班大衛就是那四位一直待在以色列的經濟學家其中之一，他對以色列經濟的未來走勢提出警告。從二〇〇五年一直到二〇〇八年，以色列發展的速度遠遠超過大部分已開發國家，雖然幾年前曾經有過衰退，但班大衛認為：「我們做的不過是回到長遠計畫的路途上，我們沒有進入未知的領域。就算沒有那次衰退，我們也應該會到這裡。」

根據班大衛的說法，問題在於只有科技業一枝獨秀，蓬勃發展，其他產業並沒有跟上這個腳步。「就像引擎一樣，」他說，「引擎裡有這麼多汽缸，就像國家裡有這麼多人口一樣，可是我們用的汽缸越來越少，機器快要轉不動了。」基本上，以色列的經濟模式是由科技業為整個經濟提供資金，「這種方式或環境都不適合現代經濟」。

我們認為，以色列經濟能否持續成長，最大的威脅就是經濟參與度過低。以色列只有百分之五十多一點的勞動力對經濟有實質貢獻，在美國則是百分之六十五。以色列勞力的低參與率可以歸因於兩個少數族群：哈勒丁派（haredim），或稱極端傳統的猶太人，另一群是以色列阿拉伯人。

在主流的以色列猶太人公民中，以二十五歲到六十四歲的人當做衡量標準，有百分之八十四男人及百分之七十五女人有工作；而在阿拉伯女人及哈勒丁派男人的情況則是幾乎相反：分別有百分之七十九和百分之七十三，**沒有工作**。

極端傳統的猶太人，或稱哈勒丁派，一般都不服兵役。事實上，為了要符合免除兵役的條件，哈勒丁派人士必須提出證據證明，他們在猶太教的神學院（稱為yeshivot）從事全職研究。這項安排是以色列國父大衛．本古里昂的主意，以便使得剛建國的以色列獲得哈勒丁派的政治支持。但是「神學院免役」這項條件一開始只適用於四百名學生，後來有成千上萬個學生為了免除兵役，而跑去猶太教神學院就讀。

這樣的結果對經濟造成三重傷害。哈勒丁派在社會上被排除在勞動力之外，因為他們沒有軍隊經驗與人脈。而且，他們若想免除兵役，就必須去神學院念書，這樣當然不能找工作。所以這些年輕人既沒有私人企業的經驗，也沒有軍隊（創業文化）經驗，到最後哈勒丁族群必須仰賴政府的福利措施才能生活。

以色列阿拉伯人之所以在經濟的參與度偏低，有兩個主要原因。首先，因為他們不會被徵召入伍，所以他們和哈勒丁派一樣，很難透過以色列國防軍的教育，培養出創業及應變能力。第二，他們也無法像年輕的以色列猶太人一樣，在軍隊服役時建立起未來的商業人脈網絡。這樣的差異，惡化了長久以來猶太和阿拉伯社區之間的文化鴻溝。

每年有上千名阿拉伯學生從以色列科技及工程學校畢業，但是根據猶太阿拉伯經濟發展中心兩位主任，赫米．奇坦尼及哈諾許．瑪瑪利的說法：「只有少數人找到的工作符合他們的技能專長訓練和技巧……以色列的阿拉伯畢業生必須具備政府無法提供的重要資源：在有需要的地方有人脈。」如果沒有這些私人關係，以色列猶太人就更容易表現出對以色列阿拉伯人的不信任。

另一個問題，是以色列阿拉伯社群在工作場所對女性的歧視。女性反暴力組織是一個以色列阿拉伯組織，該組織在二〇〇八年做的研究發現，大眾對本地阿拉伯人的觀感或許慢慢在改變，但是傳統觀念仍然揮之不去。在一份調查報告中，即使是「反對舊觀念」的受訪者，還是同意以下敘述：「阿拉伯社會主要還是族長制，男人被視為決策者，而女人地位則比較低下，最好要卑躬屈膝……男人對待伴侶的方式若不合傳統，可能危及他的社會地位。」

雖然有這樣的矛盾，女性反暴力組織的主席愛達．圖瑪蘇雷曼說，她寧願認為男人是「一起改變的夥伴」，大家協力來改變社會觀念，例如允許女性外出工作。「有些阿拉伯男人不喜歡現有的這種性別權力分配，他們希望改善兩性之間的關係。他們覺得這樣對他們或者對其他人，都有好處。」

不過哈勒丁派及阿拉伯社會的出生率都很高，要提升這些族群的工作參與度，必須和人口統計數賽跑。以色列一個官方委員會提出一份叫做《以色列二〇二八》的報告，報告中預估哈勒丁及阿拉伯社會占以色列總人口的比率，會從二〇〇七年的百分之二十九提高到二〇二八年的百分之三十九。若是不徹底改變人力配置，這樣的轉變會把勞力參與率降得更低。「目前的趨勢完全違背預期的發展程度。」

畢畢・內坦亞胡在尋求重掌總理大位的競選期間，他的政見核心就是要讓以色列成為世界十大經濟體之一。獨立的智庫「路特研究機構」一直都在推動相似的願景，稱為「以色列十五」。路特研究機構的創辦人吉迪・格林斯坦是前總理及現任國防部長埃胡德・巴拉克的顧問，向來是內坦亞胡的政治對手。但是格林斯坦贊同內坦亞胡的看法，認為以色列的目標不應該只是跟上先進國家的腳步，而是要在每人國內生產總值的數字上，躋身領先國家之列。

格林斯坦的看法是：「這項挑戰並非遙不可及，而是勢在必行。」他認為，以色列必須至少在十年內讓每人國內生產總值成長百分之四。目前以色列的生活水準和其他已開發國家相比之下，還是岌岌可危。他說：「我們的企業是世界最好的，我們的人才通曉技巧知識。但在此同時，以色列的生活品質和公共服務品質卻很低落，對許多人來說，他們會選擇移民來改善生活。」

這句話或許說得有點嚴重，因為紀錄上的數字顯示許多移居海外的以色列人，最近都從美國和其他國家回來了，部分原因是以色列針對返國人士的國外收入，新實施了十年免稅假期。除了收入以外，另一個原因就是生活品質的考量了。

但重點是以色列可以、應該也必須讓經濟快速成長。以色列面對的所有威脅和困境當中，最嚴重的可能就是經濟無法持續成長。要讓經濟持續成長，就必須克服政治上的障礙，並且開始關注那些以往受到忽略的問題。以色列擁有罕見且獨特的文化和習慣基礎，能夠引發創新和企業精神，現在缺少的就是一個政策，來鼓勵這些資產在以色列社會中繼續茁壯、流傳。幸好對以色列來說，要改變政策可能比改變文化容易，不像新加坡的例子那樣。就像《紐約時報》的作家湯瑪斯·佛里曼說的：「我寧願面對以色列的問題，因為那些大部分都是財務問題，大部分是管理問題，還有大部分是基礎建設的問題。我不想面對新加坡的問題，因為他們的問題是受限於文化。」

結論

高科技農夫

最謹慎的事就是勇於冒險。

——西蒙·裴瑞茲

我們在總統府的候見室等待的時候，並不確定西蒙·裴瑞茲總統能給我們多少時間。裴瑞茲已經八十五歲了，是建國英雄當中唯一還在政府高層任職的人。裴瑞茲的政治生涯於二十五歲那年開始，那時他擔任大衛·本古里昂的跟班，日後幾乎在每個政府部門都服務過，包括兩度擔任總理，同時也贏得一座諾貝爾和平獎。

在國外，他是最受崇敬的以色列人之一；在國內，他的評價則比較兩極。裴瑞茲最出名的事件就是主導一九九三年奧斯陸和平協議，留下舉世聞名的紀念照，照片中當時以色列總理拉賓與巴解領袖阿拉法特在白宮草坪上握手，美國總統柯林頓站在他們後方見證。後來對許多以色列人來說，這次的和平協議卻代表著虛無的希望、恐怖主義和戰爭。

裴瑞茲對以色列外交有著巨大的貢獻。但這不是我們來找他談話最主要的目的。他有另一個身分，比較鮮為人知，但一樣重要，那就是他也是位不斷創業的「連續創業家」；他的領域很特殊，他創立的是一個又一個的產業。他一輩子從來沒有碰過生意實務，事實上，他告訴我們說，他和本古里昂都是完全不懂經濟的人。但是裴瑞茲施政的手腕，卻和創業家創立初創公司一模一樣。

像創投一般治理國家

建國之前，裴瑞茲在一個集體農場長大。集體農場這項以色列發明，不只在社會及經濟結構上是創新的，農場裡維持生計的方法本身就代表了相當大的轉變。「農業比工業更有革命性。」我們才剛坐定，裴瑞茲馬上就如此說道。裴瑞茲的辦公室裡有一排一排的書，還陳列著許多本古里昂和世界領袖贈送的紀念物。

「以色列在二十五年內就讓農業產出增加十七倍，非常驚人，」他說。雖然人們並不瞭解，但農業是「百分之九十五科學，百分之五勞力」。

裴瑞茲似乎到處都看到科技的存在，而且想法領先以色列人一大步。或許這就是本古里昂這麼大力支持裴瑞茲的原因之一。裴瑞茲告訴我們，「老傢伙」對科技非常著迷。「本古里昂認為未來一定是科學的時代，他老是說，在軍隊裡光是趕上今天的腳步是不夠的，你得趕上明天的腳步。」裴瑞茲回想道。

於是本古里昂和裴瑞茲組成一個科技車輪戰小組。裴瑞茲和美國裔猶太人艾爾．史威莫在一九五一年一起飛越北極的時候，開始夢想建立航空工業。可是等他們回到以色列，卻遭遇強硬的反對。「我們連腳踏車都做不出來，」部長們這樣告訴裴瑞茲。當時還真的發生了腳踏車工業成立不久就宣告失敗的案例。難民不斷湧進這個國家，而基本糧食都還要靠配給，不過因為有本古里昂的支持，裴瑞茲順利推動以色列航空工業的誕生。

後來，裴瑞茲打算開始發展核能工業的時候，也同樣被打了回票。許多人認為這個想法野心太大，就連以色列在核子領域的專家也抱持這種看法。財政部長相信以色列的經濟焦點應該放在出口紡織品上，他告訴裴瑞茲：「你來找我真是太好了，我一定會保證你一毛錢都拿不到。」於是本古里昂和裴瑞茲秉持過去一貫不理會規定的態度，開始想辦法利用預算外的開支，資助核子工業的計畫。裴瑞茲跳過有名的科學家，反而去找以色列技術工程學院的學生，還送了其中幾個去法國受訓。

成果就是位於迪莫納市附近的核子反應爐，從一九六〇年代初期就開始運作，從來沒發生過災難，據說這個核能廠也為以色列製造核子武器。到了二〇〇五年，以色列成為世界上第十大核子專利製造者。

但是裴瑞茲並未就此打住。擔任國防部副部長時，他將資金投入國防研發，嚇壞了一票軍隊領袖。不過或許可以理解他們的心態，因為他們比較注意的是武器、訓練及人力常見的缺點。

今日的以色列，國內生產總值挪作研發用途的比例是領先全球，創造出的科技優勢對國家安全非常重要，也創造出私人科技業，成為經濟發展的主要動力。以色列的發展關鍵在於，裴瑞茲先展現了打造企業國家的方法，然後這個方法已經轉變成全國上下都具備的企業精神。

這樣的轉變並不容易，無法事先計畫，也無法預見結果。以色列人希望這樣的轉變能早點發生，因為在建國初期的高成長率，以及現在的高科技世代之間，他們曾經歷過「失落的十年」，在低成長率和極度通膨中度過。不過轉變終究來臨了，就像根絲線一樣，穿過建國者的時代，將沼澤變為沃土，然後長出今日初創公司和晶片設計者的果實。

不滿足的猶太高科技農夫

今日的創業家都感覺到絲線的拉扯。以色列建國者身處於社會主義的環境，不鼓勵獲利。到了現在，以色列頂尖企業家之一的艾瑞爾．瑪家利說：「只要你發明了東西，就有合法獲利的方法。你不只是交易商品，你不只是一個生意人，你是為人類做事，你發明了新藥或是新晶片，感覺自己像個 falah（阿拉伯語的農夫），是高科技的農夫。你穿著輕鬆休閒，和軍中同袍相聚，談起你的工作，不一定要說你打算賺多少錢，不過當然也一定會談到這點。」對瑪家利來說，創新與科技是二十一世紀版本的回到應許之地。「新猶太復國主義的先驅，他們的敘事方式就是要創造故事。」

他說道。

的確，如今的以色列人之所以有整體的力量，是因為他們將建國者的愛國主義、強烈的動機、隨時警覺注意匱乏與災禍，以及保持好奇心和好動的性格等等因素混搭在一起，成為深植在以色列及猶太性格當中的特色。「猶太人對歷史最大的貢獻就是不滿足。」裴瑞茲解釋：「這樣對政治不好，但是對科學有益。」

「你要一直想著改變、改變，」裴瑞茲談到猶太人和以色列的狀況。我們訪問很多以色列國防軍軍官，他們都有類似的想法，裴瑞茲好像在呼應他們：「每種從美國傳到以色列來的科技，放到軍隊裡五分鐘，他們就做了改變。」但是同樣的事情也發生在以色列國防軍之外，永遠都在修補、發明和挑戰。

這個話題可以追溯到以色列建國的基本概念，這個現代國家的建立者，或稱之為國家企業家，建立的可以說是歷史上第一個「初創國家」。

當然很多其他國家也是等到殖民勢力前腳剛走，他們後腳就從零開始建立國家。例如以色列隔壁的約旦，是在一九二二年由溫斯頓·邱吉爾建立的，因為他決定給哈西米部族（Hashemite）一個王國。

其他如美國等國家，則真的是創業精神或革命過程的產物，而不是像英國、法國和德國等國家，是經過幾百年慢慢融合的合併體。但是，沒有一個是透過刻意的努力，從零開始建立國家，讓古老國邦得以在現代重現。

當然有些現代國家的歷史可以回溯到古老的帝國。例如義大利昔日曾是羅馬帝國，希臘過去是希臘帝國，而中國與印度則屬於在那個地方生活了幾千年的族群。但是在這些案例中，有些住民們傳承著從古老傳到現代的堅固連結，從來就沒有失去領土；有些古老的住民則消失了，再也沒有消息。只有以色列的建國者會這麼貿然，試圖要建立一個現代的先進國家，在祖先兩千年前曾遭驅逐的地區重新開始。

所以這本書提出的核心問題，其答案為何？是什麼讓以色列充滿創新與創業精神？最明顯的解釋就是這個經典的群聚，哈佛教授麥可．波特提倡的就是這種形式的群聚，矽谷體現的就是這種群聚，杜拜想創造的也是這種群聚。這個群聚由緊緊相鄰的頂尖大學、大公司、初創公司，以及連結而成的生態系統所組成，這個生態系統包括供應商製造的每樣東西、工程師人才庫，以及創投基金。這個群聚比較明顯的部分，是軍隊扮演的角色，軍隊針對尖端系統及精英科技單位投入研發資金，而這筆在科技與人力身上的重要投資，多餘的部分就進入了私人經濟系統。

但是表面這一層還不足以解釋以色列的成功。新加坡也有穩固的教育系統；韓國也採用徵兵制，而且韓國也面對巨大的安全威脅；芬蘭、瑞典、丹麥，和愛爾蘭都是比較小的國家，卻有先進的科技與極佳的基礎建設；他們都製造出許多專利權，也有豐厚的經濟收成。這些國家當中有一些經濟成長比以色列更快，持續更久，生活水準更高，但是卻沒有一個國家製造出的初創公司數量可與之匹敵，也沒有吸引這麼高的創業投資。

安提．維波南是一名芬蘭企業家，他協助建立了一個「初創運動」，叫做「北極初創」。芬蘭是手機廠商諾基亞的發源地，這家公司是世界上最偉大的科技公司之一。以色列人常常看著芬蘭經驗，然後問自己：「我們的諾基亞在哪裡？」他們想知道，為什麼以色列還沒產生像諾基亞這麼大又這麼成功的科技公司？但是我們問到維波南有關芬蘭初創公司的情形時，他悲歎說：「芬蘭人製造出很多科技專利，卻沒有辦法以初創公司的形式獲利。芬蘭第一筆投資初創公司的資金是大約三千萬歐元，幾乎是以色列的十倍。以色列的初創公司比芬蘭多了十倍，這些公司回收成本的速度比較短也比較快。我相信我們會成長很多，但是到目前為止，我們在發展初創文化方面，遠遠落後以色列和美國。」

以色列的文化特質

以色列人很關切初創公司的高回本率，維波南則認為初創公司是很重要的資產。很明顯地，以色列擁有某種特質，是其他國家不斷追尋的，即使是那些全球競爭力數一數二的國家也不例外。以色列的社會習慣因素造就了群聚，而芬蘭、新加坡及韓國也都具備這項因素。但這些國家所欠缺的，是一種文化的核心，這個核心的基礎包含進取心、團隊適應能力、孤立和連結的能力，還有小蝦米吞大鯨魚的壯志。

要衡量經濟中隱藏的文化部分並不容易，不過有份研究倒是呈現出部分的重點。這個研究是學者比較了五十三個國家的文化，然後根據三種最會影響工作環境的因素，將國家分門別類：他們是階級主義還是平等主義？傾向武斷的命令還是溫柔的教導？他們是個人主義還是集體主義？

這份研究發現，以色列的文化特質是比較特殊的綜合體。一般人可能會認為像以色列這樣的國家，人們比較個人主義，應該會比較傾向溫柔教導。一般人也會認為個人野心可能會與團隊合作互相衝突，而且可能猜測這種A型人格主導的社會，階級主義會很明顯。事實上，以色列在平等主義、溫柔教導，以及個人主義這三項得分較高。如果以色列人具有競爭力和野心，他們怎麼會喜歡溫柔教導？如果他們非常個人主義，怎麼會不具階級主義，個性又「平和」？

在以色列，某些看來相互牴觸的特質，例如動力與「平和」，同時有野心又有集體意識等，其實是有道理的。只要想想有這麼多以色列人都有軍隊經驗，就能瞭解原因。他們在軍中學到你必須完成任務，但完成任務唯一的方法是團隊合作。戰爭的口號是「跟我來」：若是沒有拿自己當範例，不能鼓勵團隊跟你一同衝向前去，則就沒有領導可言。在戰爭中，不能拋下任何同袍，上層給你的指示很有限，一定要隨機應變，就算要打破一些規則也在所不惜。如果你是初級軍官，可以直呼長官的名諱，如果看到他們做錯事情，就直接告訴他們。

如果你在中學以領導才能或科學測驗成績見長，或者兩者都有，你會被以色列國防軍的精英單位徵召，他們會加強你的才能，給你密集訓練或是難到不能再難的實地工作經驗。在戰鬥中，你要指揮十幾個人，調度價值好幾百萬的設備，在生死一瞬間就要做出決定。在軍中的精英科技單位中，你會被派去負責發展計畫，研發尖端系統，你得到的經驗，是年紀大你兩倍的人在私人企業可能不會有的。

等你服完兵役，若要建立一家初創公司，只要你的想法正確，打通電話就能開始創業。每個人總有某個家人、大學同學或軍中同袍是企業家，或者他們知道該如何幫助你。每個人都能靠手機或電子郵件聯絡，冷冰冰的電話行銷也行得通，但是也不會太冰冷，幾乎每個人都能找到自己需要連絡上的關係人，找到了就能開始。就像優希．瓦爾帝說的：「每個人都認識每個人。」

更重要的是，建立初創公司或是進入高科技業工作，已經成為積極進取的年輕以色列人最想做、也最多人做的工作。典型的猶太母親會很高興兒子或女兒成為醫生或律師，但是絕對比不上兒子或女兒成為「創業家」的那種自豪。在許多國家，創業屬於「罕見」的職業選擇，到了以色列卻幾乎是標準的職業道路。但是大家也都知道，即使在以色列，創業成功機率也很低。放膽嘗試，失敗了也沒關係，成功的話當然最好，可是失敗並不可恥，而是你履歷表上一段重要的經驗。

別的國家可以向以色列學習什麼呢？

所以，以色列成功的祕密，就是將科技群聚的經典元素和一些以色列獨特的元素結合起來，增強個人的技能與經驗，讓他們這個團隊運作更有效率，在持續成長的社群中，提供緊密且馬上就能搭上線的聯絡網。對外面的觀察者來說，這引出一個問題：如果以色列人的「獨家祕方」是以色列特有的，其他國家可以學到什麼？

幸好，創新雖然稀有，但卻是可更新的資源，不像有限的自然資源。創意不管是在哪裡發想出來的，都可以繼續散播，嘉惠任何做好準備大展身手的國家。蕭伯納曾經寫道：「如果我有一顆蘋果，你也有一顆蘋果，我們交換蘋果，這樣我們還是擁有對方的蘋果。但要是你有一個創意，我有一個創意，我們交換創意，我們兩人就各有兩個創意。」

創新基本上是用之不竭的資源，會自己傳播出去，每個有心利用的國家都能從中得到好處。世界上許多大公司早就認知到，要從以色列的創新精神當中得到利益，則最簡單的方法就是買一家以色列初創公司，或設立以色列研發中心，或者兩者都做。世界越來越全球化，資源也越來越開放，既然這個國家相對有較好的製造、創意或地區市場的優勢，跨國公司就不太需要親自動手複製這個商業環境。

意思是說，大部分的大公司都知道，在全球市場裡，唯一不變的就是改變，創新是長期競爭力的基礎之一。而且，既然國家與公司可以從源自其他地方的創新獲利，企業和國家成為創新源頭也會有好處。

為了這個目的，或許有可能模擬出「以色列式」的環境。以色列英特爾的負責人德夫・弗羅曼發現，自己即使身處以色列，也必須要不斷複製「以色列式」的環境。一開始他為英特爾以色列分公司設下的願景是：「最後一家在危機時關閉的英特爾廠房。」但他的員工認為這句話太負面，因此他把口號改成「為成功而活」，意思是以成功為目標，但動機是為了存活。對弗羅曼來說，大公司成功的關鍵是「保持初創公司那種臨淵履冰的氣氛」。

此外，或許其他民主國家沒有理由像以色列那樣實行徵兵制，不過義務性或自願性的兵役如果能提供足夠的挑戰性，也能讓大學年紀的年輕人在進大學之前學習領導、團隊合作、任務主導等技能，並獲取經驗，就像以色列人從兵役得到的一樣。這樣的計畫也能提高社會穩定性，將「為大我服務」的價值傳承給年輕人，不管是為家庭、為社區、為公司，或是為了國家都一樣。照這樣看，美國的職業軍人退伍後轉換到平民生活時，在申請工作時，或許不必刻意隱瞞軍隊經驗。

對許多國家，以及對整個世界而言，創新要冒很大的風險。保羅・羅默公認是「新成長理論」的重要經濟學家之一，他指出美國在一八七〇年間至一九九二年間，平均每年成長率是百分之一・八，比英國大約高出百分之〇・五。他認為這樣的競爭優勢是因為美國擁有「建立可以刺激創新的制度」的經驗。羅默建議，政府應補助科學及工程學的大學生及研究生，這樣能刺激經濟成長。另外，要建立「可帶走的獎學金」制度，學生可以帶到任何機構去，這樣能夠鼓勵實驗室主任及教授互相競爭，幫助學生達到研究及職業需求，而不只是教授自己的需求。

羅默指出，最大幅度的成長和生產力都是源自於「大創意」（meta-idea），可以讓創意繼續發展，不斷擴展。專利權和版權就是很重要的大創意，由十七世紀英國人所發明。到了十九世紀，美國人又發明了現代的研究型大學，然後在二十世紀又引進同儕互相評鑑、互相競爭研究補助金的制度。

「我們不知道下一個支持創意的大創意是什麼，我們也不知道會從哪裡冒出來。」羅默寫道：「但是有兩個可能的答案。第一，在二十一世紀帶頭的國家將是實行創新的地方，更有效支持私人企業產生的新創意。第二，新的大創意將會出現。」

我們和裴瑞茲總統的會議進行了大概一個小時半之後，我們的時間到了，他下一場排定的會面已經來了，我們準備向他道別。但是我們站起來正要話別的時候，他停了一會兒然後說：「不如你們半個小時後回來，然後我們可以繼續？」我們也照做了。他預告了他要給未來的以色列企業家和政策制定者的話：「離開舊產業。注意五項新產業，很棒：新能源、水、生物科技、教學儀器與教師短缺的問題，最後是對抗恐怖主義的國土安全。」裴瑞茲曾經幫忙籌措資金，投資奈米科技研究，他預測這項科技會影響這五項新產業，還有其他產業。

我們不知道裴瑞茲到底有沒有押對寶。但那不是重點。以八十五歲的高齡，他仍然有那種chutzpah的精神，能夠想像出並提倡新產業。事實上，以色列的社會及整段以色列的歷史都是如此，先驅與創新的推動力合而為一，結合之後的推動力核心，是一種直覺式的理解，知道二十一世紀每一個已開發國家要面臨的挑戰就是要成為創意工廠，包括在國內刺激創意，以及利用別處產生的創意。以色列名列世界第一流的創意工廠，也替未來的大創意提供線索。實現創新是一種合作的過程，從工作團隊開始，到公司，到國家，到全世界都是。雖然許多國家能夠達到大公司的層面，卻很少做到這個過程中最危險、也最強大的層面，那就是以創新為主的初創公司。因此，雖然以色列還有很多要向世界學習，世界也有很多要向以色列學習，但在這一來一往中，正如像裴瑞茲告訴我們的，最謹慎的事，就是勇於冒險。

專有名詞中英對照表

（書中註釋未出現之部分人名、公司名稱或其他專有名詞，於此處附原文供參考）

前言

頂階軟體公司　TopTier Software
卡洛斯．戈恩　Carlos Ghosn
埃胡德．歐麥特　Ehud Olmert
伊丹．奧弗　Idan Ofer
麥克．葛倫諾夫　Mike Granoff
湯瑪斯．威柏　Thomas Weber
巴特利風險投資公司　Battery Ventures
史考特．托賓　Scott Tobin
吉迪．格林斯坦　Gidi Grinstein
艾瑞克．施密特　Eric Schmidt
史帝夫．柏瑪　Steve Ballme
考夫曼基金會　Kauffman Foundation
摩立特集團　Monitor Group

第一章

麥克．李　Mike Leigh
舒瓦．沙科德　Shvat Shaked
標竿資本公司　Benchmark Capital
「反詐科學公司」　Fraud Sciences
薩爾．威爾夫　Saar Wilf
崗哨公司　Checkpoint
瓊．梅德威　Jon Medved
本雅明．內坦亞胡　Benjamin Natenyahu
艾利爾．夏隆　Ariel Sharon
賓雅明．「阿福」．班．伊利瑟　Binyamin "Füad" Ben-Eliezer
摩什．「摩什一個半」．列維　Moshe "Moshe VeHetzi" Levi

雷哈瓦姆・「甘地」・齊維　Rehavam "Gandhi" Zeevi
大衛・「大豆」・艾拉薩　David "Dado" Elazar
拉斐爾・「拉福」・艾登　Rafael "Raful" Eitan
約瑟夫・「湯米」・拉彼得　Yosef "Tommy" Lapid
艾薩克・「布吉」・赫佐　Issac "Bugie" Herzog
葛登・摩爾　Gordon Moore
以色列技術工程學院　The Israel Institute of Technology, Technion
羅尼・佛萊德曼　Rony Friedman
保羅・歐德里尼　Paul Otellini
大衛・本古里昂　David Ben-Gurion
美國科技研究公司　American Technology Research
道格・費德曼　Doug Freedman

第二章

安農・瑞薛夫　Amnon Reshef
薩格・帕夫洛維奇・奈波貝迪米　Sergei Pavlovich Nepobedimyi
優希・克藍　Yossi Klein
伊札克・拉賓　Yitzhak Rabin
納提・朗恩　Nati Ron

第三章

艾里・莫拉里　Eli Moralli
祕魯馬奴國家公園　Manu National Park
亞爾・凱達　Yair Qedar
巴拉伊教　Baha'i
耐滴芬　Netafim
辛查・布萊斯　Simcha Blass
拉斐爾公司　Rafael
「以色列種子夥伴」公司　Israel Seed Partners
影鈴公司　Vringo

第四章

優希・瓦爾帝　Yossi Vardi
大衛・阿米爾　David Amir
菲力克斯・多森　Felix Dothan
沙爾・亞齊夫　Shaul Yatziv
拉斐爾・「拉福」・艾登　Rafael "Raful" Eitan
NICE系統公司　NICE Systems
丹尼爾・克利斯曼中將　Lieutenant General Daniel Christman
大衛・裴崔烏斯　David Petraeus

第五章

莫德查・基特隆　Mordechai Kidron
葉胡達・高倫中將　Lieutenant General Yehuda Golan
尚達曼　Tharman Shanmugaratnam
娜瓦・史瓦斯基・索佛　Nava Swersky Sofer
伊薩姆　Yissum
艾瑞爾・瑪家利　Erel Margalit
伊蘭・拉蒙　Ilan Ramon
約翰・史威格　John Swigert
蘿貝塔・沃斯泰德　Roberta Wohlstetter
席拉・魏德諾　Sheila Widnall
優瓦・杜坦　Yuval Dotan
哈伊姆・拉斯考夫　Haim Laskov
霍華・賈德納　Howard Gardner
羅伯特・利坦　Robert Litan

第六章

山謬爾・阿普勒鮑姆　Samuel Applebaum
佩塔克提瓦　Petach Tikva
愛德蒙・得洛希爾　Edmond de Rothschild
大衛・古魯恩　David Gruen
朱塞佩・加里波底　Giuseppe Garibaldi
希奧多・赫佐　Theodore Herzl
喬治・馬歇爾　George Marshall

提比哩亞　Tiberias
薩法德　Safed
平卡斯・薩皮爾　Pinchas Sapir
莫實・山巴爾　Moshe Sanbar
亞伯拉罕・赫茲菲爾德　Abraham Herzfield
赫茲瑟林　Hatzerim
辛查・布萊斯　Simcha Blass
里卡多・郝斯曼　Ricardo Hausmann
山謬爾・阿普勒鮑姆　Samuel Appelbaum
亞提爾森林　Yatir
優瑟夫・魏茲　Yosef Weitz
猶太國家基金　Jewish National Fund
丹・亞可　Dan Yakir
魏茨曼學院　Weizmann Institute
艾爾・史威莫　Al Schwimmer
班迪克公司　Bedek
以色列航太公司　Israel Aircraft Industries
梅爾夫人　Golda Meir

優澤酒吧　Yoezer Wine Bar
喬治・舒茲　George Shultz

第七章

瑪加　Macha
貝爾謝巴　Beersheba
加達里夫市　Gedaref
薛瓦莫非高中　Shevach-Mofet
謝爾蓋・布林　Sergey Brin
賴瑞・佩吉　Larry Page
雅可夫・莫茲加諾夫　Yakov Mozganov
大衛・麥威廉斯　David McWilliams
埃胡德・巴拉克　Ehud Barak
哈利・賴福林博士　Dr. Harry H. Laughlin
麥德森・葛蘭特　Madison Grant
猶太人民委員會　Jewish People's Council
迪岑哥夫大街　Dizengoff
尼古拉・齊奧塞斯庫　Nicolae Ceausescu

海外文憑評鑑局　Department for the Evaluation of Overseas Degrees
科學求職中心　Center for Absorption in Science
艾許・埃里亞斯　Asher Elias
細拉大學　Selah University
非營利組織「科技事業」　Tech Careers

第八章

安娜李・薩克瑟尼安　AnnaLee Saxenian
約翰・錢伯斯　John Chambers
大衛・霍克賽特　David Hawksett
麥可・拉歐　Michael Laor
東尼・貝茲　Tony Bates
電影《夢幻成真》　Field of Dreams
優亞夫・沙梅特　Yoav Samet
理查・德凡　Richard Devane
《新世代科技冒險家》　*The New Argonauts*
寇克・柯寇瑞恩　Kirk Kerkorian

法國富加公司　Fouga

第九章

埃登・沃海默　Eitan Wertheimer
伯示麥市　Beit Shemesh
特芬工業園區　Tefen
安迪・葛洛夫　Andy Grove
快捷半導體公司　Fairchild
羅伯特・諾依斯　Robert Noyce
基耶蓋特小鎮　Qiryat Gat

第十章

以色列創投協會　Israel Venture Association
優利公司　Unisys
光纖電子公司　Fibronics
歐耐特數據通訊公司　Ornet Data Communication
卡梅爾市　Karmiel
科技總監辦公室　Office of the Chief Scientist

雙邊工業研究發展基金會 Binational Industrial Research and Development Foundation, BIRD Foundation
泰科國際公司 Tyco International
喬登・巴洛區 Jordan Baruch
史丹利・柴斯 Stanley Chais
耶路撒冷開發局 Jerusalem Development Authority
以色列貼現銀行 Discount Israel Corporation
艾德萬創投資本集團 Advent Venture Partners
克林特・哈瑞斯 Clint Harris
梅爾・柏斯汀 Meir Burstin
泰肯公司 Tekem
泰迪蘭公司 Tadiran
渥登創業投資公司 Walden Venture Capital
日常聯絡公司 Commontouch
加卡達公司 Jacada
以色列國家電信公司「比捷克」 Bezeq

第十一章

國防教育法 National Defense Education Act
葉胡達・阿拉茲 Yehuda Arazi
以色列航太公司 Israel Aircraft Industries, IAI

第十二章

優瓦・都坦 Yuval Dotan
動畫實驗室 Animation Lab
比撒列藝術設計學院 Bezalel
梅爾・沙萊夫 Meir Shalev
葛瑞爾・愛登 Gavriel Iddan
基文影像公司 Given Imaging
電腦基因公司 Compugen
埃里・明茲 Eli Mintz
西瓊・斐格勒 Simchon Faigler
阿米爾・納坦 Amir Natan
里歐爾・瑪埃楊 Lior Ma'ayan
默克公司 Merck

艾隆·埃密特 Alon Amit
梯瓦公司 Teva
愛康公司 Aespironics
丹·艾德勒 Dan Adler
美國海軍研究院 Naval Graduate School
貝塔氧氣公司 Beta-O2

第十三章

法迪·甘杜爾 Fadi Ghandour
泰迪·寇列克 Teddy Kollek
耶路撒冷創投夥伴 Jerusalem Venture Partners, JVP
法國電信 France Telecom SA
德國英飛凌科技公司 Infineon Technologies AG
電力設計公司 PowerDsine
基金科技公司 Fundtech
傑卡達公司 Jacada
繽紛網路公司 Chromatis Networks
朗訊科技 Lucent
瑪巴達計畫 Maabada
耶路撒冷表演藝術實驗室 Jerusalem Performing Arts Lab
動畫實驗室 Animation Lab
穆罕默德·加爾加威 Mohammed Al Gergawi
杜拜控股 Dubai Holding
穆罕默德·本·拉希德·阿勒馬克圖姆 Sheikh Mohammed bin Rashid Al Maktoum
杜拜王儲哈姆丹 Sheikh Hamdan
拉希德·本·賽義德·阿勒馬克圖姆 Rashid bin Saeed Al Maktoum
吉貝阿里港 Jebel Ali
杜拜網路城市 Dubai Internet City, DIC
安達信會計事務所 Arthur Andersen
瓦迪·艾邁德 Wadi Ahmed
艾瑞克·瓦爾帝 Arik Vardi
衛思力集團 The Westly Group

艾撒克・艾普鮑姆 Isaac Applbaum
朗恩・契諾 Ron Chernow
麥可・阿靈頓 Michael Arrington
詹姆斯・柯林斯 James Collins
波斯灣合作委員會 Gulf Cooperation Council, GCC
奧斯康電信 Orascom Telecom
阿拉伯國際物流 Aramex
威廉・休利特 William Hewlett
戴維・帕卡德 David Packard
阿布杜拉國王科技大學 King Abdullah University of Science and Technology
哈伊姆・魏茨曼教授 Chaim Weizmann
馬丁・布伯 Martin Buber
魏茨曼學院 Weizmann Institute of Science
巴伊蘭大學 Bar-Ilan University
哈山・畢拉威 Hassan Bealaway
國際數學與科學教育成就趨勢調查 Trends in International Mathematics and Science Study

第十四章

丹・班大衛 Dan Ben-David
艾坦・埃弗瑞爾 Eytan Avriel
女性反暴力組織 Women Against Violence
愛達・圖瑪蘇雷曼 Aida Touma-Suleiman

Start-up nation: the story of Israel's economic miracle
by Dan Senor and Saul Singer
Copyright © 2009 by Dan Senor and Saul Singer
This edition published by arrangement with Grand Central Publishing, New York, New York, USA.
through Bardon-Chinese Media Agency.
Complex Chinese edition copyright © 2010/2017 by Ecus Publishing House.
ALL RIGHTS RESERVED

創業之國以色列

教育思維×兵役制度×移民政策×創投計畫，打造建國七十年成長50倍的經濟奇蹟

（原書名／新創企業之國：以色列經濟奇蹟的啟示）

作　　者　丹恩．席諾&掃羅．辛格（Dan Senor & Saul Singer）
譯　　者　徐立妍
總 編 輯　陳郁馨
主　　編　劉偉嘉
校　　對　魏秋綢
排　　版　謝宜欣
封面設計　萬勝安
社　　長　郭重興
發行人兼出版總監　曾大福
出　　版　木馬文化事業股份有限公司
發　　行　遠足文化事業股份有限公司
地　　址　231 新北市新店區民權路108之4號8樓
電　　話　02-22181417
傳　　真　02-86671891
Email　service@bookrep.com.tw
郵撥帳號　19588272 木馬文化事業股份有限公司
客服專線　0800221029
法律顧問　華陽國際專利商標事務所　蘇文生律師
印　　刷　成陽印刷股份有限公司
初　　版　2010年6月
二　　版　2017年2月
定　　價　350元
ISBN　978-986-359-364-5
有著作權．翻印必究

國家圖書館出版品預行編目 (CIP) 資料

創業之國以色列：教育思維×兵役制度×移民政策×創投計畫，打造建國七十年成長50倍的經濟奇蹟／丹恩．席諾（Dan Senor），掃羅．辛格（Saul Singer）著；徐立妍譯.
-- 二版. -- 新北市：木馬文化出版：遠足文化發行, 2017.02
面；　公分. --（Ideas ; 34）
譯自：Start-up nation : the story of Israel's economic miracle
ISBN 978-986-359-364-5（平裝）
1. 經濟發展 2. 以色列
552.353　　105025597